Kompendien
für Studium, Praxis und Fortbildung

Prof. Dr. Jan Kepert | Prof. Peter-Christian Kunkel

Kinder- und Jugendhilferecht

Fälle und Lösungen

7. Auflage

 Nomos

Die Deutsche Nationalbibliothek verzeichnet diese Publikation in
der Deutschen Nationalbibliografie; detaillierte bibliografische
Daten sind im Internet über http://dnb.d-nb.de abrufbar.

ISBN 978-3-8487-6174-6 (Print)
ISBN 978-3-7489-0293-5 (ePDF)

7. Auflage 2022
© Nomos Verlagsgesellschaft, Baden-Baden 2022. Gesamtverantwortung für Druck und Herstellung bei der Nomos Verlagsgesellschaft mbH & Co. KG. Alle Rechte, auch die des Nachdrucks von Auszügen, der fotomechanischen Wiedergabe und der Übersetzung, vorbehalten. Gedruckt auf alterungsbeständigem Papier.

Vorwort zur 7. Auflage

In diesem Übungsbuch werden Alltagsfälle zum Kinder- und Jugendhilferecht aus der Praxis der Jugendämter vorgestellt und gelöst.

Zahlreiche Gesetzesänderungen machten eine Überarbeitung des Buches notwendig, so zuletzt die Änderungen des SGB VIII durch das Ganztagsförderungsgesetz und das KJSG, des SGB IX und zum Datenschutz. Außer diesen Gesetzesänderungen waren neue Literatur und Rechtsprechung in die Neuauflage einzuarbeiten. Rechtsstand dieser Auflage ist der 1.8.2021.

Das *Übungsbuch* ergänzt das *Lehrbuch* Kunkel, Jugendhilferecht, 10. Aufl. 2021 und das *Handbuch* Kepert/Kunkel, Kinder- und Jugendhilferecht (2017). Alle drei Bücher bilden eine Einheit. Sie ergänzen den *Kommentar* Kunkel/Kepert/Pattar, LPK-SGB VIII, 8. Aufl. 2021.

Kehl, August 2021 *Kepert/Kunkel*

Inhaltsverzeichnis

A.	Bearbeitungs- und Literaturhinweise	9
B.	Übungsblätter	15
C.	Allgemeines Prüfschema	202

A. Bearbeitungs- und Literaturhinweise

I. Literaturhinweise zum Kinder- und Jugendhilferecht

Folgende Kommentare werden zur Benutzung empfohlen:
- Hauck/Noftz (Hrsg.): Sozialgesetzbuch SGB VIII. Kinder- und Jugendhilfe. Berlin, Stand: Jan. 2021 (zit.: Bearbeiter in H/N Rn. ...).
- Jans/Happe/Saurbier/Maas (Hrsg.): Kinder- und Jugendhilferecht. 3. Aufl. Stuttgart. 63. Lieferung, Stand: März 2021(zit.: Bearbeiter in J/H/S/M Rn. ...).
- Kunkel/Kepert/Pattar (Hrsg.): Kinder- und Jugendhilfe, mit Exkurs zur Beistandschaft und Anhang Verfahren und Rechtsschutz, Lehr- und Praxiskommentar, LPK-SGB VIII, 8. Aufl., Baden-Baden 2021 (*Nomos*)
- Münder/Meysen/Trenczek (Hrsg.): Frankfurter Kommentar zum SGB VIII, Kinder- und Jugendhilferecht, 9.Aufl., Baden-Baden 2020 (*Nomos*)
- Schellhorn/Fischer/Mann/Kern: SGB VIII, 4. Aufl., Neuwied 2012 (*Luchterhand*)
- Wabnitz (Hrsg.): Gemeinschaftskommentar zum SGB VIII (GK- SGB VIII), 83. Erg. Lieferung April 2021 (*Luchterhand Neuwied*)
- Wiesner (Hrsg.): SGB VIII Kinder- und Jugendhilfe, 5. Aufl., München 2015 (*C.H. Beck*)

Online immer aktuell für die Praxis ist der juris PraxisKommentar SGB VIII von Luthe/Nellissen (Hrsg.)

Das Zitieren aus Kommentaren erfolgt nicht nach Seitenzahlen, sondern nach § und Randnummer (Rn.). Die Kommentarbearbeiter werden gegebenenfalls aufgeführt, z.B. Wiesner/Struck, SGB VIII, § 17 Rn. 14.

Teilweise werden aktuelle Probleme der Praxis unter Wiedergabe anderer weiterführender Literatur ausführlicher dargestellt, um interessierten Lesern den Einstieg für eine eigene vertiefte Auseinandersetzung mit den in Praxis und Wissenschaft diskutierten Fragestellungen zu ermöglichen.

Studenten* (insbesondere aber Studierenden) zur Vertiefung empfohlen:
- Behrentin, R. (Hrsg.): Handbuch Adoptionsrecht. München 2017
- Bernzen, C.: Einführung in das Kinder- und Jugendhilferecht. Stuttgart 2005.
- Falterbaum, J.: Rechtliche Grundlagen für die soziale Arbeit. 4. Aufl. Neuwied 2013.
- Fieseler/Herborth: Recht der Familie und Jugendhilfe. Arbeitsplatz Jugendamt/Sozialer Dienst. 7. Aufl. Neuwied 2010.
- **Kepert/Kunkel:** Handbuch Kinder- und Jugendhilferecht Stuttgart 2017 (Kommunal und Schulverlag)
- Kievel/Knösel/Marx: Recht für soziale Berufe. 7. Aufl. Neuwied 2013.
- Knittel: Beurkundungen im Kindschaftsrecht. 8. Aufl. Köln 2019.
- Kreft/Mielenz: Wörterbuch Soziale Arbeit. 9Aufl. Weinheim 2021
- Kunkel, P.-C.: Jugendhilferecht. Systematische Darstellung für Studium und Praxis. 10. Aufl. Baden-Baden 2021.
- Münder/Trenczek: Kinder- und Jugendhilferecht. 8. Aufl. Baden-Baden 2015.
- Münder/Wiesner/Meysen (Hrsg.): Kinder- und Jugendhilferecht. Handbuch. 2. Aufl. Baden-Baden 2011.
- Oberloskamp, H. (Hrsg.): Vormundschaft, Pflegschaft und Beistandschaft für Minderjährige. 4. Aufl. München 2017

- Patjens/Patjens: Sozialverwaltungsrecht für die Soziale Arbeit. Baden-Baden 2016.
- Wabnitz, Grundkurs Recht für die soziale Arbeit, 3. Aufl. 2016.

Eine empfehlenswerte Fallsammlung aus sozialpädagogischer Sicht ist:

Oberloskamp/Borg-Laufs/Röchling/Seidenstücker: Gutachterliche Stellungnahme in der Sozialen Arbeit. Weinheim 2017.

II. Zitierweise bei Wiedergabe der Gesetze

Die Kinder- und Jugendhilfe ist im SGB VIII geregelt. Das SGB VIII ist ein Artikel (Art. 1) im Kinder- und Jugendhilfegesetz (KJHG). Die richtige Zitierweise ist daher entweder §... SGB VIII oder Art. 1 §... KJHG.

Gesetze werden mit Absatz, Satz, Nummer (nicht: Ziffer) und Buchstabe zitiert, also z.B.

§ 24 Abs. 1 S. 1 Nr. 2 a SGB VIII.

III. Rechtsprechung

Eine vollständige, systematisierte und z.T. kommentierte Übersicht über die gesamte Rechtsprechung zum Jugendhilferecht finden Sie in den Materialien zum Lehrbuch.

Bei jeder Falllösung ist die Rechtsprechung heranzuziehen.

Zitiert wird mit Entscheidungsform (Urteil oder Beschluss), Aktenzeichen und Fundstelle, wobei eine genügt, also z.B.

Bayerischer VGH *, Beschluss vom 13.12.2016 – 12 CE 16.2333, juris.

OVG ** Rheinland-Pfalz, Urteil vom 3.3.2016 – 7 A 10607/15, ZKJ 2016, 231.

** Die obersten Verwaltungsgerichte der Länder heißen in den südlichen Bundesländern (Baden-Württemberg, Bayern, Hessen) „VGH", in allen anderen" OVG". Sie werden mit dem Land zitiert, nicht mit dem Ort ihres Sitzes, z.B. OVG Niedersachsen, nicht OVG Lüneburg.

IV. Einige im Buch verwandte Abkürzungen

a.a.O.	am angegebenen Ort
AG	Amtsgericht
Alt.	Alternative
Anm.	Anmerkung
AufenthG	Aufenthaltsgesetz
AsylG	Asylgesetz
BAG	Bundesarbeitsgemeinschaft
B	Beschluss
BGB	Bürgerliches Gesetzbuch
BGBl	Bundesgesetzblatt
BGH	Bundesgerichtshof
BKiSchG	Bundeskinderschutzgesetz
BM	Bundesministerium

BR	Bundesrat
BSG	Bundessozialgericht
BT	Bundestag
BTHG	Bundesteilhabegesetz
BVerwG	Bundesverwaltungsgericht
DIJuF	Deutsches Institut für Jugendhilfe und Familienrecht (ab 2000)
DIV	Deutsches Institut für Vormundschaftswesen (bis 2000)
DSGVO	Datenschutzgrundverordnung
E	Entscheidung
EGMR	Europäischer Gerichtshof für Menschenrechte (für EMRK in Straßburg)
EMRK	Europäische Konvention für Menschenrechte
EUGH	Europäischer Gerichtshof (für EU-Recht in Luxemburg)
FamFG	Gesetz über das Verfahren in Familiensachen und in den Angelegenheiten der freiwilligen Gerichtsbarkeit
FamG	Familiengericht
FamRZ	Zeitschrift für das gesamte Familienrecht
f.	folgende (Seite oder Randnummer oder Paragraf)
ff.	folgende (Seiten, Randnummern, Paragrafen)
für	Familie, Partnerschaft, Recht (*Zeitschrift*)
FuR	Familie und Recht (*Zeitschrift*)
gA	gewöhnlicher Aufenthalt
GVG	Gerichtsverfassungsgesetz
HzE	Hilfe zur Erziehung
i.d.F.	in der Fassung
insb.	insbesondere
i.S.v.	im Sinne von
i.V.m.	in Verbindung mit
JA	Jugendamt
JAmt	Jugendamt *(Zeitschrift)*
JHA	Jugendhilfeausschuss
JugWohl	Jugendwohl *(Zeitschrift)*
juris	juris-das Rechtsportal, www. juris.de
KindRG	Kindschaftsrechtsreformgesetz
KKG	Gesetz zur Kooperation und Information im Kinderschutz
KSÜ	Kinderschutzübereinkommen
LJA	Landesjugendamt
MSA	Minderjährigenschutzabkommen
m.w.N.	mit weiteren Nachweisen
NDV	Nachrichtendienst des Deutschen Vereins *(Zeitschrift)*
OLG	Oberlandesgericht
OVG	Oberverwaltungsgericht
PStG	Personenstandsgesetz
PStV	Personenstandsverordnung
Rn.	Randnummer
RsDE	Beiträge zum Recht der sozialen Dienste und Einrichtungen
RVO	Rechtsverordnung
SaBl	Sammelblatt von Rechtsvorschriften des Bundes und der Länder
SGB	Sozialgesetzbuch
SpFH	Sozialpädagogische Familienhilfe

StGB	Strafgesetzbuch
str.	strittig
u.a.	und andere
UMA	Unbegleiteter minderjähriger Ausländer
UMF	Unbegleiteter minderjähriger Flüchtling
UVK	Unterhaltsvorschusskasse
VA	Verwaltungsakt
VG/VerwG	Verwaltungsgericht
VGH	Verwaltungsgerichtshof
z.B.	zum Beispiel
ZfJ	Zentralblatt für Jugendrecht (*Zeitschrift*)
ZFSH/SGB	Zeitschrift für Sozialhilfe und Sozialgesetzbuch
ZKJ	Zeitschrift für Kindschaftsrecht und Jugendhilfe
ZPO	Zivilprozessordnung

V. Bearbeitung der Fälle in diesem Buch

Zu den Fällen: Die Fälle beschäftigen sich mit Problemlagen, die so oder so ähnlich im Bereich eines jeden Jugendamts in Deutschland bestehen können. Die didaktische Absicht, anhand typischer Alltagsfälle juristisches Handlungswissen zu vermitteln, stand bei der Fallgestaltung im Vordergrund.

Bearbeitungshinweise: Zum vertiefenden Verständnis empfiehlt es sich, alle in den Aufgaben und Fällen zitierten Paragrafen bei der Bearbeitung sorgfältig durchzulesen! Einen Einstieg in die Fallbearbeitung ermöglichen die *Einführungen,* die in den einzelnen *Übungsblättern* und den dort aufgeführten *Fragen, Aufgaben und Fällen* vorangestellt sind. Es empfiehlt sich, zunächst zu versuchen, die jeweiligen Fälle allein anhand der einschlägigen Rechtsnormen zu lösen. Die hier vorgestellten Praxisfälle lassen sich nicht immer einfach und mühelos in das Paragrafengerüst des SGB VIII bzw. anderer Gesetze einordnen. Das liegt u.a. daran, dass viele der in der Praxis auftauchenden Fragen in Rechtsprechung und Literatur noch nicht umfassend erschlossen worden sind. Vielfach fehlt es überhaupt an einer einschlägigen Rechtsprechung der Verwaltungsgerichte (eine vollständige, aktualisierte Übersicht zu Rechtsprechung finden Sie im Internet unter „Extras/Materialien" auf www.nomos-shop.de). Manche der in diesem Buch behandelten Probleme werden in der Fachliteratur bisher kaum oder gar nicht erörtert; oft gibt es auch noch keine »herrschende Meinung« in der juristischen Literatur (zu dieser s. „Gesetze und Materialien" auf www.nomos-shop.de/). Somit sind in vielen Einzelfällen verschiedene Lösungen denkbar und begründbar und daher akzeptabel. Auch die zahlreichen *unbestimmten Rechtsbegriffe* im SGB VIII führen weg von einer automatisierten Technik der Rechtsanwendung und fordern die Bearbeiterinnen der Übungsblätter auf, bei der *Auslegung* der Rechtsnormen über deren *Sinn und Zweck* nachzudenken. In manchen Fällen (zu §§ 27, 35 a, 41) besteht bei der Auslegung ein Beurteilungsspielraum, der vom Ermessen zu unterscheiden ist. Streng darauf zu achten ist, dass bei jeder Norm zunächst der Tatbestand mit seinen Tatbestandsmerkmalen zu prüfen ist. Liegen diese vor, ist auf die Rechtsfolge einzugehen. Ein Prüfschema hierzu wird im letzten Übungsblatt an die Hand gegeben und ans Herz gelegt. Die im Buch gegebenen Bearbeitungshinweise sollen eine Hilfe bei der Erarbeitung einer eigenen Lösung sein. Studenten*, die mit diesem Buch arbeiten wollen, profitieren nach den

Erfahrungen der Autoren besonders von einer regelmäßigen gemeinsamen Arbeit in Kleingruppen.

* Aus Gründen der Kürze und besseren Lesbarkeit fassen wir sprachlich alle Genderformen unter das generische Maskulinum. Selbstverständlich ist dies nicht diskriminierend gemeint, es sind ausdrücklich alle Menschen angesprochen.

Die Autoren wünschen:

Etwas Spaß und viel Erfolg bei der Fallbearbeitung!

B. Übungsblätter

Übungsblatt 1 17
Allgemeine Vorschriften
Wunsch- und Wahlrecht, Schutzauftrag, Nachrang (§§ 1 – 10 SGB VIII)

Übungsblatt 2 35
Leistungen der Jugendhilfe, Erster Abschnitt
Jugendarbeit, Jugendsozialarbeit, Jugendschutz (§§ 11 -15 SGB VIII)

Übungsblatt 3 42
Leistungen der Jugendhilfe, Zweiter Abschnitt
Förderung der Erziehung in der Familie (§§ 16 -21 SGB VIII)

Übungsblatt 4 58
Leistungen der Jugendhilfe, Dritter Abschnitt
Kindertageseinrichtungen, Kindertagespflege (§§ 22 - 26 SGB VIII)

Übungsblatt 5 66
Leistungen der Jugendhilfe, Vierter Abschnitt
Hilfe zur Erziehung, Teil 1 (§§ 27 -35 SGB VIII)

Übungsblatt 6 86
Hilfe zur Erziehung, Teil 2, Pflegeerlaubnis und Heimaufsicht
(§§ 34,36,37,43,44,45 SGB VIII)

Übungsblatt 7 101
Hilfe zur Erziehung, Teil 3, Hilfearten (§§ 28,29,30,31,32,35 SGB VIII)

Übungsblatt 8 111
Eingliederungshilfe (§ 35 a SGB VIII)

Übungsblatt 9 116
Hilfe für junge Volljährige (§ 41 SGB VIII)

Übungsblatt 10 127
Inobhutnahme (§§ 42-42 f SGB VIII)

Übungsblatt 11 141
Mitwirkung in gerichtlichen Verfahren (§§ 50 -52 SGB VIII)

Übungsblatt 12 146
Beistandschaft, Pflegschaft, Vormundschaft, Sorgeerklärungen,
Beurkundungen (§§ 52 a -60 SGB VIII)

Übungsblatt 13 153
Datenschutz (§§ 61 -68 SGB VIII, § 35 SGB I, §§ 67-85 a SGB X, EU-DSGVO)

Übungsblatt 14 171
Zuständigkeit, Kostenerstattung (§§ 85 -89 h SGB VIII, § 104 SGB X)

Übungsblatt 15 186
Kostenbeteiligung, Überleitung, Erlass von Verwaltungsakten
(§§ 90 -95 SGB VIII, § 31 SGB X)

C. Allgemeines Prüfschema 202

ÜBUNGSBLATT 1

SGB VIII, Kapitel 1: Allgemeine Vorschriften

Das erste Kapitel des Sozialgesetzbuchs – Achtes Buch – Kinder- und Jugendhilfe (SGB VIII) enthält **allgemeine Vorschriften (§§ 1–10 SGB VIII).**

Literaturhinweise:

Kepert/Kunkel, Handbuch Jugendhilferecht, Kap. 1 Kunkel, Jugendhilferecht, Kap. 2
Münder/Wiesner/Meysen, Handbuch, Kap. 1, 2, 3.0

Einführung

Wegen ihrer grundlegenden Bedeutung sind die Leitlinien des SGB VIII im Folgenden aufgeführt:

- § 1: **Recht auf Erziehung, Elternverantwortung, Jugendhilfe**
- § 2: **Aufgaben der Jugendhilfe**
- § 3: **Freie und öffentliche Jugendhilfe**
- § 4: **Zusammenarbeit der öffentlichen Jugendhilfe mit der freien Jugendhilfe**
- § 4a **Selbstorganisierte Zusammenschlüsse zur Selbstvertretung**
- § 5: **Wunsch- und Wahlrecht**
- § 6: **Geltungsbereich**
- § 7: **Begriffsbestimmungen**
- § 8: **Beteiligung von Kindern und Jugendlichen**
- § 8a: **Schutzauftrag bei Kindeswohlgefährdung**
- § 8b: **Fachliche Beratung und Begleitung zum Schutz von Kindern und Jugendlichen**
- § 9: **Grundrichtung der Erziehung, Gleichberechtigung von Mädchen und Jungen**
- § 9a **Ombudsstellen**
- § 10: **Verhältnis zu anderen Leistungen und Verpflichtungen**
- § 10a **Beratung**
  Ab 1.1.2024: § 10 b Verfahrenslotse

Zu § 1 SGB VIII – Recht auf Erziehung, kinder- und familienfreundliche Umwelt

Aus der vorrangigen *elterlichen Erziehungsverantwortung* (Art. 6 Abs. 2 S. 1 GG) und dem *staatlichen Wächteramt* (Art. 6 Abs. 2 S. 2 GG) wird das Programm der Jugendhilfe in § 1 SGB VIII entwickelt. *Das Recht auf Erziehung* jedes jungen Menschen und *das Recht auf Förderung der Entwicklung zu einer eigenverantwortlichen und gemeinschaftsfähigen Persönlichkeit* (§ 1 Abs. 1 SGB VIII) wird hervorgehoben und die öffentliche Jugendhilfe beauftragt, zur Verwirklichung dieses Rechts beizutragen (§ 1 Abs. 3 SGB VIII). Das Dreiecksverhältnis Kind – Eltern – Staat wird angesprochen: »Staatliche« Hilfe ergänzt und unterstützt die Erziehung durch die Eltern. Diese Aussage des Grundgesetzes wird im SGB VIII vorausgesetzt und in § 1 Abs. 2 SGB VIII noch einmal wörtlich wiederholt. Pflichten und Rechte der Eltern im Verhältnis zu ihren Kindern und umgekehrt der Kinder gegenüber ihren Eltern sind dagegen im Einzelnen im Bürgerlichen Gesetzbuch (BGB) geregelt *(Recht der elterlichen Sorge,*

§§ 1626 ff. BGB), da es sich insoweit um ein Rechtsverhältnis zwischen Privatpersonen handelt.

Vereinfacht ausgedrückt gilt Folgendes: Das Grundgesetz schützt in Art. 6 GG das verantwortungsvoll ausgeübte *Elternrecht* vor staatlichen Eingriffen. Es garantiert zugleich das *Kindeswohl*. Der Staat ist jedoch berechtigt und verpflichtet, auch Maßnahmen gegen den Willen der Eltern zu ergreifen, um ein Kind bei Verwahrlosung oder anderem Versagen der Eltern zu schützen, und hat den Auftrag Eltern und ihren Kindern Unterstützung und Beratung anzubieten. Die verfassungsrechtlich mit Art. 6 Abs. 3 GG vorgegebene Schwelle für eine Trennung von Eltern und Kind („Erziehungsberechtigte versagen"; „Kinder aus anderen Gründen zu verwahrlosen drohen") wird einfachgesetzlich durch § 42 Abs. 1 S. 1 Nr. 2 SGB VIII und den Begriff der dringenden Gefahr ausgestaltet.

Neben der Darlegung der Erziehungsaufgaben im Verhältnis zum Elternrecht enthält § 1 Abs. 3 Nr. 5 SGB VIII die Verpflichtung der Jugendhilfe, dazu beizutragen, *positive Lebensbedingungen für junge Menschen und ihre Familien sowie eine kinder- und familienfreundliche Umwelt zu erhalten oder zu schaffen.*

Das Schaffen von Bedingungen zum Erreichen dieser Ziele ist ebenso wie das Wahrnehmen des staatlichen Wächteramts Aufgabe aller staatlichen Institutionen und nicht nur der öffentlichen Träger der Jugendhilfe. Gerade das Wächteramt im engeren Sinne kann das Jugendamt nur in Verantwortungsgemeinschaft mit dem Familiengericht wahrnehmen. Nur das Familiengericht ist gem. § 1666 BGB befugt, Maßnahmen mit längerfristiger Wirkung gegen den Willen der Eltern zu ergreifen. Lediglich im Rahmen einer Inobhutnahme nach § 42 SGB VIII besteht die Befugnis des Jugendamts zum Handeln gegen den Willen der Eltern und zur kurzfristigen Trennung des Kindes von den Eltern.

Zu § 2 SGB VIII – Aufgaben der Jugendhilfe

Nach § 2 Abs. 1 SGB VIII umfasst die Jugendhilfe *Leistungen* und *andere Aufgaben* zugunsten junger Menschen und Familien. Leistungen und andere Aufgaben werden in § 2 Abs. 2 und Abs. 3 SGB VIII aufgezählt. Für eine Reihe von Prüfungspunkten ist es wichtig zu wissen, ob eine Leistung oder eine andere Aufgaben geprüft wird. Beispielsweise gilt das Wunsch- und Wahlrecht nach § 5 SGB VIII nur für Leistungen. Die Eröffnung des Geltungsbereichs des Gesetzes nach § 6 Abs. 2 SGB VIII gegenüber Ausländern gestaltet sich unterschiedlich für Leistungen und andere Aufgaben. Für die Prüfung der örtlichen Zuständigkeit muss zwischen Leistungen und anderen Aufgaben unterschieden werden. Zudem unterscheiden sich Leistungen und andere Aufgaben in Bezug auf die Befugnis von Trägern der freien Jugendhilfe zu ihrer Wahrnehmung (§ 3 Abs. 2 und Abs. 3 SGB VIII). Vor Beginn der Fallprüfung sollte daher immer festgelegt werden, ob es um die Prüfung einer Leistung oder einer anderen Aufgabe geht.

Leistungen i.S.d. § 2 Abs. 2 SGB VIII sind Sozialleistungen, § 11 SGB I. Sie sind im SGB VIII mit § 11 bis 41 SGB VIII normiert und in abschließender Aufzählung in § 2 Abs. 2 SGB VIII genannt. Andere Aufgaben i.S.d. § 2 Abs. 3 SGB VIII haben hingegen keine einheitliche Struktur. Im Unterschied zu den Leistungen erfolgen andere Aufgaben oftmals um Gefahren abzuwehren. Sie haben dann einen ordnungsrechtlichen Hintergrund (z.B. die Inobhutnahme, § 2 Abs. 3 Nr. 1 SGB VIII oder die Entscheidung über eine Pflege- oder Betriebserlaubnis). Sie können in Form von begünstigenden (z.B. Erteilung einer Pflegeerlaubnis, § 2 Abs. 3 Nr. 3 SGB VIII) oder belastenden Verwaltungsakten (z.B. Widerruf der Pflegeerlaubnis, § 2 Abs. 3 Nr. 3 SGB VIII) ergehen. Teilweise erfolgen die anderen Aufgaben in Form eines schlicht hoheitlichen Handelns, also ohne Verwaltungsaktsqualität (z.B. Mitwirkung in Verfahren vor den Familiengerichten, § 2 Abs. 3 Nr. 6 SGB VIII).

Zu §§ 3, 4 SGB VIII – Freie und öffentliche Jugendhilfe und ihre Zusammenarbeit

Das Kinder- und Jugendhilferecht weist die Besonderheit auf, dass nicht nur Behörden handeln, sondern auch private Dritte, sogenannte Träger der freien Jugendhilfe. Während die Träger der öffentlichen Jugendhilfe mittels §§ 85, 69 SGB VIII i.V.m. Landesrecht definiert werden (insbesondere Stadtkreise bzw. kreisfreie Städte und Landkreise, die ein Jugendamt errichten), gibt es für die Träger der freien Jugendhilfe keine feststehende Definition im SGB VIII. Nach überwiegender Auffassung sind Träger der freien Jugendhilfe alle Erbringer von Leistungen oder anderer Aufgaben nach dem SGB VIII, die in privatrechtlicher Form organisiert sind.

Leistungen i.S.d. § 2 Abs. 2 SGB VIII können von Trägern der öffentlichen und der freien Jugendhilfe erbracht werden, § 3 Abs. 2 S. 1 SGB VIII. Die Regelung des § 3 Abs. 2 S. 1 SGB VIII ist dabei im Zusammenspiel mit § 4 Abs. 2 SGB VIII zu sehen. Soweit geeignete Einrichtungen (für stationäre Leistungen), Dienste (für ambulante Leistungen) und Veranstaltungen von anerkannten Trägern der freien Jugendhilfe betrieben werden oder rechtzeitig geschaffen werden können, soll die öffentliche Jugendhilfe von eigenen Maßnahmen absehen, § 4 Abs. 2 SGB VIII (Subsidiarität der öffentlichen Jugendhilfe).

Andere Aufgaben i.S.d. § 2 Abs. 3 SGB VIII werden hingegen grds. nur von den Trägern der öffentlichen Jugendhilfe wahrgenommen, § 3 Abs. 3 S. 1 SGB VIII. Nach § 76 SGB VIII ist im Einzelfall aber eine Beteiligung oder Übertragung der Aufgabenwahrnehmung an anerkannte Träger der freien Jugendhilfe möglich.

Öffentliche und freie Jugendhilfe sollen partnerschaftlich zusammenarbeiten, die öffentliche Jugendhilfe soll die freie Jugendhilfe fördern (s. zu Einzelheiten §§ 4, 74 f. SGB VIII). Leistungsansprüche von Kindern, Jugendlichen, Müttern und Vätern etc. bestehen jedoch nur gegenüber den Trägern der öffentlichen Jugendhilfe, die eine Verpflichtung zur Gewährleistung eines ausreichenden Angebots haben (Leistungsverpflichtete). Zudem wirken die gesetzlichen Verpflichtungen, die das SGB VIII vorgibt unmittelbar nur gegenüber den Trägern der öffentlichen Jugendhilfe (§§ 3 Abs. 2 S. 2, 79 f. SGB VIII). Die Träger der freien Jugendhilfe handeln autonom. Sie erbringen aufgrund eigener Entscheidung Leistungen für die Träger der öffentlichen Jugendhilfe (Leistungserbringer).

Zu § 5 SGB VIII – Wunsch- und Wahlrecht

Nach § 5 SGB VIII haben *Leistungsberechtigte* ein Wunsch- und Wahlrecht bezüglich der die Leistungen erbringenden Einrichtungen und/oder Dienste sowie der Gestaltung der Hilfe. Zudem besteht mit § 37 c Abs. 3 S. 2 SGB VIII eine spezielle Regelung (lex specialis) für das Wunsch- und Wahlrecht bei einer Hilfe „außerhalb der eigenen Familie". Sie ist einschlägig, wenn es um eine stationäre Hilfe zur Erziehung (§§ 27 f. SGB VIII), stationäre Eingliederungshilfe (§ 35 a SGB VIII) oder Hilfe für junge Volljährige (§ 41 SGB VIII) geht. Das allgemeine Wunsch- und Wahlrecht nach § 5 SGB VIII ist also grundsätzlich anzuwenden. Sofern es aber um die vorstehend genannten spezifischen Leistungen geht, richtet sich das Wunsch- und Wahlrecht nach § 37 c Abs. 3 S. 2 SGB VIII. Aus der Soll-Bestimmung (§ 5 Abs. 2 S. 1 SGB VIII) wird dann eine Ist-Bestimmung (§ 37 c Abs. 3 S. 2 SGB VIII).

Das Wunsch- und Wahlrecht nach § 5 SGB VIII steht dem Leistungsberechtigten zu. Leistungsberechtigter ist der nach der jeweiligen Anspruchsgrundlage materiellrechtlich Anspruchsberechtigte. Dies sind entweder die personensorgeberechtigten Eltern (s. § 27 SGB VIII), das Kind oder der Jugendliche (s. § 35 a SGB VIII) oder der junge Volljährige (s. § 41 SGB VIII). Mit dem Wunsch- und Wahlrecht kann nicht die jeweilige Hilfeart bestimmt werden. Lediglich innerhalb der Hilfeart kann zwischen verschiedenen Leistungserbringern gewählt werden. Dabei umfasst das Wunsch- und Wahlrecht das gesamte Spektrum vorhandener Angebote der Träger der freien und der öffentlichen Jugendhilfe. Allerdings zielt es nicht auf die Schaffung bisher nicht vorhandener Angebote. Weitere Angebote hat der Träger der öffentlichen Jugendhilfe nur zu schaffen, wenn er durch das vorhandene Angebot seiner Gewährleistungsverpflichtung (§ 79 SGB VIII) nicht nachkommt. Die Möglichkeit zur Nutzung des Wunsch- und Wahlrechts setzt demnach voraus, dass die öffentliche Jugendhilfe im Rahmen ihrer Planungs- und Gesamtverantwortung ein vielfältiges Angebot an Leistungen durch verschiedene Träger – etwa konfessionell gebundene und nicht konfessionell gebundene – zur Verfügung stellt.

Zudem ist zu beachten, dass dem Wunsch- und Wahlrecht nur gefolgt werden muss, sofern durch Wunsch und Wahl nicht unverhältnismäßige Mehrkosten entstehen, §§ 5 Abs. 2 S. 1 Hs. 2, 37 c Abs. 3 S. 2 SGB VIII. Nach §§ 5 Abs. 2 S. 2, 37 c Abs. 3 S. 3 SGB VIII soll dem Wunsch auf Unterbringung des Kindes oder Jugendlichen im Rahmen von Hilfe zur Erziehung in einer Einrichtung (stationäre Leistung), mit der der Träger der öffentlichen Jugendhilfe keine Vereinbarungen nach § 78 b SGB VIII (Leistungsvereinbarung, Qualitätsentwicklungsvereinbarung, Entgeltvereinbarung) getroffen hat, zudem nur entsprochen werden, wenn die Erbringung der Leistung nach Maßgabe des Hilfeplans geboten ist. Bei stationären Leistungen kann daher grds. nur ein „vertragsgebundener" Leistungserbringer gewählt werden. Für ambulante Leistungen greift diese Einschränkung nicht.

Das Wunsch- und Wahlrecht ist insbesondere bei Leistungen zur Förderung von Kindern in Tageseinrichtungen und in Tagespflege (§§ 22 ff. SGB VIII), bei der Hilfe zur Erziehung (§§ 27 ff. SGB VIII), bei der Eingliederungshilfe (§ 35 a SGB VIII) sowie bei der Hilfe für junge Volljährige (§ 41 SGB VIII) von Bedeutung. Gerade bei der Hilfe zur Erziehung wird vielfach bereits nur die Einrichtung oder die Pflegefamilie geeignet im Sinne des § 27 Abs. 1 SGB VIII sein, die von den Personensorgeberechtigten und dem Kind bzw. Jugendlichen akzeptiert wird. Dem entspricht, dass nach § 36 Abs. 2 S. 2 SGB VIII die Personensorgeberechtigten und das Kind bzw. der Jugendliche an der Entscheidung über den Bedarf, die zu gewährende Art der Hilfe sowie im Einzelnen erforderliche weitere Leistungen zu beteiligen sind.

Das Wunsch- und Wahlrecht bezieht sich auf das »Wie« der Hilfe, nicht auf das »Ob«, also nicht darauf, ob die Voraussetzungen für eine Leistung überhaupt vorliegen. Bezüglich des »Ob« obliegt die Entscheidung dem Träger der öffentlichen Jugendhilfe.

Kepert

Zu § 6 SGB VIII – Eröffnung des Geltungsbereichs

§ 6 SGB VIII bestimmt, wann der Geltungsbereich des Gesetzes eröffnet ist, so dass Leistungen – bei Vorliegen der jeweiligen weiteren Tatbestandsvoraussetzungen der Anspruchsgrundlage – und andere Aufgaben erbracht werden können. § 6 SGB VIII ist auf Tatbestandsseite als erster Prüfungspunkt zu prüfen.

§ 6 Abs. 1 SGB VIII regelt die Eröffnung des Geltungsbereichs gegenüber deutschen Staatsangehörigen (Umkehrschluss aus § 6 Abs. 2 S. 1 SGB VIII, „Ausländer"). Sowohl für Leistungen (§ 6 Abs. 1 S. 1 SGB VIII) als auch für andere Aufgaben (§ 6 Abs. 1 S. 2 SGB VIII) kommt es auf den tatsächlichen Aufenthalt (Voraussetzung ist nur die physische Anwesenheit) im Bundesgebiet an.

Gemäß § 6 Abs. 2 S. 1 SGB VIII können Ausländer *Leistungen* der Kinder- und Jugendhilfe nach dem SGB VIII beanspruchen, wenn sie sich *rechtmäßig* (mit einem Aufenthaltstitel, § 4 AufenthG, oder einer Aufenthaltsgestattung, § 55 AsylG) oder aufgrund einer *ausländerrechtlichen Duldung (Vorübergehende Aussetzung der Abschiebung, § 60a AufenthG)* in Deutschland aufhalten und zudem über einen *gewöhnlichen Aufenthalt* im Inland verfügen. Der *gewöhnliche Aufenthalt* wird in § 30 Abs. 3 S. 2 SGB I legaldefiniert. Erforderlich ist es, dass sich der Ausländer nicht nur vorübergehend (Rspr: zukunftsoffen) in Deutschland aufhält. Im Sinne einer Prognoseentscheidung ist daher zu prüfen, ob sich der Ausländer auch noch in den nächsten Monaten im Bundesgebiet befinden wird. Nicht zu verwechseln ist diese Prüfung mit der Prüfung des gewöhnlichen Aufenthalts i. S. d. örtlichen Zuständigkeit gem. §§ 86 ff. SGB VIII. Für die Eröffnung des Geltungsbereichs nach § 6 Abs. 2 S. 1 SGB VIII ist lediglich auf das Innehaben eines gewöhnlichen Aufenthalts im Bundesgebiet abzustellen. Ein solcher gewöhnlicher Aufenthalt kann bereits am ersten Tag der Einreise ins Bundesgebiet entstehen.

Für die Erbringung anderer Aufgaben gegenüber Ausländern kommt es nur auf den tatsächlichen Aufenthalt im Bundesgebiet an. Der ausländerrechtliche Status ist irrelevant (§ 6 Abs. 2 S. 2 i.V.m. § 6 Abs. 1 S. 2 i.V.m. § 6 Abs. 1 S. 1 SGB VIII).

Gem. § 6 Abs. 3 SGB VIII können Deutsche, die sich im Ausland aufhalten – in Abweichung von der Regelung des Absatzes 1 – auch Leistungen nach dem SGB VIII erhalten, soweit sie nicht Hilfe vom Aufenthaltsland erhalten. Bei einem Auseinanderfallen von Leistungsberechtigtem (z.B. die Personensorgeberechtigten bei der Hilfe gem. § 27 f. SGB VIII) und Leistungsempfänger (das Kind oder der Jugendliche bei der Hilfe gem. § 27 f. SGB VIII) setzt die Anwendbarkeit des § 6 Abs. 3 SGB VIII voraus, dass beide ihren Aufenthalt im Ausland haben, wenn der jugendhilferechtliche Bedarf mittels eines Antrags an einen Träger der Jugendhilfe herangetragen wird.

Nach § 6 Abs. 4 SGB VIII kann sich ein anderes Ergebnis aus über- und zwischenstaatlichem Recht ergeben. Diese Regelung kann für Ausländer Bedeutung haben und zu einem erleichterten Zugang zum SGB VIII führen. Hier sind insbesondere Art. 5 und 6 des Haager Kinderschutzübereinkommens zu beachten.

Zu § 8 SGB VIII – Beteiligung von Kindern und Jugendlichen

Nach § 8 Abs. 1 SGB VIII sind Kinder und Jugendliche an allen sie betreffenden Entscheidungen zu beteiligen. Es handelt sich insoweit primär um eine *Anhörungsverpflichtung*. Die Beteiligung nach § 8 SGB VIII ist von der Verfahrensbeteiligung nach § 12 SGB X zu unterscheiden, die voraussetzt, dass der Minderjährige selbst Antragsteller bzw. Adressat eines Verwaltungsakts ist oder durch das Jugendamt zu einem entsprechenden Verfahren hinzugezogen wurde. Die Beteiligung nach § 12 SGB X führt zu bestimmten Rechten im Verfahren wie beispielsweise einem Recht auf Akteneinsicht.

§ 8 Abs. 3 SGB VIII regelt die Voraussetzungen, bei deren Vorliegen Kinder und Jugendliche (zunächst) ohne Kenntnis des oder der Personensorgeberechtigten, also insbesondere ohne Kenntnis sorgeberechtigter Eltern, einen Anspruch auf Beratung haben. Dies ist der Fall solange durch die Mitteilung an die oder den Personensorgeberechtigten der Beratungszweck vereitelt würde. Bei der Entscheidung über die Auslegung des Wortes „solange" ist neben der Möglichkeit zum Aufbau eines Vertrauensverhältnisses mit dem Kind zu bedenken, dass letztlich auch die Personensorgeberechtigten mit dem Erbringen von Leistungen einverstanden sein müssen bzw. sich aktiv in die Leistungen einzubringen haben. Es gilt daher, auch zu ihnen ein Vertrauensverhältnis aufzubauen.

Zu § 8a SGB VIII – Schutzauftrag bei Kindeswohlgefährdung

Durch das Kinder- und Jugendhilfeweiterentwicklungsgesetz (KICK) wurde im Jahr 2005 der seit jeher bestehende Schutzauftrag der Jugendhilfe in § 8a SGB VIII konkretisiert. § 8a SGB VIII legt eine bestimmte Vorgehensweise für die Fälle fest, in welchen dem Jugendamt gewichtige Anhaltspunkte für eine Kindeswohlgefährdung bekannt werden (§ 8a Abs. 1, 2 und 3 SGB VIII). § 8a Abs. 1 S. 1 und 2 SGB VIII ergänzt und modifiziert zunächst den Untersuchungsgrundsatz nach § 20 SGB X. Dieser Grundsatz, der erst ab Eröffnung eines Verwaltungsverfahrens (§ 8 SGB X) greift, wird i. d. R. durch § 8a Abs. 1 S. 1 und 2 SGB VIII nach vorne verlagert. Bei Vorliegen von gewichtigen Anhaltspunkten ist unabhängig von der Eröffnung eines Verwaltungsverfahrens zwingend zu ermitteln.

§ 8a Abs. 1 S. 3 SGB VIII (Hilfe anbieten), § 8a Abs. 2 S. 1 HS 1 SGB VIII (Anrufung des Familiengerichts) sowie § 8a Abs. 2 S. 2 SGB VIII (Inobhutnahme) geben die Reaktionsmöglichkeiten des Jugendamtes bei einer festgestellten Kindeswohlgefährdung vor. § 8 Abs. 2 S. 2 HS 2 SGB VIII sieht zudem eine Pflicht zur Anrufung des Familiengerichts vor, wenn die Erziehungsberechtigten nicht bereit oder in der Lage sind, bei der Abschätzung des Gefährdungsrisikos mitzuwirken.

Zudem besteht die Verpflichtung des Jugendamtes durch Vereinbarungen mit den Trägern der freien Jugendhilfe sicherzustellen, dass deren Fachkräfte den Schutzauftrag in entsprechender Weise wahrnehmen (§ 8a Abs. 4 SGB VIII). Von besonderer Bedeutung im Schutzsystem sind Tageseinrichtungen und Schulen, da sie von (nahezu) allen Kindern besucht werden (zu Einzelheiten vgl. *Übungsblatt 9*). Mit § 8a Abs. 5 SGB VIII werden auch Kindertagespflegepersonen in den Schutzauftrag einbezogen.

Mit Inkrafttreten der Regelungen des Bundeskinderschutzgesetzes am 1.1.2012 sollen Lehrer und Lehrerinnen Anzeichen für eine Kindeswohlgefährdung nachgehen und gegebenenfalls das Jugendamt informieren, § 4 KKG. Mit § 4 Abs. 3 KKG besteht die hierzu erforderliche Befugnis zur Datenübermittlung.

Zu § 10 SGB VIII – Verhältnis zu anderen Leistungen und Verpflichtungen

Typisch für das Sozialrecht ist es, dass Ansprüche des Bürgers gegen mehrere Leistungsträger bestehen können. Allerdings hat der Bürger dann keinen Anspruch auf „doppelte Leistung". Zwischen den Leistungsträgern besteht vielmehr ein Vorrang-Nachrang-Verhältnis. Gegenüber dem Bürger ist grds. der vorrangige Leistungsträger zur Leistung verpflichtet. § 10 SGB VIII regelt dieses Vorrang-Nachrang-Verhältnis zwischen Leistungen der Jugendhilfe und anderen Leistungen. Für die Praxis ist diese Regelung von besonderer Bedeutung, da mit der Verpflichtung zur Leistung in der Regel auch die Verpflichtung zur Kostentragung – und sei es über eine nachträgliche Erstattung der Kosten zwischen verschiedenen Sozialleistungsträgern – verbunden ist.

Grundsätzlich werden Leistungsverpflichtungen anderer Sozialleistungsträger und der Schulen durch eine Verpflichtung der öffentlichen Jugendhilfe zu Leistung nach dem SGB VIII nicht berührt (§ 10 Abs. 1 SGB VIII). Beispielsweise ist die Schule für die Ausgestaltung der Aufgaben im Kernbereich pädagogischer Arbeit der Schule alleine zuständig. Daneben können ergänzende Ansprüche auf Leistungen nach dem SGB VIII bestehen. Sonderregelungen gelten für das Verhältnis von Leistungen nach dem SGB VIII und solchen nach dem SGB II, SGB IX und SGB XII (§ 10 Abs. 3 und Abs. 4 SGB VIII).

Zum Verfahrensrecht und dem Klageverfahren

Im Kinder- und Jugendhilferecht ist das Landesverwaltungsverfahrensgesetz nicht anwendbar (s. z.B. § 2 Abs. 2 Nr. 3 LVwVfG BW). Mit dem SGB I und SGB X besteht ein eigenes Verfahrensgesetz für das Sozialrecht und damit auch für das Kinder- und Jugendhilferecht. Die meisten Regelungen sind dem SGB X (Erstes Kapitel) zu entnehmen. Allerdings finden sich einige Regelungen im SGB I z.B. § 36 SGB I für die Handlungsfähigkeit, § 39 Abs. 1 SGB I für die Ermessensausübung (entspricht § 40 LVwVfG) sowie §§ 60 f. SGB I für Mitwirkungsobliegenheiten. Das SGB VIII selbst enthält einige wenige Bestimmungen zum Verfahren z.B. § 36 SGB VIII.

Für das gerichtliche Verfahren gilt die VwGO. Das Kinder- und Jugendhilferecht wird nicht in der abdrängenden Sonderzuweisung des § 51 SGG genannt, so dass der Verwaltungsrechtsweg zu den Verwaltungsgerichten nach § 40 Abs. 1 VwGO eröffnet ist. Damit bemisst sich auch das Widerspruchsverfahren nach der VwGO.

Fragen, Aufgaben und Fälle

1.

Welche Pflichten und Rechte haben Eltern gegenüber ihren Kindern, wo sind diese geregelt und in welchem Verhältnis stehen diese Rechte und Pflichten zu Rechten und Pflichten der öffentlichen Jugendhilfe?

2.

Welche Aufgaben obliegen den Trägern der öffentlichen Jugendhilfe?

Kepert

3.

In welchem Umfang erbringen Träger der öffentlichen bzw. der freien Jugendhilfe »Leistungen« bzw. »andere Aufgaben«?

4.

An welcher Stelle ist im SGB VIII etwas über Leistungsverpflichtungen der Träger der öffentlichen Jugendhilfe ausgesagt? Sind auch Träger der freien Jugendhilfe grundsätzlich *verpflichtet,* Jugendhilfeleistungen zu erbringen?

5.

Welcher Paragraf im SGB VIII normiert den Grundsatz des Vorrangs der freien vor der öffentlichen Jugendhilfe, das sogenannte »Subsidiaritätsprinzip«? Was bedeutet dieses Prinzip?

6.

Rangverhältnis zwischen Jugendhilfe und Sozialhilfe

6.1

Welche Aussage trifft § 10 Abs. 4 S. 1 SGB VIII *allgemein* zum Verhältnis zwischen Sozialhilfe und Jugendhilfe?

6.2

Wie ist im Besonderen in § 10 Abs. 4 S. 2 SGB VIII das Verhältnis der *»Eingliederungshilfe nach SGB IX«* zur *Jugendhilfe für behinderte Kinder und Jugendliche* gem. § 35a SGB VIII geregelt? Oder anders ausgedrückt: Leistungen nach welchem Gesetz sind für seelisch bzw. körperlich oder geistig behinderte Kinder und Jugendliche vorrangig?

7.

Wunsch- und Wahlrecht

7.1

Fall: Für die 5jährige Beate soll Hilfe zur Erziehung in Form der Heimerziehung (§§ 27, 34 SGB VIII) vom Jugendamt gewährt werden. Nach der Besichtigung von drei Heimen entscheiden sich die personensorgeberechtigten Eltern von Beate für Heim A mit einem Tagessatz von 250 Euro pro Tag. Sie haben Heim A bewusst ausgewählt, da dieses von einem gemeinwohlorientierten konfessionslosen Träger betrieben wird. Der Träger des Heims A hat Vereinbarungen nach § 78 b Abs. 1 SGB VIII mit dem Jugendamt abgeschlossen. Die Durchschnittskosten einer vergleichbaren Heimunterbringung betragen 235 Euro pro Tag. Muss dem Wunsch der Eltern von Beate entsprochen werden?

7.2

Fall: Für den 12jährigen Sven ist Hilfe zur Erziehung in Form der Heimunterbringung gem. §§ 27, 34 SGB VIII erforderlich. In Ausübung seines Wahlrechts besteht der allein zur elterlichen Sorge berechtigte Vater auf einem weit entfernten Heim für Sven, weil seine Lebensgefährtin sehr gute Erfahrungen mit eben diesem Heim gemacht habe, in dem auch ihr Kind untergebracht gewesen sei. Er sei bereit und in der Lage, Sven trotz der Entfernung auch in diesem Heim regelmäßig zu besuchen. Die Unterbringung in einem näher an seinem Wohnort gelegenen Heim, die ihm seitens der Fachkraft im Jugendamt vorschlagen wird, lehnt er ab. Beide Heime sind nach ihrer Konzeption gleich gut geeignet, dem erzieherischen Bedarf von Sven zu entsprechen. Sven wünscht ebenfalls seine Unterbringung in dem weiter entfernten Heim. Ist den Wünschen von Sven und seinem Vater zu entsprechen? (Zu den Voraussetzungen einer Hilfe zur Erziehung gem. §§ 27 ff. SGB VIII vgl. *Einführung* zu *Übungsblatt 5*).

8.

Jugendhilfe für junge Ausländer

8.1

In welchen Konstellationen haben junge Ausländer Ansprüche
a) auf Jugendhilfeleistungen nach dem SGB VIII?
b) nach dem Haager Kinderschutzübereinkommen?

8.2

Fall: Der 17jährige Ausländer Hung, ein erfolgloser Asylbewerber, lebt seit einem Jahr in Deutschland. Er hat eine Duldung inne. Sein Asylantrag ist unanfechtbar abgelehnt worden. Obwohl die Voraussetzungen nach § 58 Abs. 1 a AufenthG erfüllt werden können, ist eine Abschiebung in den nächsten Monaten mangels Vorliegen von Pass(ersatz)papieren nicht möglich. Stehen ihm Leistungen der Jugendhilfe nach dem SGB VIII zu?

8.3

Fall: Dem Jugendamt in A.dorf wird der 17 Jahre alte indische Staatsbürger Singh von der zuständigen Ausländerbehörde zugewiesen. Die Abschiebung ist derzeit nach § 60a Abs. 2 S. 1 AufenthG ausgesetzt. Das Familiengericht bestellt das Jugendamt zum Vormund von Singh. Mit der Wahrnehmung der Aufgaben der Vormundschaft wird die Fachkraft im Jugendamt, Frau Meise, beauftragt (§ 55 Abs. 2 SGB VIII). Diese beantragt als Personensorgeberechtigte Hilfe zur Erziehung in Form einer Heimerziehung gem. §§ 27, 34 SGB VIII. Es ist mit einer baldigen Abschiebung zu rechnen.

a) Prüfen Sie, ob ein Anspruch auf eine Jugendhilfeleistung nach dem SGB VIII besteht. Hält Singh sich rechtmäßig oder geduldet in Deutschland auf und hat er hier einen »gewöhnlichen Aufenthalt«?
b) Ist eine Inobhutnahme nach § 42 SGB VIII möglich?

9.

Jugendhilferecht als öffentliches Recht; Sozialverwaltungsrecht gem. SGB I, SGB VIII und SGB X

9.1

Wie unterscheiden sich sogenannte *Muss-*, *Soll-* und *Kann-Bestimmungen* voneinander? (Bsp. für *Muss-Bestimmung:* § 27 SGB VIII; *Soll-Bestimmung:* § 19 SGB VIII; *Kann-Bestimmung:* § 13 Abs. 3 SGB VIII).

9.2

Was ist ein *Verwaltungsakt* (§ 31 SGB X), und wer erlässt Verwaltungsakte auf dem Gebiet des SGB VIII?

9.3

Vor welchem Gericht kann der Anspruchsberechtigte auf Jugendhilfeleistungen klagen, wenn das Jugendamt – auch auf seinen Widerspruch hin – keine Leistungen bewilligt?

9.4

Was ist Grundlage des Rechtsverhältnisses zwischen Trägern der freien Jugendhilfe und dem Leistungsberechtigten/Leistungsadressaten.

10.

Verwaltungsverfahren und Gerichtsverfahren

10.1

Welche unterschiedlichen Verfahren werden in § 8 Abs. 1 S. 2 SGB VIII erwähnt?

10.2

Welche Gesetze regeln das Verfahren
- vor dem Jugendamt?
- vor dem Verwaltungsgericht?
- vor dem Familiengericht?

Lösungen zu Übungsblatt 1
SGB VIII, Kapitel 1: Allgemeine Vorschriften

1.

Gem. Art. 6 Abs. 2 S. 1 GG sind Pflege und Erziehung der Kinder das natürliche Recht der Eltern und die zuvörderst ihnen obliegende Pflicht. Über ihre Betätigung wacht nach Art. 6 Abs. 2 S. 2 GG die staatliche Gemeinschaft (»staatliches Wächteramt«). Die Wiederholung dieses pflichtgebundenen Elternrechts in § 1 Abs. 2 SGB VIII weist darauf hin, dass auch die Jugendhilfe dieses »Primat der Elternerziehung« hinzunehmen hat. Bei Problemen in der Eltern-Kind-Beziehung kann das Jugendamt Leistungen anbieten (z.B. Hilfe zur Erziehung gem. § 27 SGB VIII). Die Leistungserbringung setzt allerdings Freiwilligkeit voraus, die Eltern müssen bereit sein die Hilfe anzunehmen. Gegen den Willen der Eltern kann lediglich bei einer Kindeswohlgefährdung gehandelt werden (s. Art. 6 Abs. 3 GG). Bei Vorliegen einer Kindeswohlgefährdung besteht sogar eine Verpflichtung für das Jugendamt zum Handeln. Dies kann über ein Anbieten von Hilfen (§ 8a Abs. 1 S. 3 SGB VIII), über eine Anrufung des Familiengerichts (§ 8a Abs. 2 S. 1 SGB VIII) oder über eine Inobhutnahme nach § 42 SGB VIII (s. § 8a Abs. 2 S. 2 SGB VIII) erfolgen. Die fallverantwortliche Fachkraft besitzt nach § 8a SGB VIII bei Vorliegen von gewichtigen Anhaltspunkten für eine Kindeswohlgefährdung eine Garantenstellung gegenüber dem Minderjährigen, deren Verletzung bei einer Schädigung des Kindes oder Jugendlichen auch strafrechtliche Konsequenzen haben kann.

Rechte und Pflichten von Eltern gegenüber ihren Kindern betreffen das dem Privatrecht – Familienrecht – zuzuordnende Verhältnis zwischen beiden. Einzelheiten der elterlichen Sorge für minderjährige Kinder sind in den §§ 1626 ff. BGB geregelt. Zu unterscheiden sind insbesondere die Sorge für die Person des Kindes (Personensorge) und die für das Vermögen des Kindes (Vermögenssorge).

Ergebnis: Die Eltern sind gem. §§ 1626 ff. BGB zur Wahrnehmung der elterlichen Sorge zum Wohle ihrer minderjährigen Kinder verpflichtet und berechtigt. Das pflichtgebundene Recht der Eltern wird durch Art. 6 Abs. 2 GG bis zur Grenze der Kindeswohlgefährdung vor staatlicher Intervention geschützt. Lediglich im Bereich der schulischen Bildung und Erziehung wird das Erziehungsprimat der Eltern bereits auf der Ebene des Grundgesetzes eingeschränkt (Art. 7 GG).

2.

Zu den Aufgaben der Träger der öffentlichen Jugendhilfe gehören gem. § 2 Abs. 1 SGB VIII Leistungen und andere Aufgaben. Welche *Leistungen* das SGB VIII vorsieht, ergibt sich aus § 2 Abs. 2 SGB VIII, die *anderen Aufgaben* sind in § 2 Abs. 3 SGB VIII aufgeführt. *Leistungen* bezwecken in der Regel eine Unterstützung von Eltern oder anderen Sorge- bzw. Erziehungsberechtigten bei der Wahrnehmung ihrer Erziehungsverantwortung. Leistungen der Jugendhilfe sind somit vielfach dem präventiven Kinderschutz zuzurechnen. Bei den *anderen Aufgaben* fehlt eine einheitliche Struktur. So unterschiedliche Aufgaben wie »*Inobhutnahme*« (§ 2 Abs. 3 Nr. 1 SGB VIII), die »*Erteilung der Pflegeerlaubnis*« (§ 2 Abs. 3 Nr. 3 SGB VIII), die »*Mitwirkung des Jugendamts im familiengerichtlichen Verfahren*« (§ 2 Abs. 3 Nr. 6 SGB VIII) und die »*Beistandschaft, Amtspflegschaft, Amtsvormundschaft*« des Jugendamts (§ 2 Abs. 3 Nr. 11 SGB VIII) gehören hierher.

3.

§ 3 Abs. 2 S. 1 SGB VIII: *Leistungen* werden von Trägern der freien und von Trägern der öffentlichen Jugendhilfe erbracht. Allerdings sollen die Leistungen nach dem in § 4 Abs. 2 SGB VIII verankerten Grundsatz der Subsidiarität der öffentlichen Jugendhilfe vorrangig von Trägern der freien Jugendhilfe erbracht werden. *Andere Aufgaben* werden grds. (zur Ausnahme s. § 76 SGB VIII) von Trägern der öffentlichen Jugendhilfe wahrgenommen, § 3 Abs. 3 S. 1 SGB VIII. Die *Verantwortlichkeit* für die Erfüllung der Leistungen und anderen Aufgaben verbleibt stets beim Träger der öffentlichen Jugendhilfe (s. § 76 Abs. 2 SGB VIII und § 79 SGB VIII).

4.

Leistungsverpflichtungen richten sich nur an die Träger der öffentlichen Jugendhilfe, § 3 Abs. 2 S. 2 SGB VIII. Es gibt keine gesetzliche Verpflichtung der Träger der freien Jugendhilfe, Leistungen zu erbringen. Sie handeln autonom aufgrund eigener Entscheidung.

5.

§ 4 SGB VIII regelt die Zusammenarbeit der öffentlichen mit der freien Jugendhilfe und enthält in Absatz 2 das *passive Subsidiaritätsprinzip*: Soweit geeignete Einrichtungen, Dienste und Veranstaltungen von *anerkannten* Trägern der freien Jugendhilfe (vgl. § 75 SGB VIII) *betrieben werden oder rechtzeitig geschaffen* werden, soll die öffentliche Jugendhilfe von eigenen Maßnahmen absehen. Nach Absatz 3 besteht zudem die Verpflichtung, die freie Jugendhilfe zu fördern (*aktives Subsidiaritätsprinzip*).

6.1

Gem. § 10 Abs. 4 S. 1 SGB VIII gehen die *Leistungen* nach dem SGB VIII Leistungen nach dem SGB IX und SGB XII vor. Es gilt also allgemein: Jugendhilfe vor Sozialhilfe und Eingliederungshilfe. Das Sozialamt kann einen Hilfesuchenden somit in bestimmten Fällen darauf verweisen, Leistungen beim Jugendamt zu beantragen.

6.2

Hiervon abweichend gehen gem. § 10 Abs. 4 S. 2 SGB VIII Maßnahmen der Eingliederungshilfe nach dem SGB IX für junge Menschen, die *körperlich* oder *geistig* behindert oder von einer solchen Behinderung bedroht sind vor. Hier gilt also: Eingliederungshilfe nach SGB IX vor Jugendhilfe. *Seelisch* behinderte Kinder sind in § 10 Abs. 4 S. 2 SGB VIII nicht erwähnt. Für sie bleibt es bei der generellen Aussage in § 10 Abs. 4 S. 1 SGB VIII. Ihnen sind vorrangig Jugendhilfeleistungen vom Träger der öffentlichen Jugendhilfe (Jugendamt) zu gewähren. § 35 a SGB VIII regelt den Anspruch seelisch behinderter Kinder und Jugendlicher auf Eingliederungshilfe nach dem SGB VIII.

7.1

Fall: Nach § 27 Abs. 1 SGB VIII sind die Personensorgeberechtigten, hier die Eltern, materiell anspruchsberechtigt. Ihnen steht daher das Wunsch- und Wahlrecht nach § 5 Abs. 1 SGB VIII zu. Allerdings greift hier die speziellere Regelung des § 37 c Abs. 3 S. 2 SGB VIII zum Wunsch- und Wahlrecht. Zu prüfen ist, ob die Eltern von Beate im Rahmen des ihnen in § 37 c Abs. 3 S. 2 SGB VIII eingeräumten »Wunsch- und Wahlrechts« die Einrichtung wählen können und ihrer Wahl zu entsprechen ist oder ob ihre Wahl wegen »unverhältnismäßiger Mehrkosten« vom Jugendamt abgelehnt werden darf. Es ist der unbestimmte Rechtsbegriff der »*unverhältnismäßigen Mehrkosten*« auszulegen. Es fehlt ein allgemeiner Maßstab für die Feststellung der Grenze bis zu der die Kosten der Leistungserbringung gemäß Wahl und Wunsch der Leistungsberechtigten die Kosten überschreiten dürfen, die bei Nichtberücksichtigung des Wunsch- und Wahlrechts entstünden. Die Prüfung beschränkt sich nicht auf einen rechnerischen Kostenvergleich. Vielmehr sind die Mehrkosten in ein angemessenes Verhältnis zur Bedeutung des Wunsches zu setzen. Wahl und Wunsch müssen sich zudem auf eine *geeignete* Leistung beziehen.

Überwiegend werden Mehrkosten bis zu 20 % (Schindler/Elmauer in LPK-SGB VIII, § 5 Rn. 14) als nicht unverhältnismäßig bezeichnet. Legt man diesen Maßstab hier zugrunde, so ergibt sich Folgendes: Die von den Eltern gewählte Einrichtung ist nur um 15 Euro pro Tag kostspieliger als die *Durchschnittskosten* eines Heims mit einem vergleichbaren Leistungsangebot. Die Eltern haben die Einrichtung A bewusst gewählt, da sie einen konfessionslosen und dennoch gemeinwohlorientierten Träger bevorzugen. Es sprechen also sachliche Gründe für die Wahl. Es kann erwartet werden, dass sie während der Heimunterbringung ihres Kindes gut mit den Trägern der öffentlichen und freien Jugendhilfe zusammenarbeiten werden. Das wiederum könnte dazu führen, dass die »Rückkehroption« für das Kind in sein Elternhaus erhalten bleibt, was nicht nur fachlich anzustreben ist, sondern letztlich zur Vermeidung weiterer Kosten beitragen würde. Unverhältnismäßige Mehrkosten sind daher nicht anzunehmen.

Es ist ferner zu beachten, dass die Wahlmöglichkeit der Leistungsberechtigten sich bei bestimmten voll- und teilstationären Leistungen, § 78 a SGB VIII, im Grundsatz auf Einrichtungen beschränkt, § 37 c Abs. 3 S. 3 SGB VIII, bei welchen der Einrichtungsträger mit dem Jugendamt Vereinbarungen nach § 78 b SGB VIII (Leistungs-, Entgelt- und Qualitätsentwicklungsvereinbarung) abgeschlossen hat. Dies ist hier der Fall.

Ergebnis: Dem Wunsch der Eltern von Beate ist zu entsprechen.

7.2

Fall: Häufig wird den Fachkräften in der Jugendhilfe vorgegeben, Kinder und Jugendliche »lebensweltbezogen« ortsnah unterzubringen und so Einrichtungen, Wohngruppen usw. zu bevorzugen, die sich im näheren Umkreis des bisherigen Lebensmittelpunkts des Kindes oder Jugendlichen befinden. In der Regel erleichtert dies den weiteren Kontakt zu den Eltern und zu Freunden ebenso wie den Besuch der bisherigen Schule. Das Beispiel zeigt, dass es im Einzelfall gute Gründe geben kann, das Kind weiter entfernt unterzubringen, insbesondere dann, wenn dadurch nicht die Gefahr einer weiteren Entfremdung zwischen Eltern und Kind entsteht. Hier überlässt der Vater die Auswahl des geeigneten Heims nicht dem Träger der öffentlichen Jugendhilfe, sondern trifft in Ausübung seines Wunsch- und Wahlrechts nach § 37c Abs. 3 S. 2 und 3 SGB VIII eine Entscheidung, die zu akzeptieren ist, da sie nicht mit unverhältnismäßigen Mehrkosten verbunden ist. Es ist davon auszugehen, dass mit dem vom Vater gewählten Heim Vereinbarungen gem. § 78b SGB VIII getroffen wurden. Zudem wünscht auch Sven selbst seine Unterbringung in dieser Einrichtung.

Ergebnis: Der Wahl des personensorgeberechtigten Vaters und seines 12jährigen Sohnes Sven auf Unterbringung in dem weiter entfernt gelegenen Heim ist gem. § 37c Abs. 3 S. 2 SGB VIII zu entsprechen.

8.1

a)

Die *Voraussetzungen für das Gewähren von Leistungen für junge Ausländer* sind in § 6 Abs. 2 S. 1 SGB VIII geregelt: Erforderlich ist, dass der Ausländer rechtmäßig oder aufgrund einer ausländerrechtlichen Duldung seinen gewöhnlichen Aufenthalt in Deutschland besitzt. Im Einzelnen:

Ein *rechtmäßiger Aufenthalt* im Inland ist gegeben, wenn ein Ausländer sich aufgrund zwischenstaatlicher Abkommen ohne besonderen Aufenthaltstitel in Deutschland aufhalten kann oder wenn er einen Aufenthaltstitel nach dem Aufenthaltsgesetz besitzt, also insbesondere ein Visum, eine Aufenthaltserlaubnis oder eine Niederlassungserlaubnis (§ 4 Abs. 1 S. 2 AufenthG). Ferner wird jugendhilferechtlich von einem rechtmäßigen Aufenthalt bei Innehaben einer Aufenthaltsgestattung gem. § 55 AsylG ausgegangen. *Eine Duldung (Aussetzung der Abschiebung)* wird nach § 60a Abs. 2 S. 1 AufenthG (ggf. i.V.m. § 60b AufenthG) jedem Ausländer erteilt, der keinen Aufenthaltstitel erhalten kann und nicht freiwillig aus dem Bundesgebiet ausreist und aufgrund tatsächlicher (insbesondere fehlender Pass) oder rechtlicher Hindernisse (z.B. schwerwiegende Erkrankung, Art. 2 Abs. 2 S. 1 GG) nicht abgeschoben werden kann. Damit hat jeder Ausländer, der sich in Deutschland aufhält und im Kontakt zur Ausländerbehörde steht, entweder einen rechtmäßigen Aufenthalt oder eine Duldung inne. Der Begriff des gewöhnlichen Aufenthalts wird für die Kinder- und Jugendhilfe in § 30 Abs. 3 S. 2 SGB I legaldefiniert: Den gewöhnlichen Aufenthalt hat eine Person nach dieser Regelung dort, wo sie sich unter Umständen aufhält, die erkennen lassen, dass sie an diesem Ort nicht nur vorübergehend verweilt. Nach der Rspr. ist ein zukunftsoffener Aufenthalt erforderlich. Im Sinne einer Prognoseentscheidung ist daher zu prüfen, ob sich der Ausländer auch noch in den nächsten Monaten in Deutschland aufhalten wird. Dies ist auch bei Duldungsinhabern bereits mit dem ersten Tag der Einreise ins Bundesgebiet möglich. Zu fragen ist, ob in nächster Zeit eine freiwillige Ausreise oder Abschiebung erfolgen wird.

b)

Jugendhilfeleistungen nach dem Kinderschutzübereinkommen:

§ 6 Abs. 4 SGB VIII enthält eine Klarstellung: Regelungen des über- und zwischenstaatlichen Rechts werden durch § 6 Abs. 2 SGB VIII nicht berührt.

Insbesondere das Haager Kinderschutzübereinkommen (KSÜ) verpflichtet die deutschen Behörden zu notwendigen Schutzmaßnahmen für minderjährige Ausländer. Zu den Schutzmaßnahmen nach dem KSÜ gehören dabei alle Leistungen und anderen Aufgaben nach dem SGB VIII. Art. 6 KSÜ stellt dabei nicht auf den gewöhnlichen Aufenthalt des Kindes ab, sondern lässt es ausreichen, dass sich das Kind im Hoheitsgebiet des Vertragsstaates „befindet". Damit dürfte es allein auf die körperliche Anwesenheit ankommen, also ein tatsächlicher Aufenthalt genügen. Diese Regelung gilt nach Art. 6 KSÜ für „Flüchtlingskinder und Kinder, die infolge von Unruhen in ihrem Land in ein anderes Land gelangt sind". Gleiches gilt für alle Kinder nach Art. 11 KSÜ „in dringenden Fällen". Für Flüchtlingskinder, für Kinder, die infolge von Unruhen in ihrem Land in ein anderes Land gelangt sind und in dringenden Fällen ist damit für die Leistungsgewährung ausschließlich auf den tatsächlichen Aufenthalt – und nicht nach § 6 Abs. 2 S. 1 SGB VIII auf den gewöhnlichen Aufenthalt – abzustellen. Problematisch in diesem Zusammenhang ist die Bestimmung des Begriffs „Flüchtlingskind". Das KSÜ selbst enthält hierfür keine Legaldefinition.

8.2

Fall: *»Gewöhnlicher Aufenthalt« eines minderjährigen erfolglosen Asylbewerbers?*

Ansprüche auf Jugendhilfeleistungen für Hung sind gem. § 6 Abs. 2 S. 1 SGB VIII dann gegeben, wenn dieser seinen *gewöhnlichen Aufenthalt* in Deutschland hat und sich hier »rechtmäßig« aufhält oder eine Duldung inne hat.

Hung kann derzeit mangels Vorliegen eines Pass(ersatz)papieres nicht abgeschoben werden. Daher hat er eine Duldung nach § 60a Abs. 2 S. 1 AufenthG inne. Ob § 60b AufenthG einschlägig ist, ist für die Eröffnung des Geltungsbereichs nach § 6 Abs. 2 S. 1 SGB VIII irrelevant. Es kommt nur auf das Innehaben einer Duldung an. Er hat auch einen »*gewöhnlichen Aufenthalt*« inne. Gem. § 30 Abs. 3 S. 2 SGB I, der auch für das SGB VIII diesen Begriff definiert, ist der »gewöhnliche Aufenthalt« des jungen Ausländers dort, »wo er sich unter Umständen aufhält, die erkennen lassen, dass er an diesem Ort oder in diesem Gebiet nicht nur vorübergehend verweilt«. Hung kann in den nächsten Monaten nicht abgeschoben werden. Ein gewöhnlicher Aufenthalt im Bundesgebiet besteht daher.

Ergebnis: Der erfolglose Asylbewerber Hung hat eine Duldung inne und seinen gewöhnlichen Aufenthalt in Deutschland. Somit ist der Geltungsbereich des SGB VIII eröffnet. Bei Vorliegen der weiteren Tatbestandsvoraussetzungen der jeweiligen Anspruchsgrundlage und entsprechender Entscheidung auf Rechtsfolgenseite bestehen Ansprüche auf Jugendhilfeleistungen für Hung gem. § 6 Abs. 2 S. 1 SGB VIII i. V. m. der jeweiligen Anspruchsgrundlage.

8.3
Fall: Kein gewöhnlicher Aufenthalt eines geduldeten Ausländers

a)
»Gewöhnlicher Aufenthalt« bei drohender Abschiebung?
Singh hat eine Duldung nach § 60 a Abs. 2 S. 1 AufenthG (Aussetzung der Abschiebung) inne. Aufgrund der drohenden baldigen Abschiebung verfügt er aber über keinen gewöhnlichen Aufenthalt im Bundesgebiet. Er hat lediglich einen tatsächlichen Aufenthalt inne. Dieser berechtigt nicht zur Beanspruchung von Leistungen nach dem SGB VIII.
Ergebnis: Singh kann keine Leistungen erhalten.

b)
Inobhutnahme gem. § 42 SGB VIII?
Die Inobhutnahme stellt eine andere Aufgabe dar, § 2 Abs. 3 Nr. 1 SGB VIII. Der Geltungsbereich des Gesetzes ist daher nach § 6 Abs. 2 S. 2 i.V.m. § 6 Abs. 1. S. 2 i.V.m. § 6 Abs. 1 S. 1 SGB VIII bei Vorliegen eines tatsächlichen Aufenthalts im Bundesgebiet eröffnet. Der ausländerrechtliche Status ist irrelevant. Der tatsächliche Aufenthalt hat nur eine Voraussetzung: physische Anwesenheit. Singh hat damit einen tatsächlichen Aufenthalt in Deutschland. Die Inobhutnahme ist bei Vorliegen der weiteren Tatbestandsvoraussetzungen nach § 42 SGB VIII möglich.
Ergebnis: Eine Inobhutnahme nach § 42 SGB VIII ist möglich.

9.1

- *Muss-Bestimmung:* Bei »Muss-« oder »Ist-«Vorschriften ist beim Vorliegen der Voraussetzungen der Norm (Tatbestand) die in der Norm definierte Rechtsfolge von der Behörde anzuordnen (gebundene Entscheidung). Bei Vorliegen der Tatbestandsvoraussetzungen muss also der Verwaltungsakt erlassen werden. Sofern die Norm ein subjektiv-öffentliches Recht des Einzelnen begründet, besteht ein vor Gericht einklagbarer Rechtsanspruch auf ein entsprechendes Handeln der Behörde – beispielsweise den Erlass eines Bescheides, mit welchem eine Hilfe zur Erziehung gewährt wird.
- *Soll-Bestimmung:* Zunächst ist zu prüfen, ob ein Regel- oder ein Ausnahmefall vorliegt. Im Regelfall sieht die Soll-Bestimmung eine gebundene Entscheidung vor. Im Ausnahmefall ist Ermessen eröffnet.
- *Kann-Bestimmung:* Hier besteht beim Vorliegen der Voraussetzungen des Tatbestandes der Norm zunächst Wahlfreiheit der Behörde im Hinblick auf das Anordnen der Rechtsfolge (»freies Ermessen«). Die Behörde hat gem. § 39 Abs. 1 SGB I allerdings bei der Ermessensausübung den Zweck der Ermächtigung zu berücksichtigen. Zudem sind die gesetzlichen Grenzen, insbesondere der Verhältnismäßigkeitsgrundsatz, zu beachten. Die Maßnahme muss danach geeignet, erforderlich und angemessen sein. Kann-Bestimmungen vermitteln lediglich einen Anspruch auf eine fehlerfreie Ausübung des Ermessens bezogen auf die Umstän-

de des Einzelfalls. Ein Anspruch auf ein Handeln besteht lediglich bei einer Ermessensreduzierung auf null.

9.2

Gemäß § 31 S. 1 SGB X ist *Verwaltungsakt* jede Verfügung, Entscheidung oder andere *hoheitliche* Maßnahme, die eine *Behörde* zur *Regelung eines Einzelfalles auf dem Gebiet des öffentlichen Rechts* trifft und die auf *unmittelbare Rechtswirkung nach außen* gerichtet ist. Verwaltungsakte auf dem Gebiet des Kinder- und Jugendhilferechts werden von den Trägern der öffentlichen Jugendhilfe getroffen. Diese Einzelfallentscheidungen fallen im Wesentlichen in die sachliche Zuständigkeit *der örtlichen Träger der öffentlichen Jugendhilfe (s. § 85 Abs. 1 SGB VIII)* – in der Regel den Stadtkreisen/kreisfreien Städten und den Landkreisen – und werden dort als Angelegenheit der laufenden Verwaltung von der nach den organisatorischen Vorgaben des Trägers der öffentlichen Jugendhilfe zuständigen Fachkraft im Jugendamt getroffen (s. §§ 69 Abs. 1 und Abs. 3, 70 Abs. 2 SGB VIII). Verwaltungsakt ist beispielsweise das Ablehnen oder Bewilligen einer Hilfe zur Erziehung, das Erteilen oder Ablehnen einer Pflegeerlaubnis oder eine Inobhutnahme. Träger der freien Jugendhilfe können mangels Behördeneigenschaft keine Verwaltungsakte erlassen. Ein Verwaltungsakt kann schriftlich, mündlich oder in anderer Weise erlassen werden, § 33 Abs. 2 SGB X. Er wird mit seiner Bekanntgabe wirksam, §§ 37, 39 Abs. 1 SGB X. Ein schriftlicher Verwaltungsakt gilt mit dem dritten Tag nach Aufgabe zur Post als bekanntgegeben, § 37 Abs. 2 SGB X.

9.3

Eine *Jugendhilfeleistung*, auf die nach dem SGB VIII ein Rechtsanspruch oder ein Anspruch auf ermessensfehlerfreie Entscheidung besteht, kann vor dem *Verwaltungsgericht* eingeklagt werden, da es sich um eine *öffentlich-rechtliche Streitigkeit nicht verfassungsrechtlicher Art* handelt, die nicht durch Bundesgesetz durch eine abdrängende Sonderzuweisung einem anderen Gericht (dem Sozialgericht, s. § 51 SGG) zugewiesen ist (§ 40 Abs. 1 VwGO). Vor Erhebung einer *Anfechtungsklage* (Ziel: Aufhebung eines rechtswidrigen Verwaltungsaktes) oder einer *Verpflichtungsklage* (Ziel: Verpflichtung der Behörde zum Erlass eines abgelehnten oder unterlassenen Verwaltungsaktes wie dem Bewilligen einer Hilfe zur Erziehung) ist in den meisten Ländern ein Überprüfen der Entscheidung durch die Verwaltung selbst in einem *Vorverfahren* (§ 68 VwGO), dem sogenannten Widerspruchsverfahren, erforderlich. Ausnahmsweise ist ohne Erhebung des Widerspruchs direkt eine Klageerhebung möglich (Untätigkeitsklage, § 75 VwGO).

Das Vorverfahren wird durch *Widerspruch* bei der *Behörde*, die den Verwaltungsakt erlassen hat, eingeleitet (§§ 69, 70 VwGO). Es ergeht dann entweder ein Abhilfebescheid (§ 72 VwGO), der ein verwaltungsgerichtliches Verfahren entbehrlich macht, oder ein Widerspruchsbescheid.

9.4

Träger der freien Jugendhilfe können keine Verwaltungsakte erlassen. Sie sind keine Behörde. Das Rechtsverhältnis zwischen ihnen und dem Leistungsadressaten/Leistungsberechtigten ist dem *Zivilrecht* zuzuordnen. In der Regel wird ein schriftlicher oder mündlicher *Vertrag* Grundlage der Rechtsbeziehung sein. Der Träger der freien Jugendhilfe kann daher grundsätzlich nach seiner von ihm aufgestellten Konzeption, entsprechend seiner Leistungsfähigkeit und seiner ideologisch-weltanschaulichen Ausrichtung bestimmte Personen von seinen Angeboten ausschließen. Er ist nicht verpflichtet, mit einer bestimmten Person einen Vertrag abzuschließen, wird erst durch den Vertrag zur Leistung verpflichtet und kann einen Vertrag auch kündigen.

Hingegen sind Träger der öffentlichen Jugendhilfe verpflichtet, denjenigen Leistungen zu gewähren und gegebenenfalls diese Leistung auch selbst anzubieten, die einen Anspruch auf die entsprechenden Leistungen besitzen, weil die vom Gesetz aufgestellten Voraussetzungen der Leistung vorliegen (s. § 3 Abs. 2 S. 2 SGB VIII).

10.1

Nach § 8 Abs. 1 S. 2 SGB VIII sind Kinder und Jugendliche von der Fachkraft im Jugendamt in geeigneter Weise auf ihre Rechte in *Verwaltungsverfahren*, *Verfahren vor den Familiengerichten* sowie den *Verwaltungsgerichten* hinzuweisen.

10.2

Das *jugendhilferechtliche Verwaltungsverfahren* wird primär im SGB X geregelt. Im SGB X finden sich Regelungen zur Durchführung von *Verfahren* durch sämtliche, im SGB aufgeführte Sozialleistungsträger, also auch der Jugendämter. Die Regelungen des SGB X entsprechen überwiegend den Regelungen des VwVfG. Ergänzend enthält zudem das SGB I Regelungen. Das SGB I enthält gemeinsame Vorschriften für alle Sozialleistungsbereiche wie die sozialrechtliche Handlungsfähigkeit in § 36 SGB I, eine Definition des gewöhnlichen Aufenthaltsorts in § 30 Abs. 3 S. 2 SGB I, eine Vorschrift zur Ausübung des Ermessens, § 39 SGB I und Regelungen zu Mitwirkungsobliegenheiten, §§ 60 f. SGB I. Ferner enthält das SGB VIII Regelungen (z.B. § 36 SGB VIII für das Hilfeplanverfahren). Regelungen im SGB VIII gehen solchen im SGB I und SGB X grundsätzlich vor. Das *Verfahren vor dem Verwaltungsgericht* ist in der Verwaltungsgerichtsordnung (VwGO) geregelt.

Das familiengerichtliche Verfahren ist im Gesetz über das Verfahren in Familiensachen und in den Angelegenheiten der freiwilligen Gerichtsbarkeit (FamFG) geregelt. Kenntnisse des familiengerichtlichen Verfahrens sind für die Fachkräfte der Kinder- und Jugendhilfe von besonderer Bedeutung, da zahlreiche Beziehungen zwischen den Aufgaben der Träger der öffentlichen Jugendhilfe nach dem SGB VIII und der Familiengerichte nach dem BGB bestehen. So nehmen Jugendhilfe und Familiengericht in Verantwortungsgemeinschaft das staatliche Wächteramt wahr. Zudem hat das Jugendamt in bestimmten familiengerichtlichen Verfahren (wie in Kindschafts- und Abstammungssachen) mitzuwirken, § 50 SGB VIII.

ÜBUNGSBLATT 2
SGB VIII, Kapitel 2: Leistungen der Jugendhilfe, 1. Abschnitt

Im ersten Abschnitt des Kapitels wird die **Jugendarbeit**, die **Jugendsozialarbeit** sowie der **erzieherische Kinder- und Jugendschutz** behandelt (**§§ 11–15 SGB VIII**).

Literaturhinweise:
Kepert/Kunkel, Handbuch Kinder- und Jugendhilferecht, Kap. 4 Kunkel, Jugendhilferecht, Kap. 3.1.3
Münder/Wiesner/Meysen, Handbuch, Kap. 3.1

Einführung

Die Leistungen des SGB VIII beginnen mit § 11 SGB VIII. **Jugendarbeit** (§ 11 SGB VIII) ist gekennzeichnet durch: *Freiwilligkeit der Teilnahme an ihren Veranstaltungen, starke altersspezifische Gliederung, die Vielfalt der Organisationen, Träger und Arbeitsformen*. Sie zeichnet sich zudem durch *Selbstorganisation, Ganzheitlichkeit und Partizipation* aus. § 12 SGB VIII hebt dementsprechend die besondere Bedeutung der **Jugendverbände** hervor. In § 13 SGB VIII wird der Tätigkeitsbereich der **Jugendsozialarbeit** beschrieben. Leistungen der Jugendsozialarbeit richten sich an Kinder und Jugendliche, die aufgrund gesellschaftlicher Problemlagen wie den Folgen von Migration, aber auch Drogenabhängigkeit, Lernbehinderung etc. *sozial benachteiligt sind*. Die sozialpädagogischen Hilfen umfassen vorrangig *berufliche Ausbildung und Eingliederung in die Arbeitswelt sowie Schulsozialarbeit*. Infolge Rechtsänderung durch Art. 1 des KJSG ist mit Wirkung vom 10.6.2021 die Schulsozialarbeit in § 13a SGB VIII geregelt. Die Aufgaben des präventiven, **erzieherischen Kinder- und Jugendschutzes** werden in § 14 SGB VIII geregelt.

Fragen, Aufgaben und Fälle

1.

Jugendarbeit

1.1

Unterscheiden Sie *Jugendarbeit* und *Jugendsozialarbeit*. Grenzen Sie diese Maßnahmen auch von Maßnahmen nach den §§ 16 ff. SGB VIII (*Förderung der Erziehung in der Familie*) und nach den §§ 27 ff. SGB VIII (*Hilfe zur Erziehung*) ab.

1.2

Können *Angebote der Jugendarbeit* auch Personen über 27 Jahre einbeziehen?

2.
Jugendverbände, Jugendgruppen: Förderung

2.1
Was unterscheidet *Jugendverbände* und *Jugendgruppen* von anderen *Trägern der freien Jugendhilfe* (s. auch §§ 74, 75 SGB VIII)?

2.2
Unter welchen Voraussetzungen sind einzelne Vorhaben eines Jugendverbandes oder dieser selbst auf Dauer zu fördern?

3.
Jugendsozialarbeit

3.1
Welche Rechtsgrundlagen schafft das SGB VIII für *betreute Wohngemeinschaften/Jugendwohnheime* für benachteiligte junge Menschen?

3.2
Ist eine Kostenbeteiligung des Jugendlichen/Volljährigen bzw. seiner Eltern bei einer Maßnahme der Jugendsozialarbeit vorgesehen, die mit einer Unterbringung des Jugendlichen/Volljährigen außerhalb seines Elternhauses verbunden ist?

4.

Fall: Klaus, der 19 Jahre alt ist, nimmt an einer berufsvorbereitenden Maßnahme eines Berufsbildungswerks gem. § 51 SGB III – Arbeitsförderung – teil. Die Maßnahme wird durch die Agentur für Arbeit finanziert, die auch die Kosten der schulischen Förderung innerhalb der Maßnahme sowie einer sozialpädagogischen Betreuung am Arbeitsplatz übernimmt.

Aufgrund von Auseinandersetzungen in der Familie muss Klaus Ende des Monats zu Hause ausziehen. Seine Eltern haben ihn aus der Wohnung geworfen. Klaus könnte einen Platz in einem Wohnheim des Berufsbildungswerks erhalten. Die Unterbringungskosten würden ohne Verpflegung 210 Euro monatlich betragen. Hat Klaus gegenüber dem Jugendamt einen Anspruch auf Übernahme der Kosten der Unterbringung?

5.

Fall: Alle Vorstandsmitglieder eines im örtlichen Jugendring vertretenen Verbands in der Rechtsform eines eingetragenen Vereins sind zwischen 28 und 55 Jahre alt. Der Verein beschäftigt sich unter anderem damit, die Kinderbetreuung in einer Obdachlosensiedlung zu verbessern. Die Kinder sind zwischen 6 und 12 Jahre alt und sämtlich Mitglieder des Vereins. Handelt es sich bei dem Verein um einen förderungswürdigen Jugendverband i.S.d. § 12 SGB VIII?

6.

Fall: Ein Verein beantragt beim Jugendamt die finanzielle Förderung einer einwöchigen Fahrt im Rahmen der verbandlichen Jugendarbeit nach Auschwitz/Polen. Bei den Teilnehmern handelt es sich um 12 Personen im Alter zwischen 20 und 26 Jahren sowie um 8 Personen zwischen 30 und 65 Jahren. Ist die Fahrt für alle Teilnehmer vom Jugendamt zu bezuschussen?

Lösungen zu Übungsblatt 2
SGB VIII, Kapitel 2: Leistungen der Jugendhilfe, 1. Abschnitt

1.1

Die Leistungen des Kinder- und Jugendhilferechts beginnen mit § 11 SGB VIII. Adressaten der *Jugendarbeit* (§ 11 SGB VIII) sind junge Menschen. Junger Mensch ist ein Oberbegriff für Kinder, Jugendliche und junge Volljährige. Junger Mensch ist nach § 7 Abs. 1 Nr. 4 SGB VIII eine Person im Alter von 0 bis 26 Jahren. Entgegen der Bezeichnung „Kinder- und Jugendhilferecht" können nach dem SGB VIII damit auch Leistungen an Volljährige in Betracht kommen.

Den Leistungen der *Jugendarbeit* und des *erzieherischen Jugendschutzes* (§ 14 SGB VIII) mit Kindern und Jugendlichen ist ein stark *präventiver Charakter* gemeinsam. Demgegenüber setzen die Leistungen der *Jugendsozialarbeit* (§ 13 SGB VIII) *soziale Benachteiligungen oder individuelle Beeinträchtigungen* voraus. Charakteristisch sind *zielgruppenspezifische Angebote*, wie etwa die Arbeit mit Mädchen und jungen Frauen oder mit jungen Menschen aus zugewanderten Familien. In § 16 SGB VIII (Allgemeine Förderung der Erziehung in der Familie) geht es dagegen nicht um gruppenspezifische Angebote für alle jungen Menschen oder um solche, welche die soziale Integration besonders belasteter junger Menschen in ihrer Lebenswelt (Schule, Ausbildung, Beruf) zum Inhalt haben. Vielmehr sind Adressaten der Leistung »Mütter, Väter, andere Erziehungsberechtigte und junge Menschen«. Die Erziehungsfähigkeit der Familie soll gestärkt werden. In §§ 27 ff. SGB VIII ist im Gegensatz zu den vorgenannten Leistungen der Jugendhilfe, deren Angebot der Träger der öffentliche Jugendhilfe zwar zu gewährleisten hat, aber auf die der Einzelne – mit Ausnahme des § 13 Abs. 3 SGB VIII – keinen subjektiven Anspruch besitzt, ein individueller Rechtsanspruch des oder der *Personensorgeberechtigten auf »Hilfe zur Erziehung« (HzE)* gesetzlich festgeschrieben. Voraussetzung der Leistungsgewährung ist das Bestehen eines erzieherischen Bedarfs im Einzelfall, zu dessen Behebung eine geeignete und notwendige Hilfe vorhanden ist.

Kepert

1.2

Jugendarbeit richtet sich nach § 11 Abs. 1 SGB VIII primär an junge Menschen, also an alle, die noch nicht 27 Jahre alt sind (§ 7 Abs. 1 Nr. 4 SGB VIII). Allerdings können nach § 11 Abs. 4 SGB VIII Angebote der Jugendarbeit auch Personen, die das 27. Lebensjahr vollendet haben, »in angemessenem Umfang« einbeziehen. Die Regelung trägt zum einen dem Umstand Rechnung, dass durch längere Schul- und Ausbildungszeiten auch die Entscheidungen für die eigene Lebensplanung später getroffen werden. Zum anderen ist die Regelung in Zusammenhang mit der Förderung der Jugendverbände nach § 12 SGB VIII zu sehen. Gerade selbstverwaltete Angebote – etwa selbstverwaltete Jugendhäuser und Kulturzentren – werden oft von Gruppen gestaltet, bei denen ein Teil derjenigen, die sich engagieren, bereits das 27. Lebensjahr vollendet hat.

2.1

Der Gesetzgeber hat der Jugendverbandsarbeit in § 12 SGB VIII eine eigene Vorschrift gewidmet. Es besteht eine *zwingende Förderungsverpflichtung* zugunsten der Jugendverbände und der Jugendgruppen, ohne dass ein einzelner Jugendverband direkt aus § 12 SGB VIII einen nach Art – Unterstützung durch Räumlichkeiten, Sach- bzw. Geldmittel – und Höhe bestimmbaren Rechtsanspruch auf Förderung herleiten kann. Ein solcher Rechtsanspruch auf Förderung kann sich im Einzelfall aus den Festsetzungen des Jugendhilfeplans ergeben und setzt im Übrigen, wie die Verweisung auf § 74 SGB VIII in § 12 Abs. 1 SGB VIII zeigt, die Erfüllung der dort normierten Förderungsvoraussetzungen (Erfüllen der fachlichen Voraussetzungen für die geplante Maßnahme, Gewähr für eine zweckentsprechende und wirtschaftliche Verwendung der Mittel, Verfolgen gemeinnütziger Ziele, Erbringen einer angemessenen Eigenleistung und Gewähr für eine den Zielen des Grundgesetzes förderliche Arbeit) voraus.

Andere Träger der freien Jugendhilfe sollen nach dem Wortlaut der §§ 4 Abs. 3, 74 Abs. 1 SGB VIII ebenfalls gefördert werden.

2.2

Während die »Projektförderung«, die Förderung einzelner Vorhaben, im pflichtgemäßen Ermessen des Trägers der öffentlichen Jugendhilfe liegt, setzt eine Förderung des Jugendverbandes *auf Dauer* (»institutionelle Förderung«) in der Regel eine *Anerkennung als Träger der freien Jugendhilfe* voraus, § 74 Abs. 1 S. 2 SGB VIII. Durch diese Anerkennung erhält der Träger der freien Jugendhilfe einen bevorzugten Status im Rahmen der partnerschaftlichen Zusammenarbeit mit dem Träger der öffentlichen Jugendhilfe (s. beispielsweise §§ 71 Abs. 1 Nr. 2, 76, 78 SGB VIII). Ein Jugendverband hat gemäß § 75 Abs. 2 SGB VIII einen Anspruch auf Anerkennung als Träger der freien Jugendhilfe, wenn er auf dem Gebiet der Kinder- und Jugendhilfe mindestens drei Jahre tätig gewesen ist, sich somit bereits bewährt hat. Zudem müssen die Tatbestandsvoraussetzungen des § 75 Abs. 1 Nr. 1 bis 4 SGB VIII gegeben sein. Vor Erreichen des 3-Jahres-Zeitraums besteht ein Anspruch auf ermessensfehlerfreie Entscheidung über eine Anerkennung.

Die Anerkennung als Träger der freien Jugendhilfe ist ein Verwaltungsakt. Sie fällt in die Zuständigkeit des Jugendhilfeausschusses des Jugendamts, da es sich nicht um ein Geschäft der laufenden Verwaltung handelt, §§ 70 Abs. 1 und Abs. 2, 71 Abs. 2 Nr. 3 SGB VIII.

3.1

Rechtsgrundlage für *betreute Wohngemeinschaften/Jugendwohnheime* als Leistung der Jugendhilfe für benachteiligte junge Menschen ist § 13 Abs. 3 SGB VIII. Maßnahmen nach § 13 Abs. 3 SGB VIII sind von der Hilfe für junge Volljährige gem. § 41 SGB VIII abzugrenzen, die ebenfalls Ausbildungs- und Beschäftigungsmaßnahmen einschließen kann. Abgrenzungsmaßstab ist die Intensität der pädagogischen Unterstützung, die bei der Hilfe nach § 41 SGB VIII im Vordergrund steht.

3.2

Bei der Unterbringung in einer *sozialpädagogisch begleiteten* Wohnform gem. § 13 Abs. 3 SGB VIII werden der *Jugendliche bzw. der junge Volljährige und dessen Eltern* gem. §§ 91 Abs. 1 Nr. 1, 92 Abs. 1 Nr. 1, Nr. 2, Nr. 5 SGB VIII aus ihrem Einkommen zu den Kosten der Unterkunft herangezogen. Eltern sollen nachrangig zu den Kosten herangezogen werden (§ 94 Abs. 1 S. 3 SGB VIII).

4.

Fall: Hier wird nach dem Recht der Arbeitsförderung des SGB III eine berufsfördernde Bildungsmaßnahme vom zuständigen Sozialleistungsträger durchgeführt.

Grundsätzlich gehen gem. § 10 Abs. 1 SGB VIII Verpflichtungen und Leistungen *anderer* denen der Kinder- und Jugendhilfe vor. Die Leistungen der Arbeitsförderung haben also Vorrang vor den Leistungen der Jugendhilfe. Dies gilt aber nur dann, wenn die vorrangig geschuldeten Leistungen nach SGB III demselben Zweck wie die Jugendhilfe dienen und den Bedarf auch voll decken. Ist Letzteres nicht der Fall, muss der Träger der öffentlichen Jugendhilfe eventuell *(ergänzend)* Leistungen erbringen.

Es ist daher zu prüfen, ob die Leistung der Agentur für Arbeit dem gleichen Zweck wie die Leistung der Jugendhilfe dient und eine ergänzende Geldleistung (Unterkunftskosten) vom Jugendamt verlangt werden kann. Für die Abgrenzung zwischen Leistungen der Agentur für Arbeit und des Jugendamts ist auf die *überwiegende Zielsetzung* der Maßnahmen abzustellen. Danach ist die Agentur für Arbeit zuständig, wenn es vorrangig um die *berufliche Bildung* geht, das *Jugendamt,* wenn eine auswärtige Unterbringung aus erzieherischen Gründen erfolgen muss. Das Jugendamt hat für die *soziale Betreuung und Persönlichkeitsbildung* eines jungen Menschen Sorge zu tragen. Geldleistungen sind in der Jugendhilfe generell nur als Annexleistung zu einer sozialpädagogischen Leistung vorgesehen (s. §§ 39, 40 SGB VIII). Aus diesem Grunde kann die Zahlung von Mietkosten (Geldleistung) nur im Zusammenhang mit einer pädagogischen Hilfe vom Jugendamt verlangt werden. Im Fall wird jedoch außer einer Geldzahlung keine weitere pädagogische Hilfe gewährt oder beansprucht, da auch die sozialpädagogische Betreuung am Arbeitsplatz *von der Agentur für Arbeit* übernommen wird. Die sozialpädagogische Betreuung erstreckt sich jedoch nicht auf den Bereich des selbstständigen Wohnens des jungen Volljährigen außerhalb des Elternhauses. Somit ist eine Unterbringung in einer

Kepert

sozialpädagogisch begleiteten Wohnform, wie in § 13 Abs. 3 SGB VIII nach dem Jugendhilferecht möglich, nicht vorgesehen. Aus diesem Grunde kann der Träger der öffentlichen Jugendhilfe die Kosten der Unterkunft nicht als Teil des notwendigen Unterhalts des jungen Menschen gem. § 13 Abs. 3 SGB VIII übernehmen.

Ergebnis: Klaus kann eine Übernahme eines Teils der Unterkuftskosten nicht gem. § 13 Abs. 3 SGB VIII als ergänzende Leistung der Jugendhilfe verlangen, da keine sozialpädagogisch begleitete Wohnform vorliegt und (bloße) Geldleistungen, wie oben ausgeführt, in der Jugendhilfe nur als »Annex« (Anhängsel) einer erzieherischen Hilfe gewährt werden dürfen.

5.

Fall: Die Binnenstruktur des Verbands entspricht nicht den Vorgaben, die § 12 Abs. 2 S. 1 SGB VIII für einen förderungswürdigen Jugendverband aufstellt. Selbstorganisation der Jugendarbeit, gemeinschaftliche Gestaltung und Mitverantwortung durch *junge Menschen* dürften hier nicht gegeben sein, auch wenn es überwiegend als hinreichend gilt, wenn die Stimmen der Jugendlichen im Jugendverband wesentliches Gewicht haben. Die Geschicke des Vereins können in einem wesentlichen Teilbereich (Kinderbetreuung in einer Obdachlosensiedlung) überhaupt nicht von seinen Mitgliedern (Kinder zwischen 6 und 12 Jahren) bestimmt werden. Hier haben – wie auch für die übrigen Angelegenheiten, die zu den Aufgaben des Vereins gehören – Vorstandsmitglieder das Sagen, die sämtlich die obere Altersgrenze, welche § 7 Abs. 1 Nr. 4 SGB VIII für *junge Menschen* aufstellt (26 Jahre), überschreiten.

Ergebnis: Ein förderungswürdiger Jugendverband i.S.v. § 12 SGB VIII liegt nicht vor.

6.

Fall: Fraglich ist, ob bei der Förderung der Tätigkeit des Vereins als Jugendverband oder als Träger der freien Jugendhilfe gem. § 74 SGB VIII Zuschüsse für sämtliche Teilnehmer und Teilnehmerinnen der Fahrt vom Jugendamt zu gewähren sind. Gemäß § 74 Abs. 3 S. 1 SGB VIII entscheidet der Träger der öffentlichen Jugendhilfe über die Förderung im Rahmen der verfügbaren Haushaltsmittel nach *pflichtgemäßem Ermessen.* Zudem hat der Verein eine Eigenleistung zu erbringen, bei deren Bemessung dessen *Finanzkraft* und die *sonstigen Verhältnisse* zu berücksichtigen sind, § 74 Abs. 3 S. 3 SGB VIII. Schließlich ist zu berücksichtigen, dass Angebote der *Jugendarbeit jungen Menschen zur Förderung ihrer Entwicklung* zur Verfügung zu stellen sind, § 11 Abs. 1 S. 1 SGB VIII, und nur ausnahmsweise Personen, die das 27. Lebensjahr bereits vollendet haben, in »angemessenem Umfang« einbeziehen können, s. § 11 Abs. 4 SGB VIII. Zwar nehmen an solchen Maßnahmen oft ältere Menschen teil, sie müssen jedoch in der Minderzahl sein, damit das Angebot seinen Charakter als Maßnahme der Jugendarbeit behält. Berücksichtigt man diese Gesichtspunkte, so ergibt sich, dass das Jugendamt nicht ermessensfehlerhaft handelt, wenn es nur für die 12 Teilnehmer und Teilnehmerinnen der Fahrt, die zwischen 20 und 26 Jahre alt sind, Zuschüsse an den Verein zahlt. Etwas anderes mag dann gelten, wenn ältere Teilnehmer bzw. Teilnehmerinnen – ggf. aus eigenem Erleben z.B. als Verfolgte während der Zeit des Nationalsozialismus oder aus Erzählungen ihrer Eltern – bereits während der Reise für eine pädagogische Aufarbeitung der

Reise nach Auschwitz beitragen könnten. Dafür gibt es in der Darstellung des Sachverhalts jedoch keine Anhaltspunkte.

Ergebnis: Für die acht älteren Teilnehmer ist die Fahrt nicht zu bezuschussen.

Kepert

ÜBUNGSBLATT 3

SGB VIII, Kapitel 2: Leistungen der Jugendhilfe, 2. Abschnitt

Der zweite Abschnitt des Kapitels behandelt die **Förderung der Erziehung in der Familie (§§ 16–21 SGB VIII)**.

Literaturhinweise:
Kepert/Kunkel, Handbuch Kinder- und Jugendhilferecht, Kap. 4 Kunkel, Jugendhilferecht, Kap. 3.1.1
Münder/Wiesner/Meysen, Handbuch, Kap. 3.2

Einführung

Der zweite Abschnitt enthält vorbeugende *allgemeine Hilfen für Familien*, um Erziehungs- und Entwicklungsstörungen junger Menschen möglichst zu vermeiden. Im Mittelpunkt der Jugendhilfe soll nicht die Behebung von Defiziten, sondern das Fördern der Entwicklung von Fähigkeiten, Strategien und Ressourcen für eine eigenständige Lebensführung und der Aufbau von Kompetenzen für eine eigenverantwortliche Partizipation am gesellschaftlichen Leben stehen.

Es ist zu beachten, dass § 20 SGB VIII – *Betreuung und Versorgung des Kindes in Notsituationen* – nur die Betreuung und Versorgung des Kindes im *eigenen Haushalt* regelt und grundsätzlich keine Rechtsgrundlage für eine *Unterbringung* des Kindes darstellt. Im Unterschied hierzu ermöglicht § 70 Abs. 4 SGB XII im Rahmen einer Hilfe *zur Weiterführung des Haushalts* eine *vorübergehende anderweitige Unterbringung von Haushaltsangehörigen*.

Fragen, Aufgaben und Fälle

1.

Ein Jugendamt führt eine Maßnahme der *Familienerholung einschließlich erzieherischer Kinderbetreuung* durch. Sind die Eltern an den Kosten der Maßnahme zu beteiligen?

2.

Sorge- und Umgangsrecht; Aufgaben des Jugendamts

2.1

Fall: Die Eheleute Huber leben getrennt und wollen sich scheiden lassen. Ein Scheidungsantrag wurde beim Familiengericht eingereicht. Gem. § 1671 Abs. 1 BGB hat Frau Huber beantragt, dass das Familiengericht ihr die alleinige elterliche Sorge für die gemeinsame Tochter Kerstin, die 14 Jahre alt ist, überträgt. Kerstin lebt derzeit bei der Mutter, möchte aber lieber zum Vater ziehen. Frau Huber will ihren Mann überhaupt nicht mehr sehen. Kerstin soll ihn nach ihrem Willen möglichst auch nicht besuchen, da er mittlerweile mit einer anderen Frau zusammenlebt. Frau Huber versucht, Kerstin als »Bündnispartner« im Ehestreit zu gewinnen. Nach einem Hinweis des Familiengerichts gem. § 156 Abs. 1 FamFG sucht Frau Huber das Jugendamt

auf, das durch das Familiengericht (§ 17 Abs. 3 SGB VIII) bereits über die Rechtshängigkeit der Scheidungssache Huber informiert worden war.
a) Was ist unter einem »Hinweis« des Familiengerichts in diesem Kontext zu verstehen?
b) Beim Vorliegen welcher Voraussetzungen ist nach § 1671 BGB die gemeinsame elterliche Sorge von Eltern zumindest teilweise durch das Familiengericht aufzuheben?
c) Welche Aufgaben obliegen dem Jugendamt gem. § 17 Abs. 1 SGB VIII?
d) Hat das Jugendamt Kerstin zu beteiligen?
e) Besitzt Kerstin ein Recht auf Umgang mit ihrem Vater, bzw. ist der Vater von Kerstin verpflichtet, den Kontakt mit Kerstin aufrechtzuerhalten?
f) Halten Sie im Fallbeispiel das Bestellen eines Verfahrensbeistands für Kerstin (»Anwalt des Kindes«) gem. § 158 FamFG für erforderlich? Könnte gegebenenfalls auch eine Fachkraft des Jugendamts zum Verfahrensbeistand bestellt werden?
g) Welche Aufgaben hat ein Verfahrensbeistand wahrzunehmen? Inwiefern unterscheiden sich seine Aufgaben von denen einer Fachkraft im Jugendamt, die gem. § 50 SGB VIII, § 162 FamFG im familiengerichtlichen Verfahren mitwirkt?

Hinweis: Literatur zur *Verfahrensbeistandschaft: Salgo* u.a.: Verfahrensbeistandschaft. Ein Handbuch für die Praxis, 4. Aufl., Köln 2020. *Röchling (Hrsg.):* Handbuch Anwalt des Kindes. Verfahrensbeistandschaft und Umgangspflegschaft für Kinder und Jugendliche, 2. Aufl., Baden-Baden 2009.

2.2

Fall: Herr Meier erfährt, dass er nicht der biologische Vater von vier, während der Ehe von seiner Ehefrau geborener Kinder ist. Er beschließt, sich scheiden zu lassen und seine Vaterschaft anzufechten, um keinen Unterhalt für die Kinder zahlen zu müssen. Sein Anwalt erzählt ihm, dass er dann aber auch kein Umgangsrecht mehr habe. Ist die Rechtsauffassung des Anwalts zutreffend?

2.3

Fall: Die allein zur elterlichen Sorge berechtigte Mutter des 4jährigen Heiner hat gute Gründe, dass der gewalttätige, wegen Misshandlung Schutzbefohlener vorbestrafte Vater von Heiner sein Umgangsrecht nur unter Beteiligung eines »mitwirkungsbereiten Dritten« wahrnimmt. Das Familiengericht schlägt einen Umgang an zwei Tagen im Monat für jeweils 4 Stunden vor, da Heiner bis vor kurzem mit beiden Eltern zusammengelebt habe und sehr an seinem Vater hänge. Der »mitwirkungsbereite Dritte« soll nach Wunsch der Mutter ein Mann sein, ein solcher ist jedoch nicht zu finden. Ist »das Jugendamt« verpflichtet, sich als »Dritter« zur Verfügung zu stellen, obwohl nach seiner Behauptung weder Geld noch Personal für diese zeitaufwendige Hilfe zur Verfügung steht? (s. § 1684 Abs. 4 BGB und § 18 Abs. 3 SGB VIII).

2.4

Fall: In einem Verfahren vor dem Familiengericht gem. §§ 1666, 1666a BGB geht es um Maßnahmen gegen den Stiefvater eines Kindes, der anonym beschuldigt wurde, das Kind während der Abwesenheit der Mutter zu schlagen und vom Schulbesuch abzuhalten. Der Stiefvater bestreitet die Vorwürfe glaubhaft. Er ist inzwischen von der Mutter getrennt, möchte aber weiterhin Kontakt zum Kind halten. Das Jugendamt hat das Familiengericht nach § 8a Abs. 2 S. 1 SGB VIII angerufen. Das Gericht hört die Beteiligten an und fordert sie gem. § 156 Abs. 1 FamFG auf, eine Beratungsstelle der Jugendhilfe aufzusuchen.

a) Welche Regelung enthält § 156 Abs. 1 FamFG?
b) Hat der Stiefvater ein Umgangsrecht?
c) Hat der Stiefvater einen Anspruch auf Leistungen nach § 18 Abs. 3 SGB VIII?

2.5

Fall: Eine 16jährige schwerbehinderte Pflegetochter, die seit dem dritten Lebensjahr keinen Kontakt zu ihrer leiblichen Mutter hatte, »möchte ihre Wurzeln erforschen« und strebt den Umgang mit der Mutter an. Das Jugendamt möchte ihr helfen. Die leibliche Mutter lehnt einen Umgang jedoch strikt ab. Wie soll sich das Jugendamt verhalten? Kann die Mutter zum Umgang gezwungen werden? (s. §§ 89 f. FamFG)

3.

Fall: Ein Jugendamt möchte in seinem Bereich eine Hausaufgabenbetreuung institutionalisieren. Ziel ist weniger die Vermittlung kognitiven Wissens zur raschen Verbesserung der Schulleistungen als vielmehr die Vermittlung von Arbeitshaltungen (Förderung der Lernfähigkeit). Gedacht ist an folgende Möglichkeiten, die nebeneinander angeboten werden sollen: Einzelunterricht in der Familie eines Kindes oder Gruppenunterricht von Kindern oder Jugendlichen in einem Stadtteil mit vielen Problemfamilien durch mehrere Pädagogen. Der Unterricht findet in einem Jugendzentrum statt. Handelt es sich in beiden Fällen um Maßnahmen der Förderung der Erziehung in der Familie? Sind die Eltern an den Kosten der Maßnahme zu beteiligen oder kann diese auch kostenlos angeboten werden?

Kepert

4.
Beratung (§ 16 SGB VIII), Jugendberatung, (§ 11 SGB VIII), Erziehungsberatung als Hilfe zur Erziehung (§ 28 SGB VIII)

4.1
Versuchen Sie, die Begriffe *Jugendberatung (§ 11 Abs. 3 Nr. 6 SGB VIII), (präventive) Beratung (§ 16 Abs. 2 Nr. 2 SGB VIII)* und *Erziehungsberatung (§ 28 SGB VIII)* zu unterscheiden.

4.2
Nennen Sie Beispiele für eine Leistung nach den genannten Paragrafen.

4.3
Darf für die Inanspruchnahme von Angeboten der Beratung in allgemeinen Fragen der Erziehung und Entwicklung junger Menschen ein Kostenbeitrag erhoben werden?

5.
Fälle:

5.1
Britta ist gestürzt und hat sich ein Bein gebrochen. Ein dreiwöchiger Krankenhausaufenthalt ist unumgänglich. Ihr Mann Klaus, von Beruf Fernfahrer und nur an den Wochenenden zuhause, weiß nicht, was während der Abwesenheit der Mutter mit den beiden Kindern, die 12 und 13 Jahre alt sind, geschehen soll, da keine Nachbarn oder Verwandten vorhanden sind, die helfen könnten. Welche Leistungen können ihm angeboten werden?

5.2
Die Mutter von zwei 2 und 5 Jahre alten Kindern ist nach einem Verkehrsunfall verstorben. Der Vater der Kinder, der von Beruf Fernfahrer ist, kann sich weder tagsüber noch nachts regelmäßig um die Kinder kümmern. Der Vater wendet sich daher mit der Bitte um Betreuung der Kinder im eigenen Haushalt an das Jugendamt. Das Jugendamt lehnt eine derartige Leistung mit der Begründung ab, sie sei nur zeitlich begrenzt in Notfällen möglich. Ist dies rechtmäßig?

6.
Fälle zur Unterbringung in gemeinsamer Wohnform:

6.1

Die 16jährige Schülerin Elvira ist im 7. Monat von ihrem Freund Carlos schwanger. Wegen beengter Wohnverhältnisse und aufgrund dauernder Streitigkeiten in der Familie wird sie nach der Geburt nicht bei ihren Eltern wohnen können.

a) Welche Leistungen kann das Jugendamt Elvira vor und nach der Geburt des Kindes anbieten? Wer ist bezogen auf diese Leistungen Anspruchsberechtigter?
b) Welches Jugendamt ist für die Leistung örtlich zuständig, wenn Elvira noch vor der Geburt des Kindes in ein Mutter-Kind-Heim nicht an ihrem Wohnort, sondern in einer anderen Stadt untergebracht wird?
c) Wie ist die Kostentragung und die Heranziehung zu den Kosten für die Leistungen an Elvira bzw. ihren Sohn Matthias geregelt, wenn Elvira nach der Geburt ihres Sohnes Matthias zusammen mit diesem in einem Mutter-Kind-Heim lebt?

6.2

Bei der Geburt ihres Kindes ist die 25jährige Frau Schulz verstorben, der 65jährige Witwer beantragt beim Jugendamt »betreutes Wohnen« zusammen mit dem Säugling, da er sich mit der Pflege und Betreuung des Kleinkindes vollkommen überfordert fühlt. Das Jugendamt lehnt ab, da eine Jugendhilfeleistung für einen Mann im Rentenalter ausgeschlossen sei. Herr Schulz pocht darauf, dass die beantragte Hilfe ohne Altersbegrenzung zu gewähren sei. Wer hat Recht?

6.3

Die unverheirateten und im Verhalten noch sehr jugendlich wirkenden 18 und 19 Jahre alten Eltern eines Kleinkindes leben zusammen mit dem Kind in beengten Wohnverhältnissen bei den Eltern der Frau. Sie »schaffen« die Betreuung und Versorgung des Kindes recht gut, brauchen hierbei aber regelmäßig Unterstützung, die zurzeit von der Großmutter des Kindes gewährt wird. Die jungen Leute wollen ausziehen und gemeinsam mit ihrem Kind auf Kosten des Jugendamts in einer geeigneten Wohnform der Jugendhilfe gem. § 19 SGB VIII unterkommen. Das Jugendamt lehnt dies ab und bietet stattdessen allein der Mutter eine Unterbringung in einem Mutter-Kind-Heim an. Die Mutter des Kindes ist verunsichert, der junge Vater frustriert. Kommt eine Leistungsübernahme nach § 19 SGB VIII in Betracht?

6.4

Die 16jährige Viola lebt im Heim, nachdem das Jugendamt ihrer allein personensorgeberechtigten Mutter auf deren Antrag Hilfe zur Erziehung gem. §§ 27, 34 SGB VIII gewährt hat. Als im Heim festgestellt wird, dass Viola von einem anderen Heimbewohner, dem 17jährigen Klaus, schwanger ist, wird der vom zuständigen Jugendamt gem. § 36 Abs. 2 S. 2 SGB VIII aufgestellte Hilfeplan insoweit geändert, als nunmehr eine gemeinsame Lebensperspektive von Mutter und Kind vorgesehen wird. Beide sollen in der Wohngruppe des Heims verbleiben und dort zwei Zimmer bewohnen.

Ist nach der Geburt des Kindes weiterhin Hilfe zur Erziehung für Viola und ihr Kind möglich?

7.

Fall: Haben die Eltern der 12jährigen Kati, die während des ganzen Jahres als Binnenschiffer unterwegs sind, gem. § 21 SGB VIII einen Anspruch gegen den örtlichen Träger der öffentlichen Jugendhilfe (Jugendamt) auf Übernahme der Kosten des Internats, in dem sie ihre Tochter untergebracht haben?

8.

Fall: Der 14jährige Karl hat Schwierigkeiten in der Schule, die sich in nachlassenden Leistungen niederschlagen. Er hat wenig Motivation, etwas zu lernen, Fehlzeiten (Schuleschwänzen) häufen sich, ohne dass die üblichen Mittel (schulische Erziehungsmaßnahmen) etwas nützen. Die Eltern möchten ihren Sohn im Internat unterbringen; die Schule befürwortet dies.

Ist eine Internatsunterbringung gem. § 21 SGB VIII als Jugendhilfeleistung möglich?

Lösungen zu Übungsblatt 3
SGB VIII, Kapitel 2: Leistungen der Jugendhilfe, 2. Abschnitt

1.

Familienerholung einschließlich erzieherischer Kinderbetreuung gehört gem. § 16 Abs. 2 Nr. 3 SGB VIII zu den Leistungen zur Förderung der Erziehung in der Familie. Gem. § 90 Abs. 1 S. 1 Nr. 2 SGB VIII gehört dieses Angebot zu denjenigen Angeboten, für deren Inanspruchnahme *Kostenbeiträge* festgesetzt werden können. Allerdings *kann* der Kostenbeitrag gem. § 90 Abs. 2 S. 1 SGB VIII auf Antrag ganz oder teilweise erlassen werden, wenn die Belastung den Eltern und dem Kind nicht zuzumuten und die Förderung für die Entwicklung des jungen Menschen erforderlich ist. Bei der Entscheidung über die Erhebung eines Kostenbeitrags nach § 90 Abs. 1 S. 1 Nr. 2 SGB VIII und bei der Entscheidung über einen beantragten Erlass des Kostenbeitrags nach § 90 Abs. 2 S. 1 SGB VIII ist Ermessen gem. § 39 SGB I analog auszuüben. Bei der Ermessensausübung sind die gesetzlichen Grenzen, insbesondere der Grundsatz der Verhältnismäßigkeit, einzuhalten. Im Rahmen der Angemessenheitsprüfung ist zu entscheiden, ob die Nachteile für den Betroffenen erkennbar außer Verhältnis zu den Vorteilen der Maßnahme stehen. Die im Einzelfall konkret eintretenden Nachteile sind im Rahmen der Amtsermittlung nach § 20 SGB X zu erheben.

Ergebnis: Es besteht die Möglichkeit für die Maßnahme einen Kostenbeitrag zu erheben. Über die Erhebung ist nach Ermessen zu entscheiden, § 39 SGB I analog.

2.1

Fall:

a)

Das Familiengericht weist scheidungswillige Parteien, die vor Gericht auch um das Sorge- und Umgangsrecht für ihre minderjährigen Kinder streiten, gem. § 156 Abs. 1 S. 2 FamFG auf die bestehenden Möglichkeiten der Beratung durch Beratungsstellen und -dienste der Träger der Jugendhilfe hin. Informiert wird das Jugendamt unabhängig von bestehenden Streitigkeiten zwischen den Eltern durch das Familiengericht bereits im Zeitpunkt der Rechtshängigkeit des Scheidungsverfahrens. Das Gericht teilt Name(n) und Anschrift(en) der Eltern mit, um es dem Jugendamt zu ermöglichen, die Eltern über das Leistungsangebot der Jugendhilfe bei Trennung und Scheidung zu unterrichten (s. § 17 Abs. 3 SGB VIII).

b)

Nach § 1671 Abs. 1 BGB ist einem Antrag auf (teilweise) Übertragung der Alleinsorge stattzugeben, soweit
1. der andere Elternteil zustimmt, es sei denn, dass das Kind das 14. Lebensjahr vollendet hat und der Übertragung widerspricht, *oder*
2. zu erwarten ist, dass die Aufhebung der gemeinsamen Sorge und die Übertragung auf den Antragsteller (im Fall Frau Huber) dem Wohl des Kindes *am besten* entspricht.

Zudem kann das Gericht einem Elternteil Teile der bzw. die elterliche Sorge entziehen, wenn von dem einen Elternteil eine Gefährdung des Kindeswohls im Sinne des § 1666 BGB ausgeht (s. § 1666 Abs. 3 Nr. 6 BGB). Eine entsprechende Entscheidung ergeht von Amts wegen und setzt keinen Antrag eines Elternteils voraus.

Ergebnis: Obwohl die 14jährige Kerstin dem Antrag ihrer Mutter auf Zuweisung der Alleinsorge widerspricht, kommt das Übertragen der elterlichen Sorge allein auf ihre Mutter, Frau Huber, in Betracht, wenn dies dem Kindeswohl am besten entspricht, § 1671 Abs. 1 Nr. 2 BGB. Ob dies der Fall ist, lässt sich angesichts der knappen Sachverhaltsschilderung nicht abschließend entscheiden.

c)

Gem. § 17 Abs. 1 S. 1 SGB VIII haben Mütter und Väter im Rahmen der Jugendhilfe Anspruch auf Beratung in Fragen der Partnerschaft, wenn sie für ein Kind oder einen Jugendlichen zu sorgen haben oder tatsächlich sorgen. Im Falle der Trennung und Scheidung (§ 17 Abs. 1 S. 2 Nr. 3 SGB VIII) soll die Beratung helfen, die Bedingungen für eine dem Wohl des Kindes oder des Jugendlichen förderliche Wahrnehmung der Elternverantwortung zu schaffen. Die Beratung kann in gewissem Umfang auch eine Rechtsberatung umfassen. Sie darf jedoch nicht in Widerspruch zu den Regelungen des Rechtsdienstleistungsgesetzes geraten.

d)

§ 17 Abs. 2 SGB VIII befasst sich mit der Unterstützung der Eltern bei der Entwicklung eines einvernehmlichen Konzepts für die Wahrnehmung der elterlichen Sorge *unter angemessener Beteiligung des betroffenen Kindes oder Jugendlichen*. In der Praxis werden in der Regel bereits Kinder im Vorschulalter auf verschiedene Art und Weise beteiligt.

Ergebnis: Bei der Beratung durch den Träger der öffentlichen oder freien Jugendhilfe ist Kerstin zu beteiligen.

e)

Gem. § 1684 Abs. 1 BGB hat Kerstin ein Recht auf Umgang mit ihrem Vater. Der Vater ist zum Umgang mit seiner Tochter *verpflichtet und berechtigt*.

f)

§ 158 FamFG nennt die Voraussetzungen für die Bestellung eines Verfahrensbeistands durch das Familiengericht. Gem. § 158 Abs. 1 FamFG hat das Gericht dem minderjährigen Kind in Kindschaftssachen, die seine Person betreffen, einen Verfahrensbeistand zu bestellen, *soweit dies zur Wahrnehmung seiner Interessen erforderlich ist*. § 158 Abs. 2 FamFG beschreibt Konstellationen, in denen das Gericht im Regelfall einen Verfahrensbeistand zu bestellen hat – wie beispielsweise in den Fällen, in denen *das Interesse des Kindes zu dem seiner (beiden) gesetzlichen Vertreter in erheblichem Gegensatz steht,* § 158 Abs. 2 Nr. 1 FamFG. Das wäre bei der Geltendmachung ihres eigenen Umgangsrechtes durch Kerstin z.B. dann der Fall, wenn Herr Huber seiner Umgangspflicht nicht nachkommen möchte oder Frau Huber die Ausübung des Umgangs aktiv hintertreibt, demnach beide Eltern am Umgang von Kerstin mit ihrem Vater nicht interessiert sind. Im Fallbeispiel lässt sich zumindest eine Umgangsvereitelung durch Frau Huber nicht ausschließen. Das Vorliegen besonderer Umstände, die eine Abweichung von der im Regelfall erforderlichen Bestellung des Verfahrensbeistands gebieten, ist nicht ersichtlich.

Ergebnis: Die Bestellung eines Verfahrensbeistands ist gem. § 158 Abs. 2 Nr. 1 FamFG erforderlich.

g)

Der *Verfahrensbeistand* hat ausschließlich die Interessen des Kindes festzustellen und im gerichtlichen Verfahren zur Geltung zu bringen, § 158 Abs. 4 S. 1 FamFG. Bei der Mitwirkung im familiengerichtlichen Verfahren betrachtet das *Jugendamt* hingegen die Familie insgesamt und berücksichtigt die Interessen aller Familienmitglieder, hat demnach eher einen systemischen Ansatz.

2.2

Fall: Solange Herr Meier zwar nicht biologisch, aber rechtlich *Vater* der Kinder ist, da er im Zeitpunkt ihrer Geburt mit der Mutter der Kinder verheiratet war (§ 1592

Nr. 1 BGB) hat er ein Umgangsrecht und eine Umgangspflicht gem. § 1684 Abs. 1 BGB. Bei einer erfolgreichen Anfechtung der Vaterschaft(en) durch Klage des Herrn Meier gegen seine Kinder vor dem Familiengericht binnen einer Frist von 2 Jahren nach Kenntnis der Umstände, die gegen eine Vaterschaft sprechen (§§ 1600, 1600b Abs. 1 BGB), tritt eine Änderung ein: Mit der rechtskräftigen Feststellung des Gerichts, dass Herr Meier nicht Vater der Kinder ist, endet seine Vaterschaft, § 1599 Abs. 1 BGB, und damit sein Umgangsrecht und seine Umgangspflicht als rechtlicher Vater gem. § 1684 Abs. 1 BGB. Herrn Meier verbleibt jedoch ein Umgangsrecht nach § 1685 Abs. 2 BGB, da er eine enge Bezugsperson der Kinder gewesen ist und für diese tatsächliche Verantwortung getragen hat (sozial-familiäre Beziehung). Voraussetzung ist ferner, dass *der Umgang dem Wohl der Kinder dient* (§ 1685 Abs. 1 BGB).

Ergebnis: Nach rechtskräftiger Feststellung, dass Herr Meier nicht Vater der Kinder ist, kann er sich bezüglich eines Umgangsrecht zwar nicht mehr auf § 1684 Abs. 1 BGB berufen, da er nicht mehr rechtlicher Vater ist, er könnte aber ein Umgangsrecht aus § 1685 Abs. 2 BGB als sozial-familiäre Bezugsperson der Kinder besitzen.

2.3

Fall: Das Familiengericht plant hier eine Entscheidung über die Durchführung eines »begleiteten Umgangs« gem. § 1684 Abs. 4 S. 3 BGB *in Anwesenheit eines »mitwirkungsbereiten« Dritten.* Eine solche gerichtliche Entscheidung wird dann unumgänglich, wenn eine einverständliche freiwillige Problemlösung nicht erzielt werden konnte. Eine *gerichtliche Regelung des Umgangs des Kindes mit einem Elternteil* unter Einbeziehung eines »Aufpassers« stellt ebenso wie ein vollständiger Ausschluss des Umgangsrechts eine erhebliche Einschränkung des Elternrechts auf Umgang dar und ist nur dann gerechtfertigt, wenn dies zum Wohl des Kindes *erforderlich* ist. *Auf längere Zeit oder auf Dauer* kann eine solche Einschränkung oder ein Ausschluss des Umgangsrechts oder des Vollzugs des Umgangs nur dann angeordnet werden, wenn andernfalls das Wohl des Kindes *gefährdet* wäre, § 1684 Abs. 4 S. 1, 2 BGB. Eine solche Gefährdung des Kindes durch (unbegleitete) Kontakte mit dem anderen Elternteil müsste gegebenenfalls dargelegt werden. In der Praxis kommt es zur Anordnung eines begleiteten Umgangs zum Beispiel bei Verdacht des sexuellen Missbrauchs gegen den »Besuchselternteil«, der Gefahr von Straftaten (z.B. Drogendelikten) während des Umgangs sowie bei geistig behinderten oder psychisch kranken Eltern(teilen).

Dritter beim begleiteten Umgang kann eine namentlich benannte *natürliche Person* oder ein *Träger der Jugendhilfe,* demnach auch der öffentliche Träger der Jugendhilfe, oder ein *Verein* sein. Allerdings kann das Familiengericht nicht über Personal und Haushaltsmittel des Trägers der öffentlichen Jugendhilfe bestimmen und das Jugendamt zur Begleitung von Umgangskontakten »zwingen«.

Rechtsansprüche gegenüber dem Jugendamt auf begleiteten Umgang richten sich vielmehr nach dem SGB VIII. Gem. § 18 Abs. 3 S. 4 SGB VIII soll Jugendhilfe bei der »Herstellung von Umgangskontakten und bei der Ausführung gerichtlicher oder vereinbarter Umgangsregelungen *vermitteln und in geeigneten Fällen Hilfestellung* leisten«. Ihm obliegt somit die Unterstützung bei der Ausübung des Umgangsrechts auch in Fällen, in denen ein Dritter einzubeziehen ist, damit ein Umgang stattfinden kann. Für die Bereitstellung dieser Leistung hat der öffentliche Träger der Jugendhilfe im Rahmen seiner Gesamtverantwortung gem. § 79 Abs. 1 SGB VIII Sorge zu tragen, er ist zur *Finanzierung* der Maßnahme verpflichtet und muss, sofern er nicht eigenes Personal einsetzt, dem nicht ehrenamtlich tätigen Dritten eine Vergütung zahlen.

Falls das Jugendamt Umgangskontakte nicht für so schädlich hält, dass es sie gänzlich ablehnt, sondern ebenso wie das Gericht einen »begleiteten Umgang« befürwortet, könnte so verfahren werden: Die im familiengerichtlichen Verfahren mitwirkende Fachkraft des Jugendamts schlägt dem Gericht Modalitäten des Umgangs vor und benennt auch einen geeigneten »Dritten« zur Umgangsüberwachung oder -begleitung, sofern diese Aufgabe nicht durch das Jugendamt selbst übernommen werden soll. Auch die Mutter als Sorgeberechtigte kann Wünsche äußern, konkrete Vorschläge zur Bestimmung eines Dritten machen und auf dessen Eignung eingehen. Letztlich obliegt die Auswahl aber weder ihr, noch dem Jugendamt, sondern in Fällen einer gerichtlichen Umgangsregelung dem Familiengericht. Da das Jugendamt jedoch eigenständig das Vorliegen der Voraussetzungen des § 18 SGB VIII zu prüfen hat, sollte das Familiengericht nur einen Dritten wählen, der auch von den Fachkräften des Jugendamts als geeignet angesehen wird.

Ergebnis: Das Jugendamt sollte dem Familiengericht rechtzeitig vor dessen Entscheidung Vorschläge zum Ausschluss des Umgangs oder zur Ausübung des Umgangsrechts unter Einbeziehung eines den Umgang begleitenden »mitwirkungsbereiten« Dritten unterbreiten.

2.4
Fall:

a)

Gemäß § 156 Abs. 1 S. 1 FamFG soll das Gericht in Kindschaftssachen, die die elterliche Sorge bei Trennung und Scheidung, den Aufenthalt des Kindes, das Umgangsrecht oder die Herausgabe des Kindes betreffen, in jeder Lage des Verfahrens auf ein Einvernehmen der Beteiligten hinwirken, wenn dies dem Kindeswohl nicht widerspricht. Es weist auf die Möglichkeiten der Beratung durch die Beratungsstellen und -dienste der Träger der Jugendhilfe hin. Zudem hat es Kindschaftssachen vorrangig und beschleunigt durchzuführen, § 155 Abs. 1 FamFG.

b)

Während in den bisher behandelten Fällen Sorgerechtsentscheidungen und Umgangsregelungen im Zusammenhang mit Trennung oder Scheidung der Eltern anstanden, handelt es sich bei der Umgangsregelung in diesem Fall um ein Verfahren, in dem das Familiengericht nach *Anrufung durch* das Jugendamt gem. § 8a Abs. 2 S. 1 SGB VIII tätig geworden ist. § 1666 Abs. 1 und Abs. 4 BGB ermöglichen *Maßnahmen des Gerichts* gegen sorgeberechtigte Eltern oder gegen einen *Dritten* wegen deren Handlungen oder Unterlassungen, die das Kindeswohl gefährden.

Die das Kindeswohl gefährdenden Handlungen oder Unterlassungen wären hier auf Seiten des Stiefvaters (»Dritten«) die Misshandlung des Kindes und das Abhalten desselben vom Schulbesuch.

Zu prüfen ist, ob der Stiefvater nach der Trennung ein Umgangsrecht hat: Der Stiefvater hat ein Umgangsrecht mit dem Kind nach Trennung vom Elternteil des Kindes, wenn der Umgang dem Wohl des Kindes dient, er eine enge Bezugsperson des Kindes ist und er für das Kind tatsächliche Verantwortung getragen hat, § 1685 Abs. 2 BGB. Trotz des längeren Zusammenlebens lässt der derzeit nicht widerlegte Misshandlungsverdacht eher den Schluss zu, dass der Umgang des Stiefvaters mit dem Kind dem Kindeswohl nicht dient. Der Stiefvater hat daher zurzeit kein Recht auf Umgang. Die Möglichkeit, einen begleiteten Umgang in Anwesenheit eines Dritten« anzuordnen, besteht theoretisch, dürfte hier aber ebenfalls dem Kindeswohl zuwiderlaufen.

Ergebnis: Der Stiefvater hat auch dann, wenn er zuvor längere Zeit mit dem Kind in häuslicher Gemeinschaft gelebt hat, kein Recht auf Umgang mit dem Kind, da ein Umgang nicht zweifelsfrei dessen Wohl dient, solange die Misshandlungsvorwürfe nicht ausgeräumt sind (§ 1685 Abs. 2 und Abs. 1 BGB). Ein »begleiteter Umgang« in Anwesenheit eines Dritten dürfte ebenfalls nicht in Betracht kommen (§§ 1685 Abs. 3 i.V.m. § 1684 Abs. 4 S. 3 und 4 BGB).

c)

Der Stiefvater kann als grundsätzlich gem. § 1685 BGB Umgangsberechtigter verlangen, dass er vom Träger der öffentlichen Jugendhilfe *beraten* und bei der Ausübung des Umgangsrechts *unterstützt* wird, § 18 Abs. 3 S. 3 SGB VIII. Geht man im vorliegenden Fall jedoch davon aus, dass ein Umgang dem Kindeswohl *nicht dient,* gehört zu der Beratung auch die Information dahin gehend, dass die gerichtliche Geltendmachung eines vermeintlichen Umgangsrechts letztlich erfolglos bliebe und dem Kind möglicherweise weiteren seelischen Schaden zufügen würde.

Ergebnis: Der Stiefvater hat einen Anspruch auf Beratung und Unterstützung bei der Ausübung des Umgangsrechts.

2.5

Fall: § 1684 Abs. 1 BGB normiert das Recht des Kindes auf Umgang mit jedem Elternteil. Die 16jährige Pflegetochter, die ihre Mutter seit 13 Jahren nicht gesehen hat, ist demnach zum Umgang berechtigt. Das Jugendamt muss sie gem. § 18 Abs. 3 S. 1 und 2 SGB VIII beraten und bei der Ausübung des Umgangsrechts unterstützen. Das bedeutet hier, dafür Sorge zu tragen, dass der Umgang behutsam »angebahnt« wird, bevor die eigentlichen Kontakte stattfinden, und dass der Umgang gegebenenfalls zur Überwindung der beiderseitigen Befangenheit zunächst einmal durch einen Dritten gem. § 1684 Abs. 4 SGB VIII »begleitet« wird. Der Dritte sollte hier vermutlich nicht nur »anwesend« sein, sondern aktiv bei der Gestaltung des Umgangs helfen und gegebenenfalls bei der schwerbehinderten Jugendlichen weitere Aufgaben der Beaufsichtigung wahrnehmen.

Allerdings lehnt die Mutter im Fallbeispiel den Kontakt ab. Sie kann vom Jugendamt nicht zur Aufnahme des Kontakts gezwungen, sondern nur über die Vorteile eines Umgangs sowohl für sie als auch für ihre Tochter beraten werden.

Eine gerichtliche Anordnung von Umgangskontakten ist auch gegen umgangsunwillige Elternteile denkbar. Es kommt auch eine Vollstreckung der gerichtlichen Regelung durch ein Festsetzen von zuvor durch das Gericht anzudrohenden Ordnungsmitteln, § 89 FamFG, oder durch Anwendung unmittelbaren Zwangs, § 90 Abs. 1

FamFG, in Betracht. Eine Gewaltanwendung *gegen das Kind* zur Erzwingung von Umgang ist jedoch nicht zulässig, § 90 Abs. 2 FamFG. Vor der Vollstreckung eines Umgangstitels gegenüber einem umgangsunwilligen Elternteil ist zudem zu prüfen, ob die Vollstreckung mit dem Kindeswohl vereinbar ist (BVerfG, Urt. v. 1.4.2008 – 1 BvR 1620/04).

Ergebnis: Eine gerichtliche Anordnung von Umgangskontakten gegen einen umgangsunwilligen Elternteil ist möglich. Die Vollstreckung einer entsprechenden gerichtlichen Umgangsentscheidung mit Zwangsmitteln entspricht jedoch vielfach nicht dem Kindeswohl und ist daher in der Praxis selten.

3.

Fall: In beiden Fällen handelt es sich um Maßnahmen der *allgemeinen Förderung der Erziehung in der Familie* (§ 16 SGB VIII). Ziel der Förderung ist die Stärkung der familialen Erziehungsmöglichkeiten durch das Vermitteln von Wissen und Werthaltungen ebenso wie durch eine zeitweise Entlastung oder das Anregen von Möglichkeiten zur Selbsthilfe. § 16 Abs. 2 SGB VIII zählt *in einer nicht abschließenden Aufzählung („insbesondere")* wesentliche Inhalte der Förderung auf, nämlich *Familienbildung (Nr. 1), Beratung in allgemeinen Fragen der Erziehung (Nr. 2), Angebote der Familienfreizeit- und Familienerholung (Nr. 3).* Die »Hausaufgabenhilfe« in der beschriebenen Weise könnte zu den Maßnahmen der *Erziehungsberatung* gem. § 16 Abs. 2 Nr. 2 SGB VIII gehören, sofern sie nicht eine Maßnahme der in § 13 a SGB VIII geregelten *Schulsozialarbeit* darstellt. Wie aber besonders Beispiel 1 der Fallgestaltung (Einzelunterricht in der Familie eines Kindes mit dem Ziel der Förderung der Lernfähigkeit) zeigt, geht es weniger um die schulische Ausbildung und soziale Integration benachteiligter Kinder und Jugendlicher *außerhalb des Elternhauses*, wie sie in §§ 13, 13a SGB VIII geregelt ist, sondern um eine Förderung *der Arbeitshaltung und der Lernfähigkeit* solcher Kinder aus einem sozialen Brennpunkt, deren Eltern vermutlich mit der in Deutschland auch heute als Aufgabe von Eltern verstandenen Hausaufgabenbetreuung ihrer Kinder überfordert sind. Die gleichen Aspekte gelten für den geplanten Förderunterricht im Jugendzentrum.

Ergebnis: In beiden Fällen handelt es sich um Angebote der Förderung der Erziehung in der Familie durch Beratung gem. § 16 Abs. 2 Nr. 2 SGB VIII, für deren Inanspruchnahme mangels Rechtsgrundlage *kein Kostenbeitrag* gem. § 90 SGB VIII festgesetzt werden kann, s. § 90 Abs. 1 S. 1 Nr. 2 SGB VIII.

4.

4.1

Zur *Jugendarbeit* werden *familienergänzende* Sozialisationshilfen gerechnet, die außerhalb von Schule und Beruf erfolgen und junge Menschen ohne Umweg über die Eltern ansprechen. *Jugendberatung* (§ 11 Abs. 3 Nr. 6 SGB VIII) versteht sich heute in diesem Zusammenhang vielfach als *mobile stadtteilorientierte Jugend- und Freizeitarbeit* und richtet sich häufig an *junge Menschen in spezifischen Gefahrenlagen*. Neben gemeinwesenorientierten Ansätzen gehört auch die Einzelberatung hierher. Demgegenüber richtet sich das Angebot der *Beratung in allgemeinen Fragen der Erziehung* an die *Familie*. Es soll hier deutlich gemacht werden, dass Erziehungsberatung sich – losgelöst vom Einzelfall – auch auf den *präventiven* Bereich erstreckt. Im Gegensatz dazu steht die *Erziehungsberatung* als eine Form der *Hilfe zur Erzie-*

hung gem. §§ 27, 28 SGB VIII. Tatbestandsvoraussetzung für die Gewährung dieser Hilfe ist das Vorliegen eines Erziehungsdefizits. Die Erziehungsberatung zielt darauf ab, spezifische Entwicklungs-, Erziehungs- und Lebensschwierigkeiten eines Kindes oder Jugendlichen zu beheben.

4.2

Beispiel für Beratung gem. § 11 Abs. 3 Nr. 6 SGB VIII: Ein Streetworker (Sozialarbeiter) informiert einen gewaltbereiten jugendlichen Fußballfan über die Bedeutung eines gegen ihn ausgesprochenen Hausverbots (Verbot des Vereins, das Stadion zu betreten).

Beispiel für Beratung in allgemeinen Fragen der Erziehung und Entwicklung junger Menschen gem. § 16 Abs. 2 Nr. 2 SGB VIII: Das Jugendamt informiert die Eltern aller neugeborener Kinder brieflich über die Entwicklung von Säuglingen und Kleinkindern (Elternbriefe).

Beispiel für Erziehungsberatung gem. §§ 27, 28 SGB VIII: Das Jugendamt gewährt der allein zur elterlichen Sorge berechtigten Frau Schulz, der Mutter von Julia, Hilfe zur Erziehung durch Erziehungsberatung, nachdem Julia durch Diebstähle und Schwänzen der Schule aufgefallen ist.

4.3

Es gilt der Grundsatz des *kostenfreien Zugangs zur Beratung*. § 16 Abs. 2 Nr. 2 SGB VIII ist nicht in § 90 Abs. 1 S. 1 Nr. 2 SGB VIII genannt. Ein Kostenbeitrag für die Beratung kann daher mangels Rechtgrundlage nicht erhoben werden.

5.

Fälle

5.1

Rechtsgrundlage für die Leistungserbringung könnte § 20 Abs. 1 SGB VIII sein (Betreuung und Versorgung des Kindes in Notsituationen).

Die Tatbestandsvoraussetzungen des § 20 Abs. 1 SGB VIII sind gegeben:
- der Elternteil Britta, der für die Betreuung überwiegend verantwortlich ist, aus gesundheitlichen Gründen ausfällt (§ 20 Abs. 1 Nr. 1 SGB VIII) und
- das Wohl des Kindes nicht anderweitig, insbesondere durch Übernahme der Betreuung durch Klaus, gewährleistet werden kann. Wegen seiner beruflichen Abwesenheit ist Klaus unter der Woche nicht zu Hause. (§ 20 Abs. 1 Nr. 2 SGB VIII).
- der familiäre Lebensraum für das Kind erhalten bleiben soll, insbesondere weil es hier nur um einen relativ kurzen Zeitraum von drei Wochen geht (§ 20 Abs. 1 Nr. 3 SGB VIII).
- Angebote der Förderung des Kindes in Tageseinrichtungen oder in Kindertagespflege nicht ausreichen (§ 20 Abs. 1 Nr. 4 SGB VIII)
-

Auf der Rechtsfolgenseite liegt ein gebundener Rechtsanspruch der Eltern vor. Aufgrund des Vorliegens der Tatbestandsvoraussetzungen muss die Leistung damit bewilligt und erbracht werden.

5.2

Weder nach alter, noch nach neuer ab 10.6.2021 gültigen Rechtslage bietet der Wortlaut des § 20 einen Anhaltspunkt dafür, dass die Hilfe beim Ausfall des Elternteils nur kurzfristig oder vorübergehend gewährt werden kann. Strittig war aber nach alter Rechtslage, ob sich aus Sinn und Zweck der Vorschrift ergibt, dass der Ausfall des Elternteils vorübergehend sein muss. Nach teilweise vertretener Auffassung musste eine Rückkehrperspektive des ausfallenden Elternteils bestehen. Nach der ursprünglichen Gesetzesbegründung soll die Leistung aber auch ausdrücklich Fälle umfassen, in welchen die Betreuungsperson durch Tod nicht mehr zur Verfügung steht (BT-Drs. 11/5948, S. 59). Hiervon abweichend wird mit der Gesetzesbegründung des KJSG zu § 20 nun aber betont, dass es sich um eine Bedarfslage handeln muss, in der die Versorgung bzw. Betreuung des Kindes und damit sein Wohl **vorübergehend** nicht sichergestellt sind (BT-Drs. 19/28870, 103 sowie BT-Drs. 19/26107, 83).

Ergebnis: Die Leistung ist nach neuer Rechtslage mangels vorübergehenden Ausfalls wohl nicht zu bewilligen. (andere Auffassung vertretbar).

6.

Fälle:

6.1

a)

Die 16jährige Elvira könnte gem. § 19 Abs. 1 S. 4 SGB VIII bereits vor der Geburt ihres Kindes in einer geeigneten Wohnform betreut werden. Nach der Geburt des Kindes hat sie dann Anspruch auf gemeinsame Unterbringung mit dem Kind in dieser Wohnform (z.B. Mutter-Kind-Heim), *wenn und solange sie aufgrund ihrer Persönlichkeitsentwicklung dieser Form der Unterstützung bei der Pflege und Erziehung ihres Kindes bedarf* (§ 19 Abs. 1 S. 1 SGB VIII). Dies ist aus mehreren Gründen zu bejahen: Bei der Jugendlichen ist die Persönlichkeitsentwicklung noch nicht abgeschlossen. Von fehlender Reife und mangelnder Selbstständigkeit ist auszugehen. Das persönliche Umfeld ist zurzeit wegen der beengten Wohnverhältnisse und der Streitigkeiten in der Familie ungünstig. Besonders im Zusammenhang mit den neuen Aufgaben, die Schwangerschaft und Mutterschaft darstellen, bedarf die Jugendliche daher der Unterstützung durch Unterbringung außerhalb des Elternhauses und durch pädagogische Hilfen bei der Betreuung des Säuglings. Die Tatbestandsvoraussetzungen des § 19 Abs. 1 SGB VIII sind damit gegeben. Auf der Rechtsfolgenseite liegt eine Soll-Vorschrift vor. Hier ist ein Regelfall zu bejahen, die Hilfe muss damit gewährt werden. Während der Unterbringung soll darauf hingewirkt werden, dass Elvira ihre schulische Ausbildung fortsetzt (§ 19 Abs. 3 SGB VIII). Elvira selbst ist gem. § 19 SGB VIII anspruchsberechtigt. Sie kann die Hilfe auch selbst beantragen, da sie handlungsfähig ist (s. § 11 Abs. 1 Nr. 2 SGB X i.V.m. § 36 SGB I zur sozialrechtlichen Handlungsfähigkeit einer Minderjährigen).

b)

Gem. § 86 b Abs. 1 SGB VIII bleibt das Jugendamt örtlich zuständig, in dessen Bereich Elvira als nach § 19 SGB VIII Leistungsberechtigte vor Beginn der Leistung ihren gewöhnlichen Aufenthalt hatte. Dieses Jugendamt ist für die pädagogische Hilfe und für die *Kostentragung* zuständig.

c)

Zur Hilfe gehört gem. § 19 Abs. 4 SGB VIII der notwendige Unterhalt von Mutter und Kind und die Krankenhilfe nach § 40 SGB VIII. Das Jugendamt muss die Heimkosten übernehmen und den Pflegesatz an den Träger des Heims entrichten.

Für die *Heranziehung zu den Kosten* bezogen auf *Unterbringung und Betreuung des Säuglings Matthias* gilt: Theoretisch könnte Matthias selbst aus seinem *Einkommen* zu den Kosten herangezogen werden (§§ 91 Abs. 1 Nr. 2, 92 Abs. 1 Nr. 1, 93 SGB VIII). Allerdings verfügt er tatsächlich über kein Einkommen. Elvira und Carlos, sofern er als rechtlicher Vater von Matthias feststeht, haben einen Kostenbeitrag aus ihrem *Einkommen* zu leisten, falls sie über Einkommen verfügen (§§ 91 Abs. 1 Nr. 2, 92 Abs. 1 Nr. 5, 93).

Heranziehung zu den Kosten bezogen auf *Unterbringung und Betreuung von Elvira*:

Elvira selbst kann zu den Kosten herangezogen werden, falls sie über Einkommen verfügt (§§ 91 Abs. 1 Nr. 2, 92 Abs. 1 Nr. 3, 93 SGB VIII). Auch Carlos kann zu den Kosten herangezogen werden (§§ 91 Abs. 1 Nr. 2, 92 Abs. 1 Nr. 4 SGB VIII). Hingegen sind die Eltern von Elvira nicht zu den Kosten heranzuziehen (§ 92 Abs. 4 S. 2 SGB VIII).

6.2

Bei der Hilfe gem. § 19 SGB VIII kommt es auf das Alter der Mutter oder des Vaters nicht an. Allerdings ist Tatbestandsvoraussetzung, dass die Betreuung in einer geeigneten Wohnform eine Hilfe zur *Persönlichkeitsentwicklung* der Mutter oder des Vaters ist. Bei einem 65jährigen Mann dürfte die Persönlichkeitsentwicklung längst abgeschlossen sein. Fehlende Kenntnisse und Erfahrungen bei der Pflege und Erziehung eines Säuglings allein sind kein Grund, die Hilfe zu gewähren. Im Übrigen zeigt auch die Formulierung in § 19 Abs. 3 SGB VIII, in dem es um die Förderung einer schulischen und beruflichen Ausbildung sowie um die Aufnahme einer Berufstätigkeit des Elternteils geht, dass der Gesetzgeber eher jüngere Mütter und Väter im Blick hatte, die allerdings bei Beginn der Leistung das 27. Lebensjahr vollendet haben können.

Ergebnis: Die Tatbestandsvoraussetzungen der Hilfegewährung gem. § 19 SGB VIII liegen nicht vor.

6.3

Jeder alleinerziehender Elternteil kann die Unterbringung in einer geeigneten Wohnform zusammen mit dem Kind gem. § 19 Abs. 1 SGB VIII beanspruchen. Nach der ab 10.6.2021 gültigen Rechtslage ist auch die Unterbringung der kleinen Familie (Vater, Mutter und Kind) insgesamt nach § 19 Abs. 2 S. 2 SGB VIII möglich, wenn und solange dies zur Erreichung des Leistungszwecks erforderlich ist.

Ergebnis: Die Leistungsübernahme für die junge Familie gemeinsam kann gem. § 19 Abs. 2 S. 2 SGB VIII erfolgen.

6.4

Wird eine nach §§ 27, 34 SGB VIII untergebrachte Jugendliche in der Einrichtung schwanger und lebt nach der Geburt des Kindes weiterhin in der gleichen Einrichtung umfasst die Hilfe zur Erziehung für die Mutter auch die Unterstützung bei der Pflege und Erziehung des Kindes, s. § 27 Abs. 4 SGB VIII.

7.

Fall: Die Tatbestandsvoraussetzungen nach § 21 SGB VIII liegen vor: Die Eltern gehören zu dem begünstigten Personenkreis, da ein »mit der beruflichen Tätigkeit verbundener Ortswechsel« bei ihnen als Binnenschiffer vorliegt. Auf der Rechtsfolgenseite besteht nach § 21 S. 2 SGB VIII *Ermessen*. Es besteht daher nur ein Anspruch auf ermessensfehlerfreie Entscheidung hinsichtlich der Kostenübernahme.

Exkurs: Dagegen besteht ein *Rechtsanspruch (gebundene Entscheidung) auf Beratung und Unterstützung* bei der berufsbedingten anderweitigen Unterbringung des Kindes oder Jugendlichen, § 21 S. 1 SGB VIII.

8.

Fall: Gegen die Internatsunterbringung im Rahmen der Hilfe gem. § 21 SGB VIII ist grundsätzlich nichts einzuwenden, da die Standards für »Heimziehung« gem. §§ 27, 34 SGB VIII entsprechend den in § 21 SGB VIII aufgeführten Leistungsvoraussetzungen nicht verlangt werden dürfen. Es fehlt aber an der Tatbestandsvoraussetzung des ständigen Ortswechsels der Personensorgeberechtigten aus beruflichen Gründen (»Schaustellerparagraph«).

ÜBUNGSBLATT 4

SGB VIII, Kapitel 2: Leistungen der Jugendhilfe, 3. Abschnitt

Der dritte Abschnitt des Kapitels beschäftigt sich mit der **Förderung von Kindern in Tageseinrichtungen und in Tagespflege (§§ 22–26 SGB VIII)**.

Literaturhinweise: Kepert/Kunkel, Handbuch Kinder- und Jugendhilferecht, Kap. 4.3
Kunkel, Jugendhilferecht, Kap. 3.1.2
Münder/Wiesner, Handbuch, Kap. 3.4

Einführung

1.

Allgemeines zur Tageseinrichtung und Tagespflege

Für die Förderung von Kindern stehen zwei verschiedene Betreuungsformen zur Verfügung: Tageseinrichtungen und Kindertagespflege. Legaldefinitionen für die Betreuungsformen sind in § 22 Abs. 1 S. 1 und S. 2 SGB VIII enthalten. Bei Kindern im Alter von einem und zwei Jahren (U 3) stehen beide Betreuungsformen als gleichberechtigte Alternativen bereit, um den Rechtsanspruch nach § 24 Abs. 2 SGB VIII zu erfüllen. Bei Kindern im Alter von drei Jahren bis zum Schuleintritt (Ü 3) bezieht sich der Rechtsanspruch lediglich auf die Förderung in einer Tageseinrichtung, § 24 Abs. 3 S. 1 SGB VIII. Bei dieser Altersgruppe tritt die Betreuung in Kindertagespflege lediglich ergänzend hinzu, § 24 Abs. 3 S. 3 SGB VIII.

Nach § 24 Abs. 4 SGB VIII ist nach geltender Rechtslage für Kinder im schulpflichtigen Alter ein bedarfsgerechtes Angebot in Tageseinrichtungen vorzuhalten. Ab 1.8.2026 wird ein Kind, das im Schuljahr 2026/2027 oder in den folgenden Schuljahren die erste Klassenstufe besuchen wird ab dem Schuleintritt bis zum Beginn der fünften Klassenstufe einen Anspruch auf Förderung in einer Tageseinrichtung haben.

§ 24 Abs. 2 und 3 SGB VIII vermitteln (nur) einen Anspruch auf einen Betreuungsplatz. Der Träger der öffentlichen Jugendhilfe ist bundesrechtlich nicht verpflichtet, dem Kind einen kostenfreien oder zumindest kostengünstigen Betreuungsplatz nachzuweisen. Eine solche Verpflichtung kann nur aus landesrechtlichen Regelungen resultieren. Unzumutbare Belastungen aufgrund eines teuren Betreuungsplatzes sind im Verfahren nach § 90 Abs. 4 SGB VIII zu berücksichtigen.

Bei den anderen Altersgruppen (Kinder, die das erste Lebensjahr noch nicht vollendet haben, § 24 Abs. 1 SGB VIII und Kinder im schulpflichtigen Alter, § 24 Abs. 4 SGB VIII) besteht lediglich eine objektiv-rechtliche Verpflichtung des Staates ein bedarfsgerechtes Betreuungsangebot vorzuhalten. Im Gegensatz zu den Rechtsansprüchen nach § 24 Abs. 2 und 3 SGB VIII kann hier ein Betreuungsplatz im Wege des Verpflichtungswiderspruchs und der Verpflichtungsklage mangels Widerspruchs- und Klagebefugnis (§ 42 Abs. 2 VwGO) nicht erstritten werden.

§ 22 Abs. 2 SGB VIII stellt Grundsätze der Förderung von Kindern in **Tageseinrichtungen und in Kindertagespflege** auf: Zielsetzung ist es, *die Entwicklung des Kindes zu einer eigenverantwortlichen und gemeinschaftsfähigen Persönlichkeit zu fördern,* die Erziehung und Bildung in der *Familie zu unterstützen* und zu ergänzen sowie den Eltern dabei zu helfen, *Erwerbstätigkeit und Kindererziehung* besser miteinander *vereinbaren* zu können. Die Aufgabe umfasst *die Betreuung, Bildung und Erziehung des Kindes,* § 22 Abs. 3 S. 1 SGB VIII. Bei der Wahrnehmung der Aufgabe sollen die *Fachkräfte* mit den Erziehungsberechtigten zum Wohl der Kinder zusammenarbeiten. Der Begriff »*Fachkräfte*« wird in § 72 Abs. 1 S 1 SGB VIII definiert: Es sind »Personen, die sich für die jeweilige Aufgabe nach ihrer Persönlichkeit eignen und eine dieser Aufgabe entsprechende Ausbildung erhalten haben«. So wird der Träger der öffentlichen Jugendhilfe beispielsweise in Tageseinrichtungen die Wahrnehmung der Aufgaben vorrangig durch Erzieherinnen und Erzieher sicherstellen müssen. Ergänzende Regelungen können zudem in Landesgesetzen enthalten sein (s. z.B. § 7 KiTaG BW). Zu berücksichtigen ist allerdings, dass § 45 SGB VIII kein generelles Fachkräftegebot kennt. Eine Einschränkung dieses Grundsatzes durch Landesrecht begegnet daher verfassungsrechtlichen Bedenken.

Für die *Förderung von Kindern in Tageseinrichtungen* und *Kindertagespflege* kann gem. § 90 Abs. 1 S. 1 Nr. 3 SGB VIII ein *Kostenbeitrag* erhoben werden. Der Kostenbeitrag soll ganz oder teilweise erlassen oder der Teilnahmebeitrag vom Träger der öffentlichen Jugendhilfe übernommen werden, wenn die Belastung den Eltern und dem Kind nicht zuzumuten ist (§ 90 Abs. 4 S. 1 SGB VIII).

Da die meisten Kinder in Deutschland zumindest ab dem 3. Lebensjahr eine Tageseinrichtung besuchen, kommt Tageseinrichtungen eine besondere Bedeutung für die Wahrnehmung des Schutzauftrags der Jugendhilfe zu.

Fragen, Aufgaben und Fälle

1.

Welche Ziele bzw. Aufgaben haben *Tageseinrichtung* und *Tagespflege*?

Nennen Sie die *gesetzlich* festgelegten Aufgaben und Ziele.

2.

Mit welchen Personen/Institutionen sollen Erzieherinnen in Tageseinrichtungen kooperieren?

3.

Wer kann *Träger* einer Tageseinrichtung sein?

4.

Welche Voraussetzungen hat eine Tageseinrichtung für das Erteilen einer *Betriebserlaubnis* bzw. eine Tagespflegeperson für das Erteilen einer Erlaubnis zur Kindertagespflege zu erfüllen? (§§ 43, 45 SGB VIII)

5.

Wer ist für die Erteilung einer Betriebserlaubnis/Kindertagespflegeerlaubnis *sachlich zuständig?* (§ 85 SGB VIII)

6.
Weitere Fragen zur Tageseinrichtung und zur *Tagespflege*:

6.1
Setzt die Förderung des Kindes in einer *Tageseinrichtung* oder *Tagespflegestelle* ein erzieherisches Defizit im Elternhaus voraus?

6.2
Gibt es einen *Rechtsanspruch* auf diese Hilfen bzw. auf Vermittlung durch das Jugendamt? Gehen Sie getrennt auf Tageseinrichtungen und Tagespflege ein. Wer ist Inhaber des Rechtsanspruchs? Was kann der Inhaber des Rechtsanspruchs machen, wenn der Anspruch vom Jugendamt nicht erfüllt wird?

7.
Weitere Fragen zur *Tagespflege*:

7.1
Was ist unter einer »*geeigneten Tagespflegeperson*« i.S.d. § 23 Abs. 1 S. 1, Abs. 3 SGB VIII zu verstehen und in welcher Weise erfolgt die »Eignungsprüfung«?

7.2
Aus welchen Positionen setzt sich die laufende Geldleistung zusammen, die das Jugendamt bei Tagespflege zu erbringen hat?

7.3
Hat die *Tagespflegeperson* einen Anspruch auf *Beratung*, auch wenn sie nicht vom Jugendamt vermittelt worden ist?

7.4
Welche Rechtsbeziehungen bestehen zwischen der Tagespflegeperson und den Eltern bzw. einem Elternteil?

8.
Fall: Frau Schröder hat sich für die Betreuung ihrer 1-jährigen Tochter eine Tagespflegeperson gesucht, die sie selbst bezahlt. Sie lebt von ihrem Ehemann getrennt und erhält von diesem Unterhalt für das Kind. Ein Jahr später stellt Herr Schröder

die Unterhaltszahlungen ein. Frau Schröder geht zum Jugendamt und verlangt ab diesem Zeitpunkt die Übernahme ihrer Aufwendungen für die Tagespflegeperson. Darf das Jugendamt mit dem Hinweis, Frau Schröder habe zu Beginn der Tagespflege diese dem Jugendamt nicht angezeigt und es handele sich um eine rein privatrechtliche Maßnahme, jegliche Zahlung verweigern?

9.

Fall: Die alleinerziehende Mutter Anna der 8jährigen Gina, welche die 2. Klasse der Grundschule besucht, hört auf zu arbeiten, weil ihr Betrieb in Konkurs gegangen ist. Sie sucht jetzt eine neue Arbeit (Vollzeitstelle). Gewöhnlich wird nach der Praxis des zuständigen Jugendamts nur Alleinerziehenden, die sich in Arbeit oder Ausbildung befinden, ein Platz in einer Tageseinrichtung zur Verfügung gestellt. Kann Gina bzw. ihre Mutter dennoch einen Platz in einer Tageseinrichtung mit einem Verpflichtungswiderspruch erstreiten?

Lösungen zu Übungsblatt 4
SGB VIII, Kapitel 2: Leistungen der Jugendhilfe, 3. Abschnitt

1.

Tageseinrichtungen und Tagespflege werden in § 22 Abs. 1 S. 1 und 2 SGB VIII gesetzlich definiert. *Ziele einer Tageseinrichtung bzw. von Tagespflege werden* in § 22 Abs. 2 SGB VIII normiert. Neben der Förderung der Entwicklung eines Kindes zu einer eigenverantwortlichen und gemeinschaftsfähigen Persönlichkeit sind Ziele die Erziehung und Bildung in der Familie zu unterstützen und zu ergänzen sowie den Eltern dabei zu helfen, Erwerbstätigkeit und Kindererziehung besser miteinander vereinbaren zu können. Der Förderungsauftrag umfasst gem. § 22 Abs. 3 SGB VIII die Betreuung, Bildung und Erziehung des Kindes und bezieht sich auf die soziale emotionale, körperliche und geistige Entwicklung des Kindes. Es werden damit kind- (Förderung des Kindes) und elternbezogene (Vereinbarkeit von Familie und Beruf) Ziele verfolgt.

2.

Gem. § 22a Abs. 2 S. 1 SGB VIII haben die Fachkräfte in Einrichtungen mit den Erziehungsberechtigten – in der Regel den Eltern –, mit anderen kinder- und familienbezogenen Institutionen und Initiativen im Gemeinwesen sowie mit Schulen zusammenzuarbeiten. Erziehungsberechtigte sind an den Entscheidungen in *wesentlichen Angelegenheiten* der Erziehung, Bildung und Betreuung zu beteiligen, § 22a Abs. 2 S. 2 SGB VIII, z.B. bei Veränderungen im pädagogischen Konzept.

3.

Tageseinrichtungen können von Trägern der öffentlichen und der freien Jugendhilfe betrieben werden, § 3 Abs. 2 S. 1 SGB VIII. Der Träger der öffentlichen Jugendhilfe trägt nach § 79 SGB VIII die Gesamtverantwortung für die Aufgabenerfüllung sowie die Ermöglichung der Ausübung des Wunsch- und Wahlrechts gem. § 5 SGB VIII.

Er hat daher insbesondere für ein plurales Angebot zu sorgen, etwa darauf zu achten, dass die Möglichkeit besteht, die Tageseinrichtung eines nicht konfessionellen Trägers zu besuchen.

4.

Gem. § 45 Abs. 1 S. 1 SGB VIII bedarf der Träger einer Tageseinrichtung einer Betriebserlaubnis. Die Tatbestandsvoraussetzung für das Erteilen einer Betriebserlaubnis ist § 45 Abs. 2 S. 1 SGB VIII zu entnehmen. Danach ist eine Erlaubnis zu erteilen, wenn das Wohl der Kinder in der Einrichtung gewährleistet ist. § 45 Abs. 2 S. 2 SGB VIII benennt gesetzliche Regelbeispiele für das Vorliegen der Kindeswohlgewährleistung.

Eine Erlaubnis zur Kindertagespflege bedarf, wer Kinder außerhalb der Familienwohnung des Erziehungsberechtigten während des Tages mehr als 15 Stunden wöchentlich gegen Entgelt länger als drei Monate betreuen will, § 43 Abs. 1 SGB VIII. Tatbestandsvoraussetzungen für das Erteilen einer Erlaubnis ist die Geeignetheit der Tagespflegeperson, § 43 Abs. 2 S. 1 SGB VIII. Die Geeignetheit wird in § 43 Abs. 2 S. 2 SGB VIII positiv umschrieben. Nach § 43 Abs. 2 S. 3 SGB VIII sollen Tagespflegepersonen zudem über vertiefte Kenntnisse hinsichtlich der Anforderungen der Kindertagespflege verfügen, die sie in qualifizierten Lehrgängen erworben oder in anderer Weise nachgewiesen haben.

5.

Die *sachliche Zuständigkeit* für die Gewährung von Jugendhilfeleistungen und die Erfüllung anderer Aufgaben ergibt sich aus § 85 SGB VIII. Danach ist der örtliche Träger der öffentlichen Jugendhilfe zuständig (§ 85 Abs. 1 SGB VIII), sofern nicht ausnahmsweise eine Zuständigkeit des überörtlichen Trägers der öffentlichen Jugendhilfe besteht (§ 85 Abs. 2 SGB VIII). Für das Erteilen einer Betriebserlaubnis nach § 45 SGB VIII ist der überörtliche Träger der öffentlichen Jugendhilfe (§ 85 Abs. 2 Nr. 6 SGB VIII), für das Erteilen einer Tagespflegeerlaubnis nach § 43 SGB VIII der örtliche Träger der öffentlichen Jugendhilfe sachlich zuständig (§ 85 Abs. 1 SGB VIII).

6.

6.1

In Tageseinrichtungen und Kindertagespflege soll die (zukünftige) Entwicklung des Kindes gefördert werden (§ 22 Abs. 2 Nr. 1 SGB VIII). Ein besonderer *erzieherischer Bedarf* ist – beispielsweise im Gegensatz zur Hilfe zur Erziehung nach § 27 SGB VIII – hierfür keine Tatbestandsvoraussetzung. Einzige Tatbestandsvoraussetzung ist das Vorliegen eines bestimmten Alters des Kindes (§ 24 Abs. 2 SGB VIII: 1 oder 2 Jahre; § 24 Abs. 3: 3 Jahre bis zum Schuleintritt).

Kepert

6.2

Rechtsanspruch auf die Hilfen: Ein *Kind* im Alter von einem und zwei Jahren hat nach § 24 Abs. 2 SGB VIII einen Rechtsanspruch auf Förderung in einer Tageseinrichtung oder in Kindertagespflege. Grundsätzlich kann die Betreuungsform (Tageseinrichtung oder Kindertagespflege) durch Ausübung des Wunsch- und Wahlrechts nach § 5 SGB VIII gewählt werden. Bei Kapazitätserschöpfung in einer Betreuungsform (beispielsweise wenn kein freier Platz in Tageseinrichtungen vorhanden ist) kann das Jugendamt aber den Anspruch durch Zuweisung eines Platzes in der anderen Betreuungsform (z.B. in Tagespflege) erfüllen.

Vom vollendeten dritten Lebensjahr bis zum Schuleintritt hat das Kind einen Anspruch auf den Besuch einer Tageseinrichtung, § 24 Abs. 3 S. 1 SGB VIII.

Für Kinder unter einem Jahr ist ein bedarfsgerechtes Angebot in Tageseinrichtungen und in Kindertagespflege vorzuhalten. Für Kinder im schulpflichtigen Alter bezieht sich diese Verpflichtung auf ein bedarfsgerechtes Angebot an Plätzen in Tageseinrichtungen. Ein subjektiver Anspruch des Kindes besteht in diesen Fällen nicht.

Inhaber des Rechtsanspruchs nach § 24 Abs. 2 und 3 SGB VIII ist das Kind. Wird ihm vom Jugendamt kein geeigneter Platz zur Verfügung gestellt, kann es in den Fällen des § 24 Abs. 2 und 3 SGB VIII im Wege des Verpflichtungswiderspruchs und der Verpflichtungsklage den Platz erstreiten.

7.

7.1

Eine *Tagespflegeperson* betreut das Kind für einen Teil des Tages oder ganztags entweder im eigenen oder im Haushalt des Personensorgeberechtigten. Nur bei einer *geeigneten* Tagespflegeperson kommt eine Förderung des Kindes in Kindertagespflege auch durch Gewähren einer laufenden Geldleistung in Betracht, § 23 Abs. 1 SGB VIII. Unerheblich ist insoweit, ob die Tagespflegeperson zuvor vom Jugendamt vermittelt wurde, oder ob die Personensorgeberechtigten sie selbst nachgewiesen haben. Geeignet sind Personen, die sich durch ihre Persönlichkeit, Sachkompetenz und Kooperationsbereitschaft mit Erziehungsberechtigten und anderen Tagespflegepersonen auszeichnen und über kindgerechte Räumlichkeiten verfügen. Sie sollen daneben über vertiefte Kenntnisse hinsichtlich der Anforderungen der Kindertagespflege verfügen, § 23 Abs. 3 SGB VIII. Sofern eine Erlaubnis erforderlich ist, § 43 SGB VIII, wird die Geeignetheit im Rahmen des Verfahrens zur Erteilung der Erlaubnis überprüft. Ansonsten ist die Eignung unabhängig von dem Erteilen einer Erlaubnis durch das Jugendamt zu prüfen. Dies gilt auch, wenn die Personensorgeberechtigten ohne Vermittlung des Jugendamts eine Tagespflegeperson gefunden haben.

7.2

Die laufende Geldleistung umfasst nach § 23 Abs. 2 SGB VIII die Erstattung angemessener Kosten, die der Tagespflegeperson für den Sachaufwand (Lebensmittel, Ausstattung etc.) entstehen, einen angemessenen Beitrag zur Anerkennung ihrer Förderleistung und die Erstattung nachgewiesener Aufwendungen für Beiträge zu einer Unfallversicherung sowie die hälftige Erstattung nachgewiesener Aufwendungen zu einer angemessenen Alterssicherung der Tagespflegeperson. Zudem besteht ein Anspruch auf hälftige Erstattung der nachgewiesenen Aufwendungen zu einer angemessenen Kranken- und Pflegeversicherung.

7.3

Der Anspruch auf eine aufgabenbezogene konkrete Fachberatung erstreckt sich auf alle Tagespflegeverhältnisse und nicht nur auf diejenigen, bei denen durch das Jugendamt eine Vermittlung erfolgt ist, § 23 Abs. 4 S. 1 SGB VIII.

7.4

Zwischen den Personensorgeberechtigten (Eltern) und der Tagespflegeperson besteht eine zivilrechtliche Beziehung. Sie haben – schriftlich oder mündlich – einen Vertrag mit gegenseitigen Rechten und Pflichten abgeschlossen, der regelmäßig die Pflege, Betreuung und Beaufsichtigung des Kindes durch die Pflegeperson während der Abwesenheit der Personensorgeberechtigten und die Zahlung einer Vergütung an die Pflegeperson regelt.

8.

Fall:

Das Jugendamt darf die Zahlung nicht mit dem Hinweis verweigern, es handle sich bei der Beschäftigung einer von Frau Schröder selbst beschafften Tagespflegeperson um eine privatrechtliche Maßnahme. Mit der Geltendmachung ihres Anspruchs auf Aufwendungsersatz bringt die sorgeberechtigte Mutter zum Ausdruck, dass sie nunmehr eine Förderung der Maßnahme als *Maßnahme nach dem SGB VIII* und eine Bezahlung wünscht. Das Jugendamt trifft die Steuerungsverantwortung, § 36 a Abs. 1 SGB VIII. In einem ersten Schritt sind die Kosten zur Erfüllung des Rechtsanspruchs nach § 24 Abs. 2 SGB VIII zu tragen. Erst in einem zweiten Schritt ist die Erhebung eines Kostenbeitrags bei Frau Schröder möglich, § 90 Abs. 1 S. 1 Nr. 3 SGB VIII.

9.

Fall: Der Träger der öffentlichen Jugendhilfe hat gem. § 24 Abs. 4 S. 1 SGB VIII ein bedarfsgerechtes Angebot an Plätzen in Tageseinrichtungen für schulpflichtige Kinder vorzuhalten. Ergänzend kommt auch eine Förderung in Kindertagespflege in Betracht, §§ 24 Abs. 4 S. 2, 23 Abs. 3 S. 3. Da gem. § 22 Abs. 2 SGB VIII eltern- und kindbezogene Ziele mit der Förderung verfolgt werden, ist das Innehaben eines Arbeitsplatzes keine Tatbestandsvoraussetzung.

Ein Rechtsanspruch auf einen Platz besteht gem. § 24 Abs. 4 SGB VIII allerdings nicht. Für die Erhebung eines Verpflichtungswiderspruchs fehlt Gina (und auch ihrer Mutter) die Widerspruchsbefugnis gem. § 42 Abs. 2 VwGO analog. Ein Platz kann daher nicht erstritten werden.

Ergebnis: Ein Verpflichtungswiderspruch kann nicht in zulässiger Weise erhoben werden.

Exkurs: Gem. § 24 Abs. 2 und 3 SGB VIII besteht hingegen ein Rechtsanspruch, sodass eine Widerspruchs- und Klagebefugnis gegeben ist.

ÜBUNGSBLATT 5

SGB VIII, Kapitel 2: Leistungen der Jugendhilfe, 4. Abschnitt

Hilfe zur Erziehung (§§ 27–35 SGB VIII)

Literaturhinweise:

Kepert/Kunkel, Handbuch Kinder- und Jugendhilferecht, Kap. 4.4 Kunkel, Jugendhilferecht, Kap. 3.1.4
Münder/Wiesner/Meysen, Handbuch, Kap. 3.5; 3.8

Einführung

Der Anspruch auf *Hilfe zur Erziehung* steht gem. § 27 SGB VIII dem *Personensorgeberechtigten*, nicht dem Kind oder Jugendlichen zu. Personensorgeberechtigte (s. § 7 Abs. 1 Nr. 5 SGB VIII) sind nach den Regelungen im BGB die rechtlichen Eltern des Kindes bzw. dessen allein zur elterlichen Sorge berechtigte Mutter oder der Vater (s. § 1626 BGB). Sind die Eltern (teilweise) nicht zur elterlichen Sorge berechtigt, kann die Befugnis zum Erklären eines Einverständnisses mit Hilfen zur Erziehung auch der Vormund oder ein Pfleger (evtl. Jugendamt als Amtspfleger oder Amtsvormund) mit einem Aufgabenkreis, der das Beantragen von Hilfen zur Erziehung umfasst, des Kindes oder Jugendlichen besitzen.

§ 27 SGB VIII stellt die Grundnorm der Hilfe zur Erziehung dar. Die einzelnen Hilfearten sind den §§ 28 bis 35 SGB VIII zu entnehmen. Anspruchsgrundlage für die Hilfe zur Erziehung ist § 27 SGB VIII in Verbindung mit einer der Hilfearten nach §§ 28 bis 35 SGB VIII. Tatbestandsvoraussetzungen und Rechtsfolgenseite sind § 27 SGB VIII zu entnehmen.

§§ 28 bis 31 SGB VIII stellen ambulante Hilfeformen dar. Bei § 32 SGB VIII handelt es sich um eine teilstationäre Hilfeform. §§ 33 und 34 SGB VIII sind vollstationäre Hilfeformen. Auch die Hilfe nach § 35 SGB VIII wird in der Regel in vollstationärer Form erbracht. Die Anordnung im Gesetz entspricht der Intensität der Hilfeform: § 28 SGB VIII stellt eine Hilfeform dar, die in der Regel mit den geringsten Belastungen für die Familie verbunden ist. Bei einer Hilfe nach §§ 33 und 34 SGB VIII kommt es zu einer Trennung von Kind/Jugendlichem und der Herkunftsfamilie.

Aus § 27 SGB VIII sind die Tatbestandsvoraussetzungen der Hilfe zur Erziehung zu entnehmen. Tatbestandsvoraussetzung ist zunächst, dass ein Personensorgeberechtigter eine Hilfe für ein Kind oder einen Jugendlichen beantragt. Der Antrag kann auch mündlich oder durch konkludentes Verhalten erfolgen, Schriftform ist nicht erforderlich. Zudem muss ein Erziehungsdefizit bestehen: Ein Erziehungsdefizit bei dem Personensorgeberechtigten muss kausal zu einer Mangellage beim Kind (s. § 7 Abs. 1 Nr. 1 SGB VIII) oder beim Jugendlichen (s. § 7 Abs. 1 Nr. 2 SGB VIII) führen („doppeltes Defizit"). Ferner muss die jeweilige Hilfe (§§ 28 bis 35 SGB VIII) für die Entwicklung des Kindes oder Jugendlichen geeignet sein. Dies ist bereits der Fall, wenn die Hilfe objektiv tauglich ist, die Zielerreichung, hier die Beseitigung des Erziehungsdefizits, zu fördern. Schließlich muss die Hilfe notwendig, also erforderlich sein. Dies ist der Fall, wenn keine gleich geeignete mildere Hilfe vorhanden ist. Beispielsweise ist im Rahmen der Prüfung einer Hilfe zur Erziehung gem. § 27 SGB VIII i.V.m. § 32 SGB VIII zu fragen, ob eine Hilfe nach § 31 SGB VIII als milderes Mittel gleich geeignet ist das Defizit zu beseitigen. Bei der Prüfung der Notwendigkeit einer Hilfe zur Erziehung muss aber auch dem zum Verhältnismäßigkeitsgrundsatz entwickelten Untermaßverbot entsprochen werden. Notwendig ist daher die jeweilige Hilfe zur Erziehung, wenn sie zur Bedarfsdeckung erforderlich ist, weil andere Formen der Hilfe zur Erziehung sowie andere Hilfen nach dem SGB VIII nicht ausreichen, um den festgestellten erzieherischen Bedarf zu decken. Notwendig ist daher eine Hilfe auch dann, wenn sie zwar teurer als eine andere, aber zur Beseitigung des Mangels besser geeignet ist.

Auf Tatbestandsseite ist die geeignete und notwendige Hilfe nach §§ 28 bis 35 SGB VIII zu bestimmen. Hinsichtlich dieser Entscheidung kommt dem Jugendamt ein gerichtlich nicht voll überprüfbarer Beurteilungsspielraum zu. Der Entscheidung über die geeignete und notwendige Hilfe, die regelmäßig im Hilfeplanverfahren gem. § 36 Abs. 2 SGB VIII erfolgt, kommt nicht der Anspruch 100% juristischer Korrektheit zu. Es handelt sich um eine fachliche und rechtliche Entscheidung, die im Zusammenwirken mit Kind, Eltern und Leistungserbringer zu erfolgen hat. Eine Entscheidung ohne die Beteiligung von Eltern und Kind ist rechtswidrig.

Auch die Rechtsfolgenseite ist § 27 SGB VIII zu entnehmen. Adressat der Hilfe ist der Personensorgeberechtigter als Antragsteller. Die Entscheidung über die Hilfegewährung stellt eine gebundene Entscheidung („hat") dar. Auf Rechtsfolgenseite besteht kein Auswahlermessen. Die Entscheidung über die geeignete und notwendige Hilfeart wird auf Tatbestandsseite getroffen. Der Leistungserbringer (Dienst oder Einrichtung) kann mittels des Wunsch- und Wahlrechtes nach § 5 SGB VIII bzw. nach § 37 c Abs. 3 S. 2 SGB VIII (für vollstationäre Hilfe zur Erziehung) von den Leistungsberechtigten bis zur Grenze der unverhältnismäßigen Mehrkosten gewählt werden.

Verfahrensrechtlich ist die Vorschrift des § 36 SGB VIII zu beachten. Gem. § 36 Abs. 1 S. 1 SGB VIII muss das Jugendamt den Personensorgeberechtigten und das Kind zunächst beraten, damit eine informierte Entscheidung über die Inanspruchnahme einer Hilfe getroffen werden kann. Es hat ein »*Klärungs- und Entscheidungsprozess*« im Zusammenwirken mehrerer Fachkräfte sowie zumindest der Personensorgeberechtigten und des Kindes oder Jugendlichen stattzufinden. Deren Einbeziehung ist bereits deswegen erforderlich, weil eine konkrete Hilfe zur Erziehung meist nur dann eine geeignete Maßnahme darstellt, wenn sie durch die Eltern, aber auch durch das Kind oder den Jugendlichen akzeptiert wird. Ist die Hilfe voraussichtlich für längere Zeit (länger als sechs Monate oder zeitliche Dauer zunächst nicht absehbar) zu leisten, soll (im Regelfall muss) ein Hilfeplan aufgestellt werden.

Fragen, Aufgaben und Fälle
Die einzelnen Hilfen zur Erziehung (Teil 1)
Verwaltungsgerichtliche Kontrolle, Vollzeitpflege

1.

Fall: Die sorgeberechtigten Eltern eines zehnjährigen Kindes, Alfons, beantragen Hilfe zur Erziehung in Form einer sozialpädagogischen Familienhilfe nach § 31 SGB VIII. Im Rahmen des gem. § 36 SGB VIII vorgeschriebenen Hilfeplanverfahrens vor dem Jugendamt werden die Eltern beteiligt. Einigkeit besteht darüber, dass ein Erziehungsdefizit besteht. Die Eltern halten eine Hilfe nach § 31 SGB VIII für geeignet und notwendig und beantragen diese Hilfe. Das Jugendamt hält eine Hilfe nach § 30 SGB VIII für geeignet und notwendig. Diese Hilfe wird daher durch das Jugendamt bewilligt. Die Eltern sind zwar grundsätzlich bereit auch diese Hilfe anzunehmen. Sie halten aber eine Hilfe nach § 31 SGB VIII für zielführender. Die Eltern sind der Meinung, dass sie mittels des Wunsch- und Wahlrechts nach § 5 SGB VIII die Hilfeart wählen können. Zudem könne im Gerichtsverfahren vollumfänglich die Entscheidung des Jugendamtes überprüft und die gewünschte Hilfe zugesprochen werden. Nach erfolglosem Widerspruchsverfahren erheben die Eltern Verpflichtungsklage auf Gewährung einer Hilfe nach § 31 SGB VIII. Hat die Klage Aussicht auf Erfolg?

Beachte: Geht es um eine Hilfe außerhalb der eigenen Familie (stationäre Hilfe) ist das Wunsch- und Wahlrecht nach § 37 c Abs. 3 S. 2 SGB VIII maßgeblich.

2.

Fall:

Die alleinstehende Frau Goldmann, die sich prostituiert, ist vor drei Wochen von Bremerhaven nach Braunschweig gezogen. Sie hat bereits ein passendes Apartment gefunden und arbeitet hier am Tage wie auch nachts. Ihren vierjährigen Sohn Peter hat sie zunächst in Bremerhaven bei Frau Fischer zurückgelassen, die ebenfalls als Prostituierte arbeitet. Frau Fischer soll vereinbarungsgemäß in der nächsten Woche das Kind nach Braunschweig bringen.

Frau Goldmann begibt sich zum Jugendamt Braunschweig und trägt Folgendes vor: Sie sei mit der Erziehung ihres Kindes überfordert. Zu dem in Lübeck wohnenden rechtlichen Vater von Peter, Herrn Wolters, bestehe kein Kontakt. Dieser zahle unregelmäßig und sehr gering Unterhalt für das Kind, obwohl er genug verdiene. Von öffentlichen Stellen erhalte sie auch kein Geld für Peter. Peter sei in der Vergangenheit abwechselnd von ihr und von ihren Kolleginnen betreut worden und bereite große Schwierigkeiten (z.B. Einkoten, Einnässen, Zerstörung von Gegenständen). Sie möchte Peter bis zu seiner Einschulung woanders unterbringen (Heim oder Pflegefamilie).

Eine gemeinsame Sorgeerklärung der Eltern gem. § 1626 a Abs. 1 Nr. 1 BGB liegt nicht vor; somit liegt die elterliche Sorge gem. § 1626 a Abs. 3 BGB allein bei Frau Goldmann als Mutter.

Herr Fink, der im Pflegekinderdienst beschäftigt ist, schlägt vor, Peter nach seiner Ankunft in Braunschweig bis auf weiteres bei der Pflegefamilie Beyer unterzubringen.

1. Ist das Jugendamt Braunschweig örtlich zuständig für die angestrebte Hilfe zur Erziehung (Vollzeitpflege)?
2. Ist das Jugendamt Braunschweig gem. §§ 14, 16 SGB I verpflichtet, Frau Goldmann auf Ansprüche nach dem Unterhaltsvorschussgesetz (UVG) hinzuweisen?
3. Sind die Tatbestandsvoraussetzungen für Hilfe zur Erziehung gem. § 27 SGB VIII i.V.m. § 33 SGB VIII gegeben?
4. Besteht eine Beratungspflicht des Jugendamts und ist Frau Goldmann bei der Auswahl einer Pflegestelle zu beteiligen? (§ 36 SGB VIII)
5. Darf Herr Fink als einzige Fachkraft des Jugendamts über die im Einzelfall angezeigte Hilfeart entscheiden?
6. Ist ein Hilfeplan aufzustellen?
7. Wer ist ggf. an der Aufstellung eines Hilfeplans zu beteiligen?
8. Benötigt Familie Beyer eine Pflegeerlaubnis, sofern Peter aufgrund einer Vermittlung durch das Jugendamt im Rahmen von »Hilfe zur Erziehung« bei ihr untergebracht wird? (§ 44 SGB VIII)

Kepert

2.1

Fortführung des Falles (1):

Frau Goldmann beschließt später, ihr Kind bei ihrer Freundin Frau Fischer in Bremerhaven zu lassen. Peter ist nun für unbegrenzte Zeit bei Frau Fischer untergebracht, ohne dass das zuständige Jugendamt zunächst davon erfährt.

1. Bedarf Frau Fischer einer Pflegeerlaubnis?
2. Wenn ja: Welches Jugendamt ist für die Erteilung der Erlaubnis zuständig und unter welchen Voraussetzungen wäre diese zu erteilen? Wie ist zu verfahren, wenn ein Hausbesuch bei Frau Fischer ergibt, dass das Kind wiederholt nicht beaufsichtigt wird und verschmutzt ist?

2.2

Fortführung des Falles (2):

Peter ist inzwischen 8 ½ Jahre alt. Nachdem verschiedene Pflegeverhältnisse gescheitert waren, lebte Peter seit dem Schuleintritt zunächst wieder für kurze Zeit bei seiner Mutter. Da er wieder erhebliche Verhaltensauffälligkeiten aufwies, etwa in der Schule gegenüber Mitschülern aggressiv war, wurde er vom Jugendamt Braunschweig vor 1 ½ Jahren in eine »sozialpädagogische Pflegestelle« (Erziehungsstelle) in Wolfenbüttel vermittelt. Er hat sich gut in seinem neuen Zuhause eingelebt. Seine Mutter lebt weiterhin in Braunschweig.

1. Für welche Minderjährigen sieht das *Gesetz* die Unterbringung in einer besonders qualifizierten »sozialpädagogischen Pflegestelle« (Erziehungsstelle) vor?
2. Was deckt das Pflegegeld gem. § 39 SGB VIII ab? Ist das Taschengeld für das Pflegekind vom Pflegegeld zu bestreiten?
3. Welches Jugendamt zahlt das Pflegegeld? (§ 86 SGB VIII)
4. Haben Frau Goldmann, Herr Wolters und Peter selbst zu den Kosten der Unterbringung beizutragen? (§§ 91, 92 SGB VIII)
5. In welcher Höhe sind Frau Goldmann und Herr Wolters zur Kostentragung heranzuziehen, und wie werden die Kosten gegen beide geltend gemacht? (§ 94 Abs. 2, Abs. 3 SGB VIII)
6. Könnte grundsätzlich auch Peters Vermögen, ein Haus, bei der Kostenfestsetzung berücksichtigt werden?

2.3

Fortführung des Falles (3):

Peter lebt seit nunmehr zwei Jahren in der Erziehungsstelle in Wolfenbüttel. Nach dem Hilfeplan wird sein dauerhafter Verbleib in der Familie angestrebt. Seine Mutter hat ihn im letzten Jahr nur zu seinem Geburtstag und zu Weihnachten besucht. Was ist hinsichtlich der örtlichen Zuständigkeit des Jugendamts zu beachten? (§ 86 Abs. 6 SGB VIII)

3.

Fall: Das 4jährige Kind ist bei den Großeltern untergebracht, ohne dass das Jugendamt bisher eingeschaltet worden ist. Die Unterbringung erfolgte durch die Eltern, nachdem das Jugendamt angekündigt hatte, eine Maßnahme gem. §§ 1666, 1666 a BGB beim Familiengericht zu beantragen, um den Eltern einen Teil ihrer elterlichen Sorge entziehen zu lassen. Zweck der beabsichtigten Einschaltung des Familiengerichts gem. § 8 a Abs. 2 S. 1 SGB VIII war es gewesen, gegen den Willen der Eltern eine Unterbringung in einer geeigneten Pflegestelle oder in einem geeigneten Heim als »Hilfe zur Erziehung« gem. § 27 SGB VIII i.V.m. § 33 SGB VIII bzw. § 27 SGB VIII i.V.m. § 34 SGB VIII durchführen zu können.

Die Verhältnisse im Elternhaus des Kindes haben sich nicht gebessert; die *Notwendigkeit* einer Unterbringung ist somit weiterhin zu bejahen. Allerdings sieht das Jugendamt die Großeltern nicht als *geeignete* Pflegepersonen an, da sie bereits bei der Erziehung ihrer eigenen Kinder versagt hätten und in der Zwischenzeit nicht erziehungstüchtiger geworden seien. Trotz unzureichender Erziehungsleistungen der Großeltern ist eine *Gefährdung* des Kindeswohls derzeit zu verneinen.

1. Ist dem beim Jugendamt gestellten Antrag der Großeltern auf Zahlung von Pflegegeld für das Kind stattzugeben?
2. Welchen Erfolg verspricht derzeit die Anrufung des Familiengerichts durch das Jugendamt gem. § 8 a Abs. 2 S. 1 HS. 1 SGB VIII mit dem Zweck, den Eltern das Personensorgerecht jetzt (noch) entziehen zu lassen, um das Kind bei einer vom Jugendamt ausgesuchten *geeigneten* Pflegefamilie unterbringen zu können?

4.

Fall: Beate leidet an psychischen Problemen. Sie ist die Mutter der 14jährigen Heike. Heike ist aufgrund der mangelnden Versorgung durch die Mutter lernbehindert und wird entsprechend beschult. Im Januar 2018 ist Beate zu ihrem Freund nach Braunschweig gezogen, mit dem sie seitdem zusammenlebt. Da sie sich aufgrund ihrer psychischen Probleme mit der Erziehung von Heike überfordert fühlte, brachte sie Heike, ohne das Jugendamt hiervon in Kenntnis zu setzen, bei den Großeltern väterlicherseits unter, die zu diesem Zeitpunkt ebenfalls in Braunschweig lebten. Von diesen erhält die Jugendliche die erforderliche Aufmerksamkeit. Nach den Berichten der fallverantwortlichen Fachkraft wäre eine Rückführung der Jugendlichen zur Mutter nicht ratsam, da die Mutter ihr Kind nicht in ausreichendem Umfang erziehen kann. Heike selbst will nicht zu ihrer Mutter und deren Lebensgefährten ziehen, sondern möchte bei ihren Großeltern bleiben. Die Mutter, die mit dem weiteren Verbleib ihrer Tochter bei den Großeltern einverstanden ist, stellt am 2.1.2020 beim Jugendamt in Braunschweig einen Antrag auf Hilfe zur Erziehung für die Zeit ab 1.1.2018. Während die Großeltern die Erziehung und Betreuung der Jugendlichen bisher unentgeltlich geleistet haben, bestehen sie jetzt auf einer Pflegegeldzahlung des Jugendamts, da sie sonst ihre Hilfe einstellen müssten.

1. Sind die Voraussetzungen für die Gewährung von Hilfe zur Erziehung gem. §§ 27, 33 SGB VIII derzeit gegeben? (Vgl. auch Fall 3.)
2. Darf die Hilfe ggf. auch rückwirkend ab 1.1.2018 gewährt werden?

4.1

Fortführung des Falles (1):

Im März 2020 überträgt das Amtsgericht in Braunschweig auf Antrag der Mutter die Personensorge für Heike gem. § 1630 Abs. 3 BGB auf die Großmutter. Gemäß § 36 SGB VIII wird der Hilfeplan fortgeschrieben. Es heißt dort unter anderem, dass die Unterbringung des Kindes bei den Großeltern auf Dauer zu erwarten ist und dass sich die Situation im Elternhaus voraussichtlich nicht verbessern lässt.

Ist Hilfe zur Erziehung auch dann (weiter) zu gewähren, wenn die Personensorge wie hier der Pflegeperson zusteht?

4.2

Fortführung des Falles (2):

Die Großeltern ziehen im Mai 2020 mit dem Enkelkind nach Wolfsburg. Als das Jugendamt in Braunschweig 2 Monate später hiervon erfährt, beantragt es beim Jugendamt in Wolfsburg die *Übernahme des Jugendhilfefalles* nach § 86 Abs. 6 SGB VIII und zugleich *Kostenerstattung* ab Mai 2018 gem. § 89 c SGB VIII. Vorerst zahlt das Jugendamt in Braunschweig das Pflegegeld an die Großeltern weiter.

1. Wirkte sich der *Umzug der Großeltern* auf die Zuständigkeit des Jugendamts für HzE aus?
2. Hat das Jugendamt in Braunschweig zu Recht den Antrag auf Übernahme des Jugendhilfefalls und Kostenerstattung beim Jugendamt in Wolfsburg gestellt?
3. Muss das Jugendamt in Braunschweig bis zur Übernahme der Kosten durch das Jugendamt in Wolfsburg das Pflegegeld weiter bezahlen?

5.

Fall: Carmen, die 5 Jahre alt ist, befindet sich in Vollzeitpflege bei dem Ehepaar Becker. Als Carmens Eltern bei einem Verkehrsunfall ums Leben kommen, wird Frau Becker vom Familiengericht zum Vormund für Carmen bestellt. Nachdem die befristet bewilligte Hilfe zur Erziehung aufgrund Erreichens des Fristendes endete, verweigert das zuständige Jugendamt eine erneute Bewilligung der Hilfe. Dies wird mit dem Argument begründet, dass die Unterbringung in einer Vollzeitpflegestelle voraussetze, dass sich ein Kind »außerhalb seines Elternhauses« in einer fremden Familie befinde. Aufgabe der Jugendhilfe sei, die Erziehungsbedingungen in der Herkunftsfamilie zu verbessern und eine Rückkehr des Kindes in die Herkunftsfamilie vorzubereiten. Hier sei jedoch die Rückkehr des Kindes in die Herkunftsfamilie ausgeschlossen, weil diese nicht mehr existiere. Auch wirtschaftliche Jugendhilfe (Pflegegeld) könne nun nicht mehr geleistet werden. Frau Becker legt gegen den Bescheid des Jugendamts zunächst erfolglos Verpflichtungswiderspruch ein, später klagt sie vor dem Verwaltungsgericht. Ist der Klage stattzugeben?

5.1 Zusatzfrage zu Fall 5

Durfte der Hilfe zur Erziehung überhaupt befristet werden?

6.

Fall: Ein Säugling soll im Rahmen von HzE in einer Pflegefamilie untergebracht werden (Vollzeitpflege). Die Fachkraft der wirtschaftlichen Jugendhilfe wendet sich an die fallverantwortliche Fachkraft des Allgemeinen Sozialen Diensts und beanstandet die Maßnahme. Es könne sich hier wohl schwerlich um »Hilfe zur Erziehung« handeln, da ein Säugling nur Pflege und Versorgung benötige, nicht aber Erziehung. Seiner Meinung nach sei die Maßnahme nicht als Leistung der Jugendhilfe vom Jugendamt zu finanzieren. Ist diese Rechtsauffassung richtig?

7.

Fall: Der alleinerziehende personensorgeberechtigte Vater Jimmy ist mit seiner 13-jährigen Tochter Jaqueline derzeit überfordert. Jimmy ist amerikanischer Staatsangehöriger. Er lebt seit 13 Jahren mit einer Aufenthaltserlaubnis in Deutschland. Dennoch ist ihm das Land immer noch fremd. Insbesondere scheint Jimmy in Erziehungsfragen in letzter Zeit fast täglich die falschen Entscheidungen zu treffen. Ohne Hilfe durch die Mutter von Jaqueline, die vor 8 Monaten nach Los Angeles ausgewandert ist, scheint vieles schief zu gehen. Jaqueline ist von den Erziehungsmethoden ihres Vaters wenig begeistert. Aus diesem Grund nächtigt Jaqueline in letzter Zeit oftmals bei Freunden. In die Schule geht sie nur noch sporadisch. Zudem nutzt sie die letzten Wochen vor Ihrem 14. Geburtstag und dem Erreichen der strafrechtlichen Verantwortlichkeit zu ausgedehnten Einkaufstouren, bei welchen Jaqueline nicht immer bezahlt.

Jimmy wendet sich daher an das zuständige Jugendamt und bittet um Hilfe. Er hat von Freunden gehört, dass in seiner Situation eine Sozialpädagogische Familienhilfe helfen könnte. Er beantragt daher beim Jugendamt eine solche Hilfe. Sachbearbeiter Cornelius ist skeptisch. Ihn stört an dem Fall gleich mehreres: Muss er wirklich einem Amerikaner, dem das Land fremd ist, helfen? Zudem hält er die beantragte Hilfe nicht für geeignet. Aufgrund der bei Jaqueline zu Tage getretenen Probleme ist er sich nicht zu 100 % sicher, ob mit einer Familienhilfe alle Probleme, die Jaqueline hat, beseitigt werden können.

Seine Ablehnungsentscheidung vom 30.03.2021 begründet Cornelius damit, dass die Tatbestandsvoraussetzungen der beantragten Hilfe nicht vorliegen. Zudem sei es vorliegend ermessensfehlerfrei möglich die Hilfe abzulehnen. Die Ablehnungsentscheidung sei insbesondere verhältnismäßig.

Jimmy ist mit der Entscheidung nicht zufrieden. Er hält die Tatbestandsvoraussetzung für gegeben. Daher müsse die Hilfe erbracht werden. Er legt am 06.04.2021 Widerspruch ein. Ist der Widerspruch begründet?

Lösungen zu Übungsblatt 5
SGB VIII: Kapitel 2: Leistungen der Jugendhilfe, 4. Abschnitt

1.

Fall:

Nach § 113 Abs. 5 S. 1 VwGO ist die Klage erfolgreich, soweit die Ablehnung der beantragten Hilfe rechtswidrig ist und die Eltern hierdurch in ihren Rechten verletzt worden sind. Dies ist der Fall, wenn ein Anspruch auf die Hilfe zur Erziehung nach § 27 SGB VIII i.V.m. § 31 SGB VIII besteht.

Rechtsgrundlage für die Bewilligung der Hilfe könnte § 27 SGB VIII i.V.m. § 31 SGB VIII sein.

Tatbestandsvoraussetzung ist zunächst, dass ein Personensorgeberechtigter eine Hilfe für ein Kind oder einen Jugendlichen beantragt. Die Eltern sind hier nach § 7 Abs. 1 Nr. 5 SGB VIII i.V.m. § 1626 BGB sorgeberechtigt. Grundsätzlich müssen beide Elternteile die Hilfe beantragen. Dies ist hier der Fall. Alfons ist gem. § 7 Abs. 1 Nr. 1 SGB VIII ein Kind. Zudem muss ein Erziehungsdefizit bestehen. Ein solches liegt hier unstreitig vor, da ein Erziehungsdefizit bei den Eltern zu einer Mangellage bei Alfons geführt hat. Ferner muss die gewählte Hilfeart geeignet und notwendig sein. Das Jugendamt ist der Auffassung, dass eine Hilfe nach § 27 SGB VIII i.V.m. § 30 SGB VIII geeignet und notwendig ist. Die Eltern teilen diese Auffassung nicht und halten eine Hilfe nach § 31 SGB VIII für geeignet und notwendig. Im Fall einer Klageerhebung überprüft das Gericht grundsätzlich die Entscheidung der Behörde auf der Tatbestandsseite vollumfänglich. Ausnahmsweise ist dies hier anders. Die Entscheidung über die im Einzelfall angezeigte Hilfeart ist das Ergebnis eines kooperativen pädagogischen Entscheidungsprozesses, der nicht den Anspruch auf objektive Richtigkeit erhebt, sondern eine angemessene Lösung zur Bewältigung der Belastungssituation enthält. Aus diesem Grund steht dem Träger der öffentlichen Jugendhilfe bei der Entscheidung über die geeignete und notwendige Hilfeart ein Beurteilungsspielraum zu, der nur einer eingeschränkten verwaltungsgerichtlichen Kontrolle unterliegt. Auf den Fall angewandt bedeutet dies: Die Tatbestandsvoraussetzungen für die Gewährung einer Hilfe zur Erziehung liegen vor, da davon auszugehen ist, dass ein Erziehungsdefizit besteht und Hilfe zur Erziehung *generell* geeignet und notwendig ist. Das Verfahren nach § 36 SGB VIII vor dem Träger der öffentlichen Jugendhilfe hat fehlerfrei stattgefunden. Die Eltern sind bereit auch die Hilfe nach § 27 SGB VIII i.V.m. § 30 SGB VIII anzunehmen. Das Verwaltungsgericht wird daher die Entscheidung des Jugendamtes auf der Tatbestandsseite nicht beanstanden.

Auf der *Rechtsfolgenseite* liegt eine gebundene Entscheidung vor. Da die Tatbestandsvoraussetzungen vorliegen, muss die Hilfe zur Erziehung gewährt werden. Die Hilfeart legt das Jugendamt in einem gemeinsamen Entscheidungsprozess mit den Eltern und dem Kind nach § 36 SGB VIII auf Tatbestandsseite fest. Die Eltern sind der Meinung über ihr Wunsch- und Wahlrecht nach § 5 SGB VIII die Hilfeart einseitig bestimmen zu können. Das Wahlrecht nach § 5 SGB VIII bezieht sich allerdings lediglich auf die Wahl zwischen verschiedenen Diensten und Einrichtungen innerhalb einer Hilfeart. Das Wunschrecht bezieht sich auf die konkrete Ausgestaltung der Hilfe. Die Hilfeart kann daher von den Eltern nicht über § 5 SGB VIII gewählt werden. Die Entscheidung über die Hilfeart trifft vielmehr das Jugendamt.

Ergebnis: Die Verpflichtungsklage hat keine Aussicht auf Erfolg.

2.

Fall:

1. Die örtliche Zuständigkeit für *Leistungen* wie Hilfe zur Erziehung, § 2 Abs. 2 Nr. 4 SGB VIII, ist in § 86 SGB VIII geregelt. Halten sich die Eltern an verschiedenen Orten auf, richtet sich die örtliche Zuständigkeit des Jugendamts gem. § 86

Abs. 2 S. 1 SGB VIII nach dem gewöhnlichen Aufenthalt (g. A.) des sorgeberechtigten Elternteils, hier der Mutter von Peter, Frau Goldmann. Der g. A. wird in § 30 Abs. 3 S. 2 SGB I legaldefiniert. Seinen g. A. hat jemand dort, wo er sich unter Umständen aufhält, die erkennen lassen, dass er hier nicht nur vorübergehend verweilt. Nach der Rspr. muss der Aufenthalt zukunftsoffen sein. Frau Goldmann ist vor drei Wochen nach Braunschweig in eine Wohnung gezogen und arbeitet dort als Prostituierte. Somit hält sie sich in Braunschweig »erkennbar nicht nur vorübergehend« auf und hat in Braunschweig ihren g. A. Das Jugendamt Braunschweig ist daher örtlich zuständig.

2. Das Jugendamt Braunschweig hat als *Sozialleistungsträger* gem. §§ 14, 16 Abs. 3 SGB I die Pflicht, die Mutter auf Ansprüche von Peter auf Unterhaltsvorschuss nach dem UVG hinzuweisen und auf eine sachdienliche Antragstellung hinzuwirken. Nach §§ 1, 2 UVG hat Peter einen Anspruch auf die monatliche Zahlung von Unterhaltsvorschuss des Mindestunterhalts nach § 1612a BGB, solange er – getrennt von seinem Vater – mit einem Elternteil (seiner Mutter) zusammenlebt und der getrennt lebende Elternteil nicht oder nicht regelmäßig Unterhalt zahlt. Nach dem Sachverhalt zahlt der Vater bisher nicht regelmäßig Unterhalt für sein Kind, und Zahlungen öffentlicher Stellen werden ebenfalls nicht geleistet. Somit wäre der Mutter dringend anzuraten, Unterhaltsvorschuss für Peter geltend zu machen. Ein schriftlicher Antrag auf Unterhaltsvorschuss kann gem. § 9 Abs. 1 UVG beim Jugendamt Braunschweig gestellt werden, da die Mutter ihren Wohnsitz derzeit in Braunschweig hat.

Ergebnis: Gem. § 14 SGB I hat Frau Goldmann gegenüber dem Jugendamt einen Anspruch auf Beratung über die ihrem Sohn Peter zustehenden Ansprüche auf Leistungen nach dem UVG. Peter stehen monatliche Zahlungen in Höhe des Mindestunterhalts nach § 1612a BGB für ein Kind seiner Altersstufe zu, solange er bei seiner Mutter lebt und nicht oder nicht regelmäßig Unterhalt von seinem Vater erhält, §§ 1, 2 UVG. Das Jugendamt sollte darauf hinwirken, dass die Mutter unverzüglich einen sachdienlichen Antrag stellt, § 16 Abs. 3 SGB I.

Zudem ist das Jugendamt verpflichtet, auf die Möglichkeit, eine Beistandschaft, §§ 1712 ff. BGB, zu beantragen, hinzuweisen, s. § 52 a Abs. 1 S. 2 Nr. 4 SGB VIII.

3. Frau Goldmann als Personensorgeberechtigte gem. § 7 Abs. 1 Nr. 5 SGB VIII i.V.m. § 1626 BGB hat eine Hilfe zur Erziehung für ihr Kind Peter (§ 7 Abs. 1 Nr. 1 SGB VIII) beantragt. Ein Erziehungsdefizit besteht. Frau Goldmann weist ein Defizit in der Erziehung ihres Sohnes auf. Dieses hat bereits kausal zu einer Mangellage (z.B. Einkoten, Einnässen, Zerstörung von Gegenständen) bei ihrem Sohn geführt. Die Hilfe nach § 33 SGB VIII ist geeignet, da sie ein objektiv taugliches Mittel darstellt die Beseitigung des Defizits zu fördern. Da Peter bisher durch wechselnde Bezugspersonen betreut worden ist und bereits Auffälligkeiten in seinem Verhalten bestehen, sind eine intensive und kontinuierliche erzieherische Hilfe sowie ein geregelter Tagesablauf erforderlich, um seinen erzieherischen Bedarf zu decken. Mildere gleich geeignete Mittel sind nicht vorhanden. Beispielsweise reicht eine sozialpädagogische Familienhilfe nach § 31 SGB VIII nicht aus. Die Hilfe zur Erziehung nach § 27 SGB VIII i.V.m. § 33 SGB VIII ist daher notwendig.

Ergebnis: Die Tatbestandsvoraussetzungen gem. § 27 SGB VIII i.V.m. § 33 SGB VIII für Hilfe zur Erziehung in Form der Vollzeitpflege liegen vor.

4. Frau Goldmann ist als *Personensorgeberechtigte* gem. § 36 Abs. 1 S. 1 SGB VIII vor der Entscheidung über die Inanspruchnahme der Hilfe zu *beraten*. Dabei ist sie auf die möglichen Folgen für die Entwicklung des Kindes hinzuweisen. Die

Gefahr einer Entfremdung zwischen Mutter und Kind bei Peters Unterbringung in einer Vollzeitpflegestelle sollte angesprochen werden.

5. Nein. Gemäß § 36 Abs. 2 S. 1 SGB VIII soll die Entscheidung über die im Einzelfall angezeigte Hilfeart im Zusammenwirken *mehrerer Fachkräfte* getroffen werden.

   Ergebnis: Herr Fink darf nicht alleine über die im Einzelfall angezeigte Hilfeart entscheiden.

6. Gem. § 36 Abs. 2 S. 1 und 2 SGB VIII soll ein Hilfeplan aufgestellt werden, wenn die Hilfe voraussichtlich für längere Zeit zu leisten ist. Eine „längere Zeit" in diesem Sinne wird angenommen, wenn zu Beginn der Hilfe noch nicht absehbar ist, wie lange die Hilfe zu leisten sein wird oder voraussichtlich länger als sechs Monate andauern wird. Hier ist geplant, dass der vierjährige Peter für eine Zeitdauer von etwa 2 Jahren bis zum Schuleintritt in einer Pflegestelle untergebracht werden soll.

   Ergebnis: Ein Hilfeplan ist aufzustellen.

7. An der Aufstellung eines Hilfeplanes sind folgende Personen zu beteiligen: der *Personensorgeberechtigte* und das *Kind*, sowie *mehrere Fachkräfte* auf Seiten des Jugendamtes. Auch der Leistungserbringer ist gem. § 36 Abs. 3 S. 1 SGB VIII zu beteiligen. Bei der Gewährung von Vollzeitpflege sind daher auch die bei der Durchführung der Hilfe beteiligten zukünftigen *Pflegeeltern*, hier das Ehepaar Beyer, einzubeziehen. *Ergebnis:* Frau Goldmann als Personensorgeberechtigte, Peter, mehrere Fachkräfte und die potenziell *geeigneten* Pflegeeltern – hier möglicherweise das Ehepaar Beyer – sind bei der Aufstellung des Hilfeplans zu beteiligen.

8. Gem. § 44 Abs. 1 S. 1 SGB VIII bedarf die *Pflegeperson*, das sind bei einem verheirateten Paar beide »Pflegeeltern«, grundsätzlich einer *Pflegeerlaubnis*. Diese beiden Personen zu erteilende Pflegeerlaubnis ist ausnahmsweise *nicht erforderlich*, wenn jemand »im Rahmen von Hilfe zur Erziehung aufgrund einer Vermittlung durch das Jugendamt ein Kind betreut oder ihm Unterkunft gewährt«, § 44 Abs. 1 S. 2 Nr. 1 SGB VIII. Die Freistellung von der Erlaubnispflicht erfolgt, weil die Geeignetheit der Pflegefamilie bereits bei Bewilligung der Hilfe zur Erziehung im Rahmen der Prüfung der Geeignetheit der Hilfe geprüft wird.

   Ergebnis: Sofern die Pflegefamilie Beyer im Rahmen von *Hilfe zur Erziehung Peter aufgrund einer Vermittlung durch das Jugendamt* betreut, bedürfen die Pflegeeltern keiner Pflegeerlaubnis.

2.1

Fortführung des Falls (1):

1. Frau Fischer bedarf gem. § 44 Abs. 1 S. 1 SGB VIII einer Pflegeerlaubnis, wenn sie ein Kind außerhalb des Elternhauses regelmäßig betreuen und ihm Unterkunft gewähren *will;* d.h. bereits *vor der Aufnahme* eines Pflegekindes ist eine Pflegeerlaubnis erforderlich. Befindet sich das Kind, wie in unserem Fall, bereits bei der Pflegeperson, ist erst recht die nachträgliche Beantragung und Erteilung der Erlaubnis erforderlich. *Ausnahmsweise* ist eine Pflegeerlaubnis bei einer *kurzfristigen* Unterbringung bis zu 8 Wochen *nicht* erforderlich, § 44 Abs. 1 S. 2 Nr. 4 SGB VIII. Von einer derartig kurzfristigen Unterbringung ist im Sachverhalt aber nicht die Rede. Die Aufnahme eines Pflegekindes ohne die erforderliche Erlaub-

nis stellt gem. § 104 Abs. 1 Nr. 1, Abs. 2 SGB VIII eine Ordnungswidrigkeit dar und kann mit Bußgeld belegt werden.

Ergebnis: Frau Fischer bedarf einer Pflegeerlaubnis. Diese hätte sie bereits *vor* der Aufnahme des Kindes Peter beantragen müssen.

2. Die örtliche Zuständigkeit für die Erteilung der Pflegeerlaubnis ist in § 87a Abs. 1 SGB VIII geregelt; danach ist der gewöhnliche Aufenthalt der *Pflegeperson* maßgeblich. Frau Fischer wohnt in Bremerhaven, somit ist das Jugendamt Bremerhaven zuständig.

Die Pflegeerlaubnis darf gem. § 44 Abs. 2 SGB VIII nur erteilt werden, wenn das Wohl des Kindes in der Pflegestelle gewährleistet ist, andernfalls ist sie zu versagen. Wenn das Kind wiederholt bei der Überprüfung unbeaufsichtigt und verschmutzt aufgefunden wird, spricht dies dafür, dass sein Wohl nicht gewährleistet ist, die Erteilung der Pflegeerlaubnis ist somit zu versagen (gebundene Entscheidung).

Ergebnis: Zuständig für die Erteilung der Pflegeerlaubnis an Frau Fischer ist das Jugendamt Bremerhaven. Vor der Erteilung hat dieses zu überprüfen, ob das Wohl des Kindes in der Pflegestelle gewährleistet ist. Ist dies nicht der Fall, ist die Erlaubnis zu versagen.

2.2

Fortführung des Falles (2):

1. Gem. § 33 S. 2 SGB VIII sind *für besonders entwicklungsbeeinträchtigte Kinder und Jugendliche* geeignete Formen der Familienpflege zu schaffen und auszubauen.
2. Gem. § 39 Abs. 1 SGB VIII hat das Pflegegeld den notwendigen Lebensbedarf des Pflegekindes *außerhalb des Elternhauses* sicherzustellen. Es umfasst auch die Kosten der Erziehung.

Nach § 39 Abs. 2 S 1 SGB VIII soll *der gesamte regelmäßig wiederkehrende Bedarf* durch laufende Leistungen gedeckt werden. Diese umfassen gem. § 39 Abs. 2 S. 2 SGB VIII auch einen *angemessenen Barbetrag zur persönlichen Verfügung* des Kindes oder des Jugendlichen; somit ist das Taschengeld im Pflegegeld enthalten. Die laufenden Leistungen sollen *in monatlichen Pauschalbeträgen* gezahlt werden. Ist das Kind im Bereich eines anderen Jugendamts untergebracht, soll sich die Höhe des zu gewährenden Betrages nach den Verhältnissen am Ort der Pflegestelle richten, § 39 Abs. 4 S. 5 SGB VIII.

Die Pauschalbeträge für laufende Leistungen zum Unterhalt sind nach Landesrecht festzusetzen und nach Altersgruppen zu staffeln, § 39 Abs. 5 SGB VIII.

3. Obwohl Peter bei Pflegeeltern in Wolfenbüttel untergebracht ist, bleibt die örtliche Zuständigkeit gem. § 86 Abs. 2 S. 1 SGB VIII beim Jugendamt in Braunschweig bestehen, da davon auszugehen ist, dass die personensorgeberechtigte Mutter Frau Goldmann und der Vater Herr Wolters nach wie vor verschiedene Aufenthaltsorte haben. Die örtliche Zuständigkeit richtet sich gem. § 86 Abs. 6 SGB VIII (noch) nicht nach dem gewöhnlichen Aufenthalt der Pflegeperson, da Peter noch nicht zwei Jahren in der Pflegestelle lebt. Die örtliche Zuständigkeit für die Leistung umfasst auch die örtliche Zuständigkeit für die Zahlung von Pflegegeld; das Pflegegeld ist somit vom Jugendamt in Braunschweig an die Pflegeeltern in Wolfenbüttel zu überweisen.

4. Gem. §§ 91 Abs. 1 Nr. 5 a), 92 Abs. 1 Nr. 1 und 5 SGB VIII werden *das Kind oder der Jugendliche und dessen Eltern* zu den Kosten der Hilfe zur Erziehung in einer Vollzeitpflege gem. § 33 SGB VIII herangezogen; somit haben grundsätzlich Peter, Frau Goldmann und Herr Wolters einen Beitrag zu den Kosten der Unterbringung zu leisten. Die Eltern werden *nur subsidiär* herangezogen, also nur dann, wenn ihr Kind die Kosten nicht selbst tragen kann (§§ 92 Abs. 1 Nr. 5, 94 Abs. 1 S. 3 SGB VIII), was mangels Einkommen des Kindes der Regelfall ist.
5. § 94 SGB VIII bestimmt den Umfang der Heranziehung. Die Heranziehung zu den Kosten erfolgt in angemessenem Umfang aus dem Einkommen. Der Umfang richtet sich nach der Höhe des Einkommens gem. § 93 SGB VIII.
Die Heranziehung erfolgt durch Erhebung eines Kostenbeitrags, der durch Leistungsbescheid festgesetzt wird, § 92 Abs. 2 SGB VIII.
6. Gem. § 94 Abs. 1 S. 1 SGB VIII erfolgt die Heranziehung aus dem *Einkommen* in angemessenem Umfang. Zu den Kosten vollstationärer Leistungen sind volljährige Leistungsberechtigte nach § 19 SGB VIII zusätzlich aus ihrem *Vermögen* heranzuziehen, § 92 Abs. 1 a SGB VIII. Peter ist erst 8 Jahre alt und damit kein junger volljähriger Leistungsberechtigter. Auch geht es hier nicht um eine Leistung nach § 19 SGB VIII. Eine Heranziehung aus seinem Vermögen scheidet damit aus. Allerdings müssten Mietzinsen als Einkommen, soweit vorhanden, für Peters Unterhalt in der Pflegefamilie herangezogen werden. Da in diesem Fall das Kind vorrangig vor den Eltern zu den Kosten herangezogen wird (§ 94 Abs. 1 S. 3 SGB VIII), muss zunächst der Kostenbeitrag für das Kind ermittelt werden. Deckt er nicht die gesamten Aufwendungen der Jugendhilfe ab – was die Regel ist – haben für die Restaufwendungen die Eltern aufzukommen, soweit es ihnen zuzumuten ist und sie leistungsfähig sind. Die Berechnung des konkreten Beitrags erfolgt anhand der Kostenbeitragsverordnung.

2.3

Fortführung des Falles (3):

Gem. § 86 Abs. 6 SGB VIII ändert sich die örtliche Zuständigkeit des Jugendamts, wenn ein Kind oder ein Jugendlicher bereits zwei Jahre bei einer Pflegeperson lebt *und* sein Verbleib bei dieser Pflegeperson auf Dauer zu erwarten ist. Dann wird das Jugendamt, in dessen Bereich die Pflegeperson ihren gewöhnlichen Aufenthalt hat, örtlich zuständig. Peter lebt nun schon seit 2 Jahren bei den Pflegeeltern in Wolfenbüttel; nach dem Sachverhalt wird er dort für unbestimmte Zeit bleiben, zumal ein regelmäßiger Kontakt zur Mutter nicht besteht und der Hilfeplan eine weitere Erziehung in dieser Pflegefamilie vorsieht. Somit ist das Jugendamt in Wolfenbüttel zuständig geworden. Der bisher zuständige Träger der öffentlichen Jugendhilfe (Jugendamt Braunschweig) bleibt trotz des Wechsels der Zuständigkeit solange zur Leistung verpflichtet, bis der nunmehr zuständige Träger der öffentlichen Jugendhilfe (Jugendamt Wolfenbüttel) die Leistung fortsetzt (§ 86 c S. 1 SGB VIII). Die beteiligten Jugendämter haben sich gegenseitig bei Kenntnis des Zuständigkeitswechsels zu unterrichten (§ 86 c S. 2 SGB VIII).

Ergebnis: Hier findet ein Zuständigkeitswechsel auf das Jugendamt Wolfenbüttel nach zwei Jahren Pflegedauer statt, da mit einem weiteren Verbleib Peters in der Pflegestelle zu rechnen ist. Das ursprünglich örtlich zuständige Jugendamt (Braunschweig) bleibt aber vorerst zur Leistung verpflichtet und muss erst einmal weiter das Pflegegeld bezahlen.

3.
Fall:

1.

Die Großeltern erhalten nur dann Pflegegeld vom *Jugendamt*, wenn das Jugendamt gem. § 27 SGB VIII i.V.m. § 33 SGB VIII *Hilfe zur Erziehung* in Form der Unterbringung des Kindes in einer Vollzeitpflegestelle gewährt. Pflegegeld nach dem SGB VIII kann somit nur als »*Annexleistung*« *zur Hilfegewährung* verlangt werden. Rechtlich steht der Anspruch nicht den Pflegeeltern (hier den Großeltern), sondern dem oder den Personensorgeberechtigten zu. In der Praxis erfolgt meist eine Überweisung des Pflegegeldes unmittelbar an die Pflegeperson. Durch das Pflegegeld soll der notwendige Unterhalt des Kindes in der Pflegestelle sichergestellt werden. Dieser umfasst auch die Kosten der Erziehung, § 39 Abs. 1 SGB VIII.

Da Pflegegeld nicht unabhängig von einer erzieherischen Jugendhilfeleistung gewährt werden darf, stellt sich zunächst einmal die Frage, ob Hilfe zur Erziehung überhaupt in Betracht kommt, wenn das Kind von Großeltern in deren Haushalt erzogen wird. Wenn die Eltern als Erzieher ausfallen, muss der erzieherische Bedarf anders gedeckt werden. Das Wohl des Kindes muss bei den Großeltern gewährleistet sein, wenn der Ausfall der elterlichen Erziehungsleistung dort ersetzt werden soll.

Eine dem Wohl des Kindes entsprechende Erziehung des Kindes *im Elternhaus* ist nicht gewährleistet, da sich die Verhältnisse zuhause zwischenzeitlich nicht gebessert haben. *Generell* ist die Unterbringung des 4jährigen Kindes außerhalb des Elternhauses weiterhin erforderlich. Allerdings ist die Hilfe zur Erziehung gem. § 27 SGB VIII i.V.m. § 33 SGB VIII bei den Großeltern nach Auffassung der Fachkräfte des Jugendamts nicht geeignet, da es an der erzieherischen *Eignung* der Großeltern mangelt. Aus diesem Grunde kann Hilfe zur Erziehung in Form einer Vollzeitpflege bei den Großeltern nicht gewährt werden. Daher besteht auch kein Anspruch auf Pflegegeld.

Ergebnis: Es besteht kein Anspruch auf Pflegegeld gem. § 39 Abs. 1 SGB VIII, da den Personensorgeberechtigten Hilfe zur Erziehung nach § 27 SGB VIII i.V.m. § 33 SGB VIII in Form einer Vollzeitpflege bei den Großeltern nicht gewährt wird und auch nicht zukünftig gewährt werden kann.

2.

Hält das Jugendamt das Tätigwerden des Familiengerichts zur Abwendung einer *Gefährdung* des Wohls des Kindes für erforderlich, so *hat* es das Gericht anzurufen, § 8a Abs. 2 S. 1 HS. 1 SGB VIII. Eine solche *Pflicht* zur Anrufung des Gerichts ist insbesondere dann gegeben, wenn die *Eltern* »nicht gewillt, oder nicht in der Lage sind, die Gefahr abzuwenden«. Sie könnten die Gefahr auch dadurch abwenden, dass sie – im Falle einer gebotenen Fremdunterbringung des Kindes – dem Vorschlag des Jugendamts folgen und Hilfe zur Erziehung gem. § 27 SGB VIII i.V.m. § 33 SGB VIII oder § 34 SGB VIII beanspruchen. Dies ist nun gerade nicht erfolgt. Die Eltern haben sich den Bemühungen des Jugendamts, mit ihnen zusammen für Abhilfe zu sorgen, widersetzt und eigenmächtig das Kind bei den Großeltern untergebracht, um damit einem Sorgerechtsentzug durch das Familiengericht zuvorzukommen. Es sind aber mangels *Eignung* der Großeltern als Pflegeperson die Voraussetzungen für Hilfe zur

Erziehung bei den Großeltern nicht erfüllt. Das Jugendamt hat also nicht die Pflicht, im Nachhinein die Unterbringung des Kindes »jugendhilferechtlich« abzusichern und den Großeltern ein Pflegegeld zu zahlen.

Trotz fortbestehender Probleme im Elternhaus, die einer Rückführung des Kindes zu seinen Eltern entgegenstehen und trotz mangelnder Eignung der Großeltern für die Gewährung von Hilfe zur Erziehung kann aber nach dem Sachverhalt *nicht* davon ausgegangen werden, dass eine *Gefährdung des Wohls des Kindes,* wie in § 1666 BGB und § 8 a SGB VIII vorausgesetzt, zur Zeit *bei den Großeltern* gegeben ist. Aus diesem Grund besteht keine Verpflichtung des Jugendamts, gem. § 8 a Abs. 2 S. 1 HS. 1 SGB VIII das Familiengericht anzurufen.

Ergebnis: Das Jugendamt ist derzeit nicht verpflichtet, gem. § 8 a Abs. 2 S. 1 HS. 1 SGB VIII das Familiengericht anzurufen, um eine Unterbringung des Kindes bei *geeigneten* Pflegeeltern als Hilfe zur Erziehung herbeizuführen.

4.
Fall:

1.
Bei der ersten Frage sind drei Komplexe anzusprechen.

(a)
Wem steht der Anspruch zu? Beate ist berechtigt, den Anspruch auf Hilfe zur Erziehung geltend zu machen. Nach § 27 Abs. 1 SGB VIII hat ein Personensorgeberechtigter bei der Erziehung eines Kindes oder Jugendlichen Anspruch auf Hilfe zur Erziehung, wenn eine dem Wohl des Kindes oder Jugendlichen entsprechende Erziehung nicht gewährleistet ist und die Hilfe für seine Entwicklung geeignet und notwendig ist. Voraussetzung einer Hilfe zur Erziehung ist somit die Inanspruchnahme der Leistung durch den *Personensorgeberechtigten*, denn er allein ist Inhaber des Anspruchs. Diese Voraussetzung liegt hier vor, weil die sorgeberechtigte Mutter Beate am 2.1.2020 einen schriftlichen Antrag auf Hilfe zur Erziehung stellte und mit der Unterbringung ihrer Tochter bei den Großeltern einverstanden war. Durch den Antrag dokumentiert sie zugleich ihr Einverständnis mit einer Hilfe zur Erziehung.

(b)
Erziehungsdefizit? Aufgrund der psychischen Probleme der Mutter und ihrem Unvermögen, ihrer Tochter die erforderliche Aufmerksamkeit und Zuwendung zukommen zu lassen, ist eine dem Wohl der Jugendlichen entsprechende Hilfe im Elternhaus, das heißt bei ihrer Mutter (und deren Lebensgefährten) nicht gewährleistet. Ein Erziehungsdefizit liegt bei der Mutter vor. Dieses hat kausal zu einer Mangelsituation (Lernbehinderung) bei Heike geführt. Die Hilfe nach § 27 SGB VIII i.V.m. § 33 SGB VIII ist geeignet, da sie ein objektiv taugliches Mittel darstellt, welches die Beseitigung des Defizits fördern kann. Die vollstationäre Hilfe war auch notwendig. Die Mutter der Jugendlichen war nach ihrem Auszug aus der gemeinsamen Wohnung nicht

bereit und nach den Berichten der Fachkräfte des Allgemeinen Sozialen Dienstes auch nicht in der Lage, eine dem Wohle der Jugendlichen entsprechende Erziehung zu gewährleisten. Auch zum Zeitpunkt der Antragstellung hat sich insofern nichts geändert; die Jugendliche selbst ist auch nicht bereit, zur Mutter (und deren Freund) zurückzukehren. Eine mildere gleich geeignete Hilfe ist nicht ersichtlich.

(c)

Verwandtenpflegestelle: Eine Vollzeitpflegestelle gem. § 33 SGB VIII ist hier die geeignete Maßnahme. Die Betreuung kann grundsätzlich auch durch Großeltern in deren Haushalt geleistet werden (§ 27 Abs. 2 a SGB VIII), da diese nicht als *»Herkunftsfamilie«* i.S. des § 33 SGB VIII betrachtet werden, sondern als *»andere Familie«*.

Zu prüfen ist, wie die Weigerung der Großeltern, Beate weiterhin unentgeltlich zu betreuen, rechtlich zu würdigen ist. Nach alter Rechtsprechung konnten Großeltern für die Pflege eine Entlohnung grundsätzlich nur verlangen, wenn sie dies nicht freiwillig unentgeltlich machten. Nach neuer Rechtsprechung ist dies nicht mehr erforderlich. Großeltern können gegenüber dem Träger der Jugendhilfe einen Anspruch auf Übernahme der Aufwendungen für die Vollzeitpflege von Enkelkindern auch dann haben, wenn sie das Jugendamt nicht ernsthaft vor die Alternative stellen, für ihre Entlohnung zu sorgen oder auf ihre Betreuungsdienste zu verzichten. Die Weigerung der Großeltern von Heike, Beate weiterhin zu pflegen, ist daher rechtlich unerheblich. Auch ohne Weigerung bestünde der Anspruch. Heike ist lernbehindert und bedarf besonderer Förderung und Zuwendung. Ein (erneuter) Wechsel ihres Aufenthalts könnte sich schädlich auswirken und sollte vermieden werden. Bisher erfolgte eine ihrem erzieherischen Bedarf entsprechende Betreuung durch die Großeltern. Daher ist die Unterbringung von Heike bei ihren Großeltern im Rahmen einer Vollzeitpflege die geeignete und notwendige Hilfe zur Erziehung.

Ergebnis: Der Mutter Beate steht Hilfe zur Erziehung in Form der Vollzeitpflege gem. § 27 SGB VIII i.V.m. § 33 SGB VIII zu, da ihre Tochter Heike bei den Großeltern »in einer anderen (geeigneten) Familie« lebt.

2.

Seit Anfang 2018 lebt Heike bei ihren Großeltern. Erst später, am 2.1.2020, macht die sorgeberechtigte Mutter einen Anspruch auf Hilfe zur Erziehung beim Jugendamt rückwirkend geltend. Eine Anspruchsgrundlage für eine *rückwirkende Gewährung* von Pflegegeld gibt es jedoch nicht; eine bloße »faktische« Erziehungshilfegewährung dadurch, dass eine Mutter ihr Kind in eine hierzu bereite Pflegestelle (bzw. zu Großeltern des Kindes) gibt, reicht nicht aus, da die Hilfegewährung ein *Verwaltungsverfahren* nach §§ 8 ff. SGB X voraussetzt. Der Personensorgeberechtigte muss sein Begehren, eine Jugendhilfeleistung zu beanspruchen, gegenüber dem Träger der öffentlichen Jugendhilfe zum Ausdruck bringen. Der Träger der öffentlichen Jugendhilfe trägt gem. § 36 a Abs. 1 S. 1 SGB VIII die Kosten der Hilfe grundsätzlich nur dann, wenn sie auf der Grundlage seiner Entscheidung erbracht wird. Die Hilfe muss also durch das Jugendamt mittels Verwaltungsakt bewilligt werden. Erst ab diesem Zeitpunkt entsteht der Zahlungsanspruch.

Zur Übernahme einer selbstbeschafften Leistung ist der Träger der öffentlichen Jugendhilfe nur ausnahmsweise verpflichtet, wenn die Voraussetzungen des § 36 a

Abs. 3 SGB VIII vorliegen. Insbesondere muss der Leistungsberechtigte den Träger der öffentlichen Jugendhilfe vor der Selbstbeschaffung über den Hilfebedarf in Kenntnis gesetzt haben. Zudem darf die Bedarfsdeckung bis zur Entscheidung des Jugendhilfeträgers keinen zeitlichen Aufschub geduldet haben. Dies ist hier nicht der Fall.

Ergebnis: Der Anspruch auf Hilfe zur Erziehung kann nicht rückwirkend für die Vergangenheit geltend gemacht werden.

4.1

Fortführung des Falles (1):

Der Großmutter wurde vom Amtsgericht – Familiengericht – die Personensorge als Teil der elterlichen Sorge gem. § 1630 Abs. 3 BGB übertragen. Nach dieser Vorschrift kann das Gericht auf Antrag der Eltern Angelegenheiten der elterlichen Sorge auf die Pflegeperson übertragen, wenn Eltern das Kind für längere Zeit in Familienpflege geben. Mit der Übertragung der Personensorge erhielt die Großmutter die Stellung einer Pflegerin (s. § 1630 Abs. 3 S. 3 BGB); d.h. sie allein entscheidet in allen Angelegenheiten der Personensorge, die das Kind betreffen.

Somit stellt sich die Frage, ob Hilfe zur Erziehung weiterhin geleistet werden darf, wenn sich das Kind beim Personensorgeberechtigten aufhält. Die Frage ist zu bejahen, da gemäß § 27 SGB VIII nicht maßgeblich ist, ob der vom Familiengericht bestellte Personensorgerechtsinhaber die Erziehung gewährleistet, sondern ob der *vor* der Entscheidung des Gerichts verantwortliche Personensorgeberechtigte eine förderliche Erziehung gewährleistet hat. Zum gleichen Ergebnis führt auch die Wortlautauslegung des § 33 S. 1 SGB VIII: Dieser spricht von einer »*anderen Familie*« in Abgrenzung zur »Herkunftsfamilie«, und nicht in Abgrenzung zur »Familie des Personensorgeberechtigten«. Wenn sich Heike bei ihrer Großmutter befindet, wird sie also nicht mehr in ihrer »Herkunftsfamilie«, sondern in einer »anderen Familie« erzogen, auch wenn ihre Großmutter (*Pflegeperson*) nunmehr Inhaberin der Personensorge (und damit gleichzeitig *Pflegerin*) geworden ist.

Ergebnis: Der Großmutter als Pflegeperson wurde die Personensorge gem. § 1630 Abs. 3 BGB übertragen und sie ist somit auch *Pflegerin* (gesetzliche Vertreterin) geworden. Dennoch ist die Hilfe weiterhin zu gewähren.

4.2

Fortführung des Falles (2)

1. Zu prüfen ist, ob der Umzug der Großeltern nach Wolfsburg im Mai 2020 gem. § 86 Abs. 6 SGB VIII zu einem Wechsel der örtlichen Zuständigkeit des Jugendamts für die Jugendhilfeleistung »Hilfe zur Erziehung« führte und ob danach das Jugendamt Wolfsburg örtlich zuständig wurde. Voraussetzung ist nach § 86 Abs. 6 SGB VIII, dass ein neuer »gewöhnlicher Aufenthalt« der Pflegeperson/Großeltern in Wolfsburg begründet worden ist, ferner, dass das Pflege-/Enkelkind Heike bereits seit 2 Jahren bei ihnen gelebt hat und sein Verbleib bei dieser Pflegeperson auf Dauer zu erwarten ist. Heike lebt bereits seit Januar 2018 bei den Großeltern; die 2-Jahres-Frist ist somit erfüllt. Nach ihrem Umzug haben die Großeltern nach der in § 30 Abs. 3 S. 2 SGB I enthaltenen Legaldefinition einen neuen gewöhnlichen Aufenthalt in Wolfsburg begründet, da sie sich

Kepert

dort nicht nur vorübergehend aufhalten. Heikes Verbleib bei ihnen ist auf Dauer nach der entsprechenden Fortschreibung des Hilfeplanes gem. § 36 Abs. 2 S. 2 SGB VIII zu erwarten. Nicht notwendig ist, dass bereits während dieser zwei Jahre Jugendhilfeleistungen erbracht wurden. Somit ist unerheblich, dass die Hilfe zur Erziehung erst seit Januar 2020 gewährt wird (siehe oben Grundfall). Eine Änderung der örtlichen Zuständigkeit ist also eingetreten. Zuständig für die Hilfe zur Erziehung in Form der Vollzeitpflege bei den Großeltern und damit auch für das Pflegegeld als Annexleistung ist zukünftig das Jugendamt Wolfsburg.

2. Das Jugendamt Braunschweig hat demnach zu Recht die Übernahme des Falles durch das Jugendamt Wolfsburg beantragt. Es besitzt jedoch keinen Anspruch auf Kostenerstattung gegenüber dem Jugendamt Wolfsburg. Vielmehr hat das Jugendamt Braunschweig ab dem Zeitpunkt der Übernahme des Falls durch das Jugendamt in Wolfsburg diesem Jugendamt die Kosten zu erstatten, denn Kosten, die ein örtlicher Träger aufgrund einer Zuständigkeit nach § 86 Abs. 6 SGB VIII aufgewendet hat, sind gem. § 89 a Abs. 1 SGB VIII von dem örtlichen Träger zu erstatten, der zuvor zuständig war oder gewesen war.

3. Bis zur Übernahme des Jugendhilfefalls und der damit verbundenen laufenden Pflegegeldzahlung an die Großeltern durch das Jugendamt Wolfsburg bleibt vorerst der bisher zuständige örtliche Träger der öffentlichen Jugendhilfe, das Jugendamt Braunschweig, gem. § 86 c SGB VIII zur Gewährung der Leistung verpflichtet.

Ergebnis: Gem. § 86 Abs. 6 SGB VIII ist das Jugendamt in Wolfsburg nunmehr örtlich zuständig, da das Pflegekind bereits seit 2 Jahren bei Pflegeeltern mit gewöhnlichem Aufenthalt in Wolfsburg aufwächst und ein Verbleib bei den Pflegeeltern auf Dauer zu erwarten ist. Das Jugendamt Wolfsburg hat mit dem Wechsel der Zuständigkeit auch die Kosten zu übernehmen. Bis zur Übernahme des Jugendhilfefalls durch das Jugendamt Wolfsburg sind die Kosten (Pflegegeld) vorerst aber noch vom bisher zuständigen Träger der öffentlichen Jugendhilfe, dem Jugendamt Braunschweig, weiter zu zahlen. Nach erfolgtem Zuständigkeitswechsel besitzt das Jugendamt Wolfsburg gegenüber dem Jugendamt Braunschweig Erstattungsansprüche.

5.

Fall: Die Verpflichtungsklage ist nach § 113 Abs. 5 S. 1 VwGO erfolgreich, wenn die Ablehnung der beantragten Hilfe rechtswidrig und Frau Becker dadurch in ihren Rechten verletzt ist. Dies ist der Fall, wenn Frau Becker als Vormund weiterhin einen Anspruch auf Hilfe zur Erziehung in Form der Vollzeitpflege gem. § 27 SGB VIII i.V.m. § 33 SGB VIII hat. § 33 S. 1 SGB VIII spricht von einer »anderen Familie« in Abgrenzung zur »Herkunftsfamilie«, nicht in Abgrenzung zur »Familie des Personensorgeberechtigten«. Hilfe zur Erziehung in Vollzeitpflege ist auch dann zu gewähren, wenn die Herkunftsfamilie nicht mehr vorhanden ist. Sind beide Eltern gestorben, kann die Erziehungsaufgabe nur durch andere Personen durchgeführt werden. Hilfe zur Erziehung nach § 33 SGB VIII soll *eine zeitlich befristete Erziehungshilfe oder eine auf Dauer angelegte Lebensform* bieten, § 33 S. 1 SGB VIII. Beide Formen stehen gleichberechtigt zur Verfügung.

Ein Vormund ist nicht verpflichtet, im Rahmen seiner Personensorge als Vormund die tatsächliche Betreuung und Erziehung seines Mündels selbst zu übernehmen. Es genügt, wenn er dafür sorgt, dass das Mündel seinem Wohl entsprechend durch andere gepflegt, erzogen und beaufsichtigt wird. Die dazu erforderlichen Kosten fallen nicht dem Vormund, der als solcher dem Mündel auch keinen Unterhalt schuldet, zur Last. Vielmehr hat das Jugendamt im Rahmen der Hilfe zur Erziehung auch den

Unterhalt des Kindes sicherzustellen (§ 39 Abs. 1 SGB VIII). Die Tatbestandsvoraussetzungen der Hilfe nach § 27 SGB VIII i.V.m. § 33 SGB VIII sind weiterhin gegeben.

Auf der Rechtsfolgenseite besteht eine gebundene Entscheidung. Das Verwaltungsgericht wird daher nach § 113 Abs. 5 S. 1 VwGO das Jugendamt verpflichten die Hilfe weiter zu gewähren.

Ergebnis: Die Klage ist begründet. Frau Becker als Vormund steht »Hilfe zur Erziehung« in Form der Vollzeitpflege zu, obwohl sie ihr Mündel Carmen in ihrem Haushalt erzieht und betreut.

5.1

Die Befristung ist eine Nebenbestimmung. Der Erlass einer Nebenbestimmung ist nur rechtlich zulässig, wenn eine Rechtsgrundlage hierzu ermächtigt. Eine solche Rechtsgrundlage ist zunächst im Spezialgesetz zu suchen. § 27 SGB VIII – und auch die anderen in §§ 11 bis 41 SGB VIII enthaltenen Regelungen – enthält keine Rechtsgrundlage für den Erlass einer Nebenbestimmung. Daher ist auf die in § 32 SGB X enthaltene Regelung zurückzugreifen. Da es sich bei der Hilfe zur Erziehung gem. § 27 SGB VIII um eine gebundene Entscheidung handelt, ist § 32 Abs. 1 SGB X zu prüfen. § 32 Abs. 1 SGB X könnte Rechtsgrundlage für den Erlass der Befristung sein. Gem. § 32 Abs. 1 Alt. 1 SGB X darf ein Verwaltungsakt, auf den ein Anspruch besteht, mit einer Nebenbestimmung nur versehen werden, wenn sie durch Rechtsvorschrift zugelassen ist. Eine solche spezialgesetzliche Regelung existiert nicht. Nach § 32 Abs. 1 Alt. 2 SGB X ist eine Nebenbestimmung zulässig, wenn sie sicherstellen soll, dass die gesetzlichen Voraussetzungen des Verwaltungsaktes **erfüllt werden**. Dies ist unstrittig der Fall, wenn zum Zeitpunkt des Erlasses des Verwaltungsaktes eine Tatbestandsvoraussetzung nicht vorliegt. Wie im Grundfall geprüft, liegen hier alle Tatbestandsvoraussetzungen vor. § 32 Abs. 1 Alt. 2 SGB X ist daher nicht in diesem Sinne einschlägig. Strittig ist, ob § 32 Abs. 1 Alt. 2 SGB X bei Dauerverwaltungsakten im Sinne eines „**erfüllt bleibens**" der Tatbestandsvoraussetzungen ausgelegt werden kann. Nach Auffassung des BVerwG und des BSG ist allerdings eine Nebenbestimmung gem. § 32 Abs. 1 Alt. 2 SGB X nur zulässig, wenn sie sicherstellen soll, dass die Voraussetzungen für den Erlass des Verwaltungsakts erfüllt werden, nicht hingegen dann, wenn sie nur sicherstellen soll, dass die Voraussetzungen erfüllt bleiben. Andernfalls würden die Aufhebungsvorschriften nach §§ 44 ff. SGB X umgangen (BVerwG, Urt. v. 9.12.2015 - 6 C 37/14, juris Rn. 17; BSG, Urt. v. 28.1.2021 – B 8 SO 9/19 R, juris Rn. 34 ff.).

Ergebnis: Die Tatbestandsvoraussetzungen für den Erlass einer Befristung liegen nicht vor. Eine Befristung der Hilfe zur Erziehung ist unzulässig.

6.

Fall: Auch ein Säugling bedarf nicht nur materieller Leistungen, sondern ist in erster Linie auf immaterielle Leistungen wie Zuwendung, Ansprache, Körperkontakt, Betreuung durch Bezugspersonen etc. angewiesen. Hierher gehören auch dem Alter angepasste Erziehungsleistungen.

Ergebnis: Auch die Erziehung eines Säuglings kann mangelhaft und in Bezug auf das Kindeswohl ungenügend sein. Dieses Defizit kann Hilfe zur Erziehung als geeignete und erforderliche Maßnahme auslösen. Wie in den übrigen Fällen dargestellt, gehört zur HzE außerhalb des Elternhauses (hier Vollzeitpflege) die Finanzierung der Maßnahme gem. § 39 Abs. 1 SGB VIII.

Kepert

7.

Der Verpflichtungswiderspruch ist erfolgreich, soweit die Ablehnung der Hilfe zur Erziehung rechtswidrig und Jimmy dadurch in seinen Rechten verletzt ist, § 113 Abs. 5 VwGO analog. Dies ist der Fall, wenn Jimmy einen Anspruch auf die Hilfe zur Erziehung hat. Anspruchsgrundlage für die Hilfe ist § 27 SGB VIII i.V.m. § 31 SGB VIII. Tatbestandsvoraussetzung für die Leistungsgewährung ist zunächst die Eröffnung des Geltungsbereichs des Gesetzes nach § 6 Abs. 2 S. 1 SGB VIII: Jimmy ist amerikanischer Staatsangehöriger und damit Ausländer. Daher ist Absatz 2 des § 6 SGB VIII zu prüfen. Die beantragte Hilfe zur Erziehung ist nach § 2 Abs. 2 Nr. 4 SGB VIII eine Leistung. Aus diesem Grunde ist Satz 1 des Absatzes 2 einschlägig. Jimmy hält sich rechtmäßig im Sinne des § 6 Abs. 2 S. 1 SGB VIII in Deutschland auf, da er über eine Aufenthaltserlaubnis verfügt. Zudem hat er seinen gewöhnlichen Aufenthalt in Deutschland. Nach § 30 Abs. 3 S. 2 SGB I hat jemand dort seinen gewöhnlichen Aufenthalt, wo er sich unter Umständen aufhält, die erkennen lassen, dass er an diesem Ort oder in diesem Gebiet nicht nur vorübergehend verweilt. Nach der Rspr. ist erforderlich, dass der Aufenthalt zukunftsoffen ist. Jimmy hält sich seit 13 Jahren mit einer Aufenthaltserlaubnis in Deutschland auf. Es ist i. S. e. Prognoseentscheidung daher davon auszugehen, dass er sich auch in nächster Zeit in Deutschland aufhalten wird. Hieran ändert auch die Tatsache nichts, dass ihm das Land fremd ist. Von einem gewöhnlichen Aufenthalt ist daher auszugehen. Jimmy steht als Personensorgeberechtigtem gem. § 7 Abs. 1 Nr. 5 SGB VIII i. V. m. § 1626 Abs. 1 BGB bei Vorliegen der weiteren Tatbestandsvoraussetzungen der Anspruch zu. Laut Sachverhalt ist Jimmy mit der Erziehung seiner Tochter überfordert. Diese Überforderung hat bereits kausal zu einem Defizit bei Jaqueline geführt. Sie geht nur sporadisch in die Schule und begeht erste Straftaten. Die Schwelle zur Kindeswohlgefährdung i. S. d. §§ 8a und 42 Abs. 1 S. 1 Nr. 2 ist (nahezu) erreicht. Ein („doppeltes") Erziehungsdefizit liegt damit vor. Zudem muss die Hilfe geeignet sein. Die Geeignetheitsprüfung muss sich dabei auf die konkret im Einzelfall ins Auge gefasste Hilfeart nach §§ 28 bis 35 SGB VIII beziehen. Die Geeignetheit ist gegeben, wenn die gewählte Hilfe zur Erziehung objektiv tauglich ist, die Behebung der Mangellage im individuellen Fall zu fördern. Es muss also nicht feststehen, dass infolge der Hilfegewährung eine Besserung der Situation eintreten wird; ausreichend ist, dass die Möglichkeit einer Besserung besteht. Ungeeignet ist die Hilfe dann, wenn sie ein objektiv untaugliches Mittel darstellt. Eine solche Ungeeignetheit kann insbesondere aufgrund individueller Einzelfallumstände eintreten z.B., wenn die Eltern bei einer ambulanten Hilfe nicht mitwirkungsbereit oder mitwirkungsfähig sind. Cornelius ist hingegen der Auffassung, dass die Hilfe bereits nicht geeignet ist, weil nicht 100% sicher ist, dass das Ziel erreicht wird. Zwar steht ihm bei der Beurteilung der Geeignetheit der Hilfe ein Beurteilungsspielraum zur Verfügung. Allerdings verengt Cornelius die Geeignetheit in nicht zu begründender Weise. Tatsächlich ist die Hilfe geeignet, da mit ihr die Zielerreichung, die Beseitigung der Mangellage, gefördert werden kann. Jimmy ist mitwirkungsbereit und mitwirkungsfähig. Die Geeignetheit der Hilfe ist zu bejahen. Ferner muss die Hilfe notwendig sein. Der Begriff der Notwendigkeit wird regelmäßig im Sinne einer Erforderlichkeit verstanden. Erforderlich ist eine Maßnahme nur dann, wenn ein gleich wirksames, den betroffenen Bürger aber weniger beeinträchtigendes Mittel nicht zur Verfügung steht. Eine mildere gleich geeignete Hilfe ist im vorliegenden Fall nicht ersichtlich. Aufgrund der bestehenden Probleme ist insbesondere eine Hilfe nach §§ 28 bis 30 SGB VIII nicht gleich geeignet. Die Hilfe nach § 31 SGB VIII ist hier zur Bedarfsdeckung erforderlich, weil andere Formen der Hilfe zur Erziehung sowie andere Hilfen nach dem SGB VIII nicht ausreichen, um den festgestellten erzieherischen Bedarf zu decken. Auf Rechtsfolgenseite sieht § 27 SGB VIII eine gebundene Entscheidung vor. Da die Tatbestandsvoraussetzungen vorliegen, muss die Hilfe gewährt werden. Die Ablehnung der Hilfe infolge einer Ermessensentscheidung ist damit nicht rechtmäßig.

Ergebnis: Der Verpflichtungswiderspruch ist begründet. Die beantragte Hilfe zur Erziehung ist zu gewähren.

ÜBUNGSBLATT 6
Fortführung der »Hilfe zur Erziehung« – HzE – (Teil 2)

Heimerziehung; Hilfeplan, Mitwirkung; Zusammenarbeit mit der Herkunftsfamilie.

Exkurs (aus SGB VIII, Kap. 3, 2. Abschnitt: Pflegeerlaubnis, Betriebserlaubnis für Einrichtung/Heimaufsicht)

Literaturhinweise:

Kepert/Kunkel, Handbuch Kinder- und Jugendhilferecht, Kap. 4.4 und 4.7 Kunkel, Jugendhilferecht, Kap. 3.1.4
Münder/Wiesner/Meysen, Handbuch, Kap. 3.5; 3.8; 3.13

Heimerziehung

1.1

Hilfe zur Erziehung gem. § 27 SGB VIII i.V.m. § 34 SGB VIII

a) Welches sind die Merkmale heutiger Heimerziehung und worin bestehen ihre Aufgaben?
b) Was ist unter einer »sonstigen betreuten Wohnform« zu verstehen?
c) Schließt die Unterbringung in einer Einrichtung die Befugnis zu freiheitsentziehenden Maßnahmen mit ein? (s. § 1631 b BGB)
d) Hat ein nicht krankenversicherter Jugendlicher, der im Rahmen einer HzE in einer Einrichtung lebt Anspruch auf Krankenhilfe nach dem SGB XII? (§ 40 SGB VIII)
e) Ein Jugendlicher nimmt an einer Ferienmaßnahme eines Heims in Italien teil. Dort wird er krank. Er ist nicht Mitglied einer Krankenkasse. Wer hat für die Behandlungskosten aufzukommen?
f) Hat ein Mädchen, welches in einer Einrichtung der Kinder und Jugendhilfe lebt, Anspruch auf Erstattung der Kosten, für ihre Empfängnisverhütung durch die Pille?
g) Welcher örtliche Träger der öffentlichen Jugendhilfe hat die Kosten der Unterbringung in einer Einrichtung als HzE zu tragen, wenn ein Jugendlicher vom Jugendamt Braunschweig in der Einrichtung eines Trägers der freien Jugendhilfe in Bremen untergebracht wird? (§§ 39, 86 SGB VIII)

1.2

Fall: Familie Groth hat vier Kinder im Alter zwischen 2 und 16 Jahren. Die Familie wird seit einem Jahr vom Jugendamt in Flensburg betreut, der Zugang zur Familie gestaltet sich schwierig, da fast alle Familienmitglieder den Bemühungen der Fachkraft des Jugendamts bisher ablehnend gegenüberstehen. Das Wohl der Kinder ist zunehmend gefährdet. Sie werden immer stärker vernachlässigt und sind meist sich selbst überlassen. Nach Ansicht der Fachkräfte im Jugendamt ist eine Heimunterbringung bzw. eine Unterbringung in einer Pflegefamilie für alle Kinder erforderlich. Besonders den beiden jüngsten Kindern drohen infolge der Vernachlässigung schwerwiegende gesundheitliche Beeinträchtigungen. Im zuständigen Team des Jugendamts wird der Fall erneut diskutiert. Eine Fachkraft weist darauf hin, dass bisher in diesem Jahr von dem Team im Rahmen des Budgets bereits 50.000 Euro mehr an Unterbringungskosten für Kinder und Jugendliche ausgegeben worden sind, als

Kepert

im Haushaltsplan veranschlagt. Würde es nicht genügen, nur die beiden jüngeren Kinder in einem Heim bzw. in einer Einrichtung unterzubringen? Bevor Weiteres veranlasst werden kann, erreicht die für diesen Fall zuständige Sachbearbeiterin des Teams die Nachricht, dass Familie Groth nach Potsdam verzogen ist. Was ist zu veranlassen?

Hinweis: Der Fall stellt auch die Frage nach der Verantwortlichkeit einer einzelnen Fachkraft im Jugendamt für die von ihr betreuten Kinder und Jugendlichen. Dieser Aspekt, der strafrechtlich unter dem Begriff der »Garantenstellung« diskutiert wird, wird ausführlich im Übungsblatt 7 behandelt.

1.3

Fall: Annalena, alleinerziehende Mutter der 6 Monate alten Gabi, muss eine zweijährige Haftstrafe antreten. Sie kann zusammen mit ihrer Tochter in einer Justizvollzugsanstalt untergebracht werden. Hat das Jugendamt die Maßnahme zu finanzieren, soweit die Unterbringung und Betreuung des Kindes betroffen ist?

Hilfeplan, Mitwirkung gem. § 36 SGB VIII

2.

Hilfeplan und Hilfeplangespräch
a) Wer entscheidet über eine längerfristig zu leistende Hilfe zur Erziehung?
b) Worauf erstreckt sich das »Wunsch- und Wahlrecht« in § 37c Abs. 3 S. 2 SGB VIII? In welchem Verhältnis steht es zum Wunsch- und Wahlrecht nach § 5 SGB VIII?
c) Ist ein Hilfeplan gemäß § 36 Abs. 2 S. 2 SGB VIII aufzustellen:
 – bei Gewährung von Hilfe zur Erziehung in Form einer sozialpädagogischen Familienhilfe für 8 Monate;
 – bei »Kurzzeitpflege« von 4 Wochen;
 – bei der Gewährung einer Hilfe für einen jungen Volljährigen in Form einer längerfristigen Heimerziehung gem. § 41 SGB VIII;
 – bei der Gewährung einer Eingliederungshilfe (Ende der Hilfe ist nicht abzusehen) für einen seelisch behinderten Jugendlichen in einer »sonstigen betreuten Wohnform.«
d) Was muss aus dem Hilfeplan hervorgehen?
e) Sind die Jugendamtsleiterin und eine Fachkraft der wirtschaftlichen Jugendhilfe am Hilfeplangespräch zu beteiligen?
f) Besteht die Möglichkeit bzw. Verpflichtung, Fachkräfte aus Erziehungsberatungsstellen, Tagesgruppen oder Heimen an der Aufstellung des Hilfeplanes zu beteiligen?
g) Für welche Zeitdauer ist ein Hilfeplan aufzustellen, wann muss er überprüft werden?
h) Der 15jährige Jugendliche steht während des Hilfeplangesprächs im Jugendamt zur Gewährung von HzE wütend von seinem Platz auf und verlässt den Raum. Welche Konsequenzen hat dies?
i) Sind Eltern nach einem Sorgerechtsentzug gem. §§ 1666, 1666a BGB (noch) an der Aufstellung des Hilfeplans zu beteiligen, etwa im Hinblick auf eine eventuelle spätere Rückführung des Kindes ins Elternhaus?

Kepert

j) Familie Meier erscheint mit Rechtsanwalt zum Hilfeplangespräch im Jugendamt. Darf der Rechtsanwalt aufgrund des »Hausrechts« zurückgewiesen werden, wenn er unsachliche Ausführungen macht und offensichtlich vom Jugendhilferecht keine besonderen Kenntnisse hat? (s. § 13 SGB X)

Zusammenarbeit mit der Herkunftsfamilie, § 37 SGB VIII

3.

Elternarbeit; »Viereckverhältnis« zwischen Eltern – Kind/Jugendlichem – Pflegeperson/in der Einrichtung für die Erziehung verantwortliche Personen – Jugendamt

a) Welche Aufgaben sind vom Jugendamt im Rahmen der Elternarbeit wahrzunehmen?
b) Welche Leistungen hat das Jugendamt für Pflegepersonen zu erbringen?
c) Ist eine spätere Rückführung des Kindes in die Herkunftsfamilie stets anzustreben?
d) Wie ist bei Konflikten zwischen leiblichen Eltern und Pflegeeltern zu verfahren, wenn das Kindeswohl durch Verhalten der Eltern gefährdet ist?
e) Darf das Jugendamt Hausbesuche bei Eltern und Pflegeeltern machen?
f) Welche Qualifikation müssen Pflegeeltern aufweisen?
g) Handelt es sich im Folgenden um »wichtige Ereignisse« i.S. des § 37 b Abs. 3 S. 2 SGB VIII, über die das Jugendamt informiert werden muss:
   – Das Pflegekind ist in der Schule sitzengeblieben.
   – Das Pflegekind hat sich den Finger verbrannt. Der Hausarzt hat einen Verband angelegt.
   – Das Pflegekind hat sich ein Bein gebrochen und wurde ins Krankenhaus gebracht.

Ausübung der Personensorge durch Pflegeperson bzw. Heimerzieher, § 1688 BGB, § 37 Abs. 3 SGB VIII

4.

Entscheidungs- und Vertretungsbefugnis in Angelegenheiten des täglichen Lebens und weitere Rechte

a) In welchen Angelegenheiten ist die Pflegeperson berechtigt, den Personensorgeberechtigten bei der Ausübung der elterlichen Sorge zu vertreten?
b) Darf die Pflegeperson im Namen des Pflegekindes ein Sparbuch mit vermögenswirksamen Leistungen anlegen, ein Girokonto eröffnen?
c) Ist eine Kontovollmacht für die Pflegeperson vorzusehen, auch wenn das minderjährige Pflegekind dagegen ist?
d) Ist eine Erhöhung der Ausbildungsvergütung den Pflegeeltern und dem Jugendamt mitzuteilen?
e) Darf ohne Einschaltung der Eltern eine Operation des Pflegekindes durchgeführt werden?
f) Welche Person vertritt im Heim gem. § 1688 BGB den Personensorgeberechtigten im dort beschriebenen Umfang: der Gruppenerzieher, der Heimleiter, der den Nachtdienst Führende?

Kepert

g) Ein Studierender im Praxissemester hat am Morgen allein Gruppendienst im Heim. Ein Jugendlicher benötigt dringend eine Unterschrift des Erziehungsberechtigten für die Schulzeitverlängerung. Darf der Studierende unterschreiben?
h) Wer macht Unterhaltsleistungen sowie Sozialleistungen für ein Kind geltend, das im Heim untergebracht ist?
i) In welchen Fällen trifft das Familiengericht eine Entscheidung nach § 1632 Abs. 4 BGB?

5.

§ 1688 BGB – § 1630 Abs. 3 BGB

Welcher Unterschied besteht zwischen der Regelung in § 1688 BGB und der in § 1630 Abs. 3 BGB?

6.

Vermittlung bei der Ausübung der Personensorge

Wann sollen die Beteiligten gem. § 37 Abs. 3 S. 1 SGB VIII das Jugendamt einschalten?

7.

Fall: Die 16jährige Angelika lebt in Vollzeitpflege bei dem Ehepaar Schmidt. Die Jugendliche und die Pflegeeltern möchten in Angelikas Namen folgende Erklärungen abgeben bzw. für Angelika folgende Entscheidungen treffen:
1. Abschluss eines Lehrvertrages (dreijährige Ausbildung zur Fotografin);
2. Ausschlagung einer Erbschaft (Tante Klara hat Angelika testamentarisch als Alleinerbin eingesetzt; der Nachlass ist jedoch überschuldet);
3. Angelika soll die 10. Klasse der Realschule freiwillig wiederholen, um einen qualifizierten Realschulabschluss zu erlangen;
4. Abschluss eines Ratensparvertrages mit der Bank (Dauer 3 Jahre).

Fragen zur Pflegeerlaubnis gem. § 44 SGB VIII, Betriebserlaubnis und Heimaufsicht gem. §§ 45 ff. SGB VIII

Zunächst: Das Erteilen einer *Pflegeerlaubnis sowie einer Betriebserlaubnis für ein Heim sind »andere Aufgaben«* des Trägers der öffentlichen Jugendhilfe gem. § 2 Abs. 3 Nr. 3 und 4 SGB VIII und keine *Leistungen* der Jugendhilfe wie es Vollzeitpflege und Heimerziehung (HzE gem. §§ 27 ff. SGB VIII) nach der Systematik des SGB VIII sind.

8.

Pflegeerlaubnis

a) Wer braucht eine Pflegeerlaubnis?
b) Wer braucht keine Pflegeerlaubnis?

c) Wie viele Pflegekinder darf die Pflegeperson erlaubnisfrei bei sich aufnehmen?
d) Ist es rechtlich zulässig, sich *ohne Pflegeerlaubnis* ein Vollzeitpflegekind selbst zu suchen und somit auf die Vermittlung des Jugendamts zu verzichten?
e) Wann und in welcher Weise hat das Jugendamt gegen eine Pflegeperson einzuschreiten?
f) Ist ein Einschreiten geboten, wenn das Pflegekind (noch) nicht gefährdet ist, aber ein erzieherischer Bedarf erkennbar ist?
g) Frau M (allein sorgeberechtigt) gibt ihren 2jährigen Sohn Carl ihrer Cousine Petra zur Betreuung und Pflege. Braucht Petra eine Pflegeerlaubnis?

9.

Heimaufsicht:

Was ergibt sich aus den im Folgenden aufgeführten Normen?
a) Erlaubnispflicht für den Betrieb einer Einrichtung oder einer sonstigen betreuten Wohnform (§§ 45, 48 a SGB VIII);
b) Örtliche Prüfung (§ 46 SGB VIII);
c) Meldepflicht (§ 47 SGB VIII);
d) Tätigkeitsuntersagung (§ 48 SGB VIII);
e) Landesrechtsvorbehalt (§ 49 SGB VIII).

10.

Wie werden Verstöße gegen die Erlaubnispflicht im Pflegekinderwesen und bei der Heimerziehung geahndet? (§§ 104, 105 SGB VIII)

Lösungen zu Übungsblatt 6
Fortführung der Hilfen zur Erziehung – HzE – (Teil 2)

1.1

Hilfe zur Erziehung gem. § 27 SGB VIII i.V.m. § 34 SGB VIII

a) § 34 SGB VIII beschreibt die *Merkmale und das Aufgabenprofil der Heimerziehung* und der Erziehung in einer sonstigen betreuten Wohnform: Kinder und Jugendliche sollen dort »Alltagserleben« kennenlernen und therapeutische Angebote erhalten. Parallel sollen die Erziehungsbedingungen in der Herkunftsfamilie nach Möglichkeit verbessert und eine Rückkehr in die Familie vorbereitet werden. Wenn das nicht möglich ist, soll die Erziehung in einer anderen Familie vorbereitet werden oder aber ein Verbleib in der Einrichtung auf längere Zeit angestrebt werden. Für Jugendliche sollen besondere Beratungs- und Unterstützungsangebote vorgesehen werden.

b) Hilfe zur Erziehung in *sonstigen betreuten Wohnformen* (vorherrschende Formen sind betreute Wohngemeinschaften oder Einzelwohnungen) unterscheidet sich von der Heimerziehung insbesondere durch eine vorrangige Berücksichtigung des Ziels der Verselbstständigung. Die Betreuungsintensität ist geringer, den jungen Menschen wird ein höheres Maß an Eigenverantwortung für die Alltagsbewältigung abverlangt.

c) Die Unterbringung eines Kindes oder Jugendlichen in einer Jugendhilfeeinrichtung gemäß § 27 SGB VIII i.V.m. § 34 SGB VIII setzt das Einverständnis des zur Bestimmung des Aufenthalts Befugten voraus. Auch der Inhaber des Aufenthaltsbestimmungsrechts kann ein Kind oder einen Jugendlichen unterbringen. Eine freiheitsentziehende (geschlossene) Unterbringung ist nach § 1631 b S. 1 BGB nur mit Genehmigung des Familiengerichts möglich. Das Familiengericht kann eine freiheitsentziehende Unterbringung nur genehmigen, wenn die in § 1631 b BGB genannten Voraussetzungen vorliegen.

d) Gemäß § 40 SGB VIII gehört zur Hilfe nach § 34 SGB VIII auch *Krankenhilfe* als Annexleistung der Jugendhilfe. Diese Leistung ist gegenüber der Krankenhilfe nach dem SGB XII vorrangig. Somit darf nicht auf Leistungen des Sozialamts verwiesen werden (s. § 10 Abs. 4 S. 1 SGB VIII). Lediglich hinsichtlich des Umfangs der Hilfe gelten die Regelungen der §§ 48 ff. SGB XII entsprechend. Das Jugendamt wird ggf. zu prüfen haben, ob hier Beiträge für eine freiwillige Krankenversicherung übernommen werden sollten, sofern eine Krankenversicherung gefunden werden kann, die zum Abschluss eines Vertrags bereit ist.

e) Nach § 6 Abs. 3 SGB VIII können Deutschen Leistungen nach SGB VIII auch gewährt werden, wenn sie ihren Aufenthalt im Ausland haben und soweit sie nicht Hilfe vom Aufenthaltsland erhalten. Die Gewährung der Krankenhilfe als Annexleistung ist daher grundsätzlich auch in Italien möglich.

f) Hinsichtlich des Umfangs der Krankenhilfe verweist § 40 SGB VIII u.a. auf § 49 SGB XII. Danach sind auch die Kosten für die ärztlich verordneten empfängnisregelnden Mittel (z.B. die »Pille«) vom *Jugendamt* zu übernehmen.

g) Die Übernahme der Heimkosten ist in § 39 SGB VIII geregelt. Diese Vorschrift bezieht sich nicht nur auf das Pflegegeld für die Vollzeitpflege, sondern betrifft auch die Übernahme des notwendigen Unterhalts des Kindes oder Jugendlichen bei Hilfe zur Erziehung außerhalb des Elternhauses in einem Heim (Hilfe zur Erziehung nach § 34 SGB VIII). Zur Bestimmung der örtlichen Zuständigkeit ist hier der gewöhnliche Aufenthaltsort der Eltern des Jugendlichen maßgeblich (§ 86 Abs. 1 S. 1 SGB VIII).

1.2

Fall: Die Sachbearbeiterin des Jugendamts Flensburg muss das durch Umzug der Familie gem. § 86 Abs. 1 SGB VIII zuständig gewordene Jugendamt Potsdam über die Gefährdungssituation informieren. Dies gibt § 8a Abs. 6 S. 1 SGB VIII ausdrücklich vor.

Das Jugendamt Potsdam wird dadurch in die Lage versetzt, die Angelegenheit zu überprüfen und eine Hilfe gem. § 27 SGB VIII i.V.m. § 34 SGB VIII anzubieten und zu gewähren. Lehnen die Eltern weiterhin die dringend notwendige HzE ab, hat das Jugendamt Potsdam gem. § 8a Abs. 2 S. 1 HS. 1 SGB VIII das Familiengericht anzurufen, damit die Hilfe notfalls gegen den Willen der sorgeberechtigten Eltern eingeleitet werden kann. Kann eine familiengerichtliche Entscheidung nicht abgewartet werden, weil die Kinder vor Erhalt der Entscheidung Schaden nehmen könnten, muss eine Inobhutnahme gem. § 42 Abs. 1 S. 1 Nr. 2 b SGB VIII erfolgen, s. § 8a Abs. 2 S. 2 SGB VIII (vgl. auch Übungsblatt 10). Das Unterlassen einer Mitteilung könnte unter Umständen dazu führen, dass strafrechtliche Ermittlungen gegen die fallzuständige Fachkraft des Jugendamts Flensburg eingeleitet werden würden, falls eines der Kinder später infolge der Vernachlässigungen einen Körper- oder Gesundheitsschaden erleidet, der durch eine rechtzeitige Information und die damit verbundene Herausnahme des Kindes oder der Kinder aus der Familie hätte verhindert werden können.

1.3

Fall: Die Mutter Annalena verbüßt ihre Strafe in einer Justizvollzugsanstalt und ist dort auf Kosten der Justiz untergebracht. Eine gemeinsame Unterbringung von Mutter und Kind während der Haftverbüßung ist gem. § 80 Abs. 1 S. 1 Strafvollzugsgesetz (StVollzG) möglich, wenn der Inhaber des Aufenthaltsbestimmungsrechts zustimmt und dies dem Kindeswohl entspricht. Das Jugendamt hat im Rahmen der vorgeschriebenen Zusammenarbeit mit den Justizvollzugsbehörden gem. § 81 Nr. 2 SGB VIII und der Anhörung gem. § 80 Abs. 1 S. 2 StVollzG Unterbringungsmöglichkeiten außerhalb des Vollzugs vorab zu prüfen. Sofern eine Trennung des Kindes von seiner Mutter sich nachhaltig belastend auf das Kind auswirken würde – in unserem Fall ist davon auszugehen – ist diese Möglichkeit zu verneinen.

Die Betreuung und Versorgung des Kindes, das zusammen mit seiner Mutter in einer Mutter-Kind-Einrichtung einer Justizvollzugsanstalt untergebracht ist, kann auch im Rahmen von Hilfe zur Erziehung nach §§ 27 ff. SGB VIII erfolgen. Dies setzt voraus, dass zu der Entscheidung der Strafvollzugsbehörde gem. § 80 StVollzG eine Entscheidung des Trägers der öffentlichen Jugendhilfe gem. § 27 SGB VIII hinzutritt. Sofern es sich um einen geregelten und planbaren Haftantritt der Mutter handelt, wendet sich diese vor Haftantritt an das zuständige Jugendamt mit der Bitte um Hilfe zur Erziehung.

Zwar ist das Kind, das sich mit seiner Mutter in einer Justizvollzugsanstalt befindet, *nicht in einer Einrichtung der Jugendhilfe* untergebracht; eine Heimerziehung gem. § 34 SGB VIII wird somit nicht geleistet. Die in den §§ 28 bis 35 SGB VIII aufgezählten Hilfearten stellen jedoch keinen abschließenden Katalog möglicher Hilfen dar. Wenn die Tatbestandsvoraussetzungen für eine HzE gem. § 27 Abs. 1 SGB VIII vorliegen, kann die Hilfe auch in einer Hilfeart erbracht werden, die in §§ 28 bis 35 SGB VIII nicht vorgesehen ist. Daher kommt auch die Unterbringung in einer Justizvollzugsanstalt zusammen mit der Mutter in Betracht. Hier ist die Unterbringung die geeignete und notwendige Hilfe im Sinne des § 27 Abs. 1 SGB VIII (atypische Hilfe zur Erziehung).

Ergebnis: Die Unterbringung des Kleinkindes zusammen mit seiner Mutter, die mit ihrer Zustimmung und unter Beachtung des Hilfeplanverfahrens gem. § 36 SGB VIII erfolgt und während der Dauer des Haftvollzugs vom Träger der öffentlichen Jugendhilfe begleitet wird, ist als eigenständige Hilfe zur Erziehung nach § 27 SGB VIII aufzufassen und vom Träger der öffentlichen Jugendhilfe zu finanzieren.

2.

Hilfeplan und Hilfeplangespräch

a) Gem. § 36 Abs. 2 S. 1 SGB VIII *soll* eine Entscheidung über die im Einzelfall angezeigte Hilfeart, wenn die Hilfe voraussichtlich für längere Zeit zu leisten ist, *im Zusammenwirken mehrerer Fachkräfte* getroffen werden. Wer Fachkraft im Jugendamt ist, sagt § 72 Abs. 1 SGB VIII: Es sind Personen, die sich für eine bestimmte Aufgabe der Kinder- und Jugendhilfe *nach ihrer Persönlichkeit eignen und eine dieser Aufgabe entsprechende Ausbildung erhalten haben*. Die

Entscheidung über die Hilfe selbst wird nicht durch das Team, sondern durch die fallverantwortliche Fachkraft getroffen.

Bei der *Ausgestaltung des Hilfeplans sollen* der bzw. die Personensorgeberechtigte und der Jugendliche oder das Kind beteiligt werden, § 36 Abs. 2 S. 2 SGB VIII. Gem. § 36 Abs. 3 S. 1 SGB VIII ist auch der Leistungserbringer zu beteiligen.

b) Nach § 37c Abs. 3 S. 2 SGB VIII ist der Wahl und den Wünschen zu entsprechen, sofern sie nicht mit unverhältnismäßigen Mehrkosten verbunden sind. Damit stellt die Regelung eine spezialgesetzliche Konkretisierung des Wunsch- und Wahlrechts aus § 5 Abs. 2 S. 1 SGB VIII dar. Während § 5 SGB VIII als allgemeine Regelung für alle Hilfen gilt, ist der Anwendungsbereich des § 37c Abs. 3 S. 2 SGB VIII auf Hilfe zur Erziehung nach § 27 SGB VIII, auf Eingliederungshilfe nach § 35a SGB VIII und auf Hilfe für junge Volljährige nach § 41 SGB VIII außerhalb der eigenen Familie beschränkt. Der Verpflichtungsgrad des § 37c Abs. 3 S. 2 SGB VIII geht über den des § 5 Abs. 2 S. 1 SGB VIII hinaus (aus der Soll-Vorschrift des § 5 Abs. 2 S. 1 SGB VIII wird eine Ist-Vorschrift).

c) Ein Hilfeplan ist
- aufzustellen, wenn die Hilfe „voraussichtlich für längere Zeit zu leisten ist". Dieser unbestimmte Rechtsbegriff ist in jedem Einzelfall auszulegen. Regelmäßig ist von einer „längeren Zeit" auszugehen, wenn die Hilfe voraussichtlich länger als sechs Monate zu gewähren ist. Da die Hilfe hier für acht Monate gewährt wird, ist die Voraussetzung „längere Zeit" erfüllt. Unerheblich ist, dass es sich bei sozialpädagogischer Familienhilfe um eine ambulante Maßnahme handelt;
- bei »Kurzzeitpflege« nicht aufzustellen;
- bei der für längere Zeit gewährten Heimerziehung für einen jungen Volljährigen aufzustellen, da die Verfahrensvorschrift des § 36 SGB VIII gem. § 41 Abs. 2 SGB VIII hier entsprechend anwendbar ist;
- grundsätzlich auch bei Eingliederungshilfe gem. § 35a SGB VIII aufzustellen, da im 3. Unterabschnitt bei dieser Maßnahme die gleichen Verfahrensvorschriften wie bei Hilfe zur Erziehung anwendbar sind – vgl. Überschrift des 3. Unterabschnitts. Fraglich ist aber, ob die Eingliederungshilfe eine Hilfe für längere Zeit darstellt, wenn deren Ende nicht absehbar ist. Regelmäßig wird angenommen, dass eine Hilfe für längere Zeit dann vorliegt, wenn die Leistung länger als sechs Monate erfolgen soll oder bei Beginn der Hilfe deren Ende nicht absehbar ist (s. *Kunkel/Kepert*, LPK-SGB VIII § 36 Rn. 32).

d) Der Hilfeplan muss gem. § 36 Abs. 2 S. 2 SGB VIII Feststellungen über den *Bedarf*, die zu gewährende *Art der Hilfe* sowie die *notwendigen Leistungen* enthalten. Regelmäßig *soll* überprüft werden, ob die gewählte Hilfe weiterhin geeignet und notwendig ist (»Fortschreibung des Hilfeplans«).

e) Es wurde bereits auf die notwendige Beteiligung mehrerer *Fachkräfte* hingewiesen. Fachkraft kann bezogen auf den Einzelfall auch eine Fachkraft der wirtschaftlichen Jugendhilfe sein (s. *Kunkel/Kepert*, LPK-SGB VIII § 36 Rn. 33). Die Jugendamtsleiterin ist als Dienstvorgesetze zur Teilnahme berechtigt.

§ 36 SGB VIII schließt die Beteiligung weiterer Personen nicht aus, sondern beschreibt nur, wer zumindest zu beteiligen ist. So können Personen mit speziellen Fachkenntnissen hinzuzuziehen sein, wenn dies erforderlich ist, um eine qualifizierte Entscheidung zeitnah treffen zu können.

f) Gem. § 36 Abs. 3 S. 1 SGB VIII *sind andere Personen, Dienste oder Einrichtungen* (oder deren Fachkräfte) dann an der Aufstellung und seiner Überprüfung zu beteiligen, wenn sie bei der *Durchführung* der Hilfe tätig werden. Unter dieser Voraussetzung sind somit auch die genannten Personen hinzuzuziehen.

g) Das Gesetz enthält unbestimmte Rechtsbegriffe wie Hilfe für »*längere Zeit*« und »*regelmäßige*« Prüfung. Diese unbestimmten Rechtsbegriffe sind in jedem Einzelfall auszulegen. »*Längere Zeit*« der Hilfegewährung: Eine geplante Dauer von bis zu sechs Monaten wird überwiegend nicht als längere Zeit angesehen. »*Regelmäßige Prüfung«:* Die Überprüfung findet je nach den Erfordernissen des Einzelfalls statt. Spätestens nach Ablauf eines Jahres hat eine Überprüfung zu erfolgen, in der Regel wird aber eine Überprüfung bereits nach einem halben Jahr angezeigt sein. In der Anfangszeit sind häufigere Überprüfungen angezeigt, beispielsweise zu Beginn der Hilfe bereits nach drei Monaten.

h) § 36 Abs. 2 SGB VIII beinhaltet eine Soll-Bestimmung. Im Regelfall muss daher ein Hilfeplan aufgestellt werden. In atypischen Ausnahmefällen kann nach Ermessen von der Aufstellung eines Hilfeplans abgesehen werden. Ein solcher Ausnahmefall kann aber nicht bereits dann angenommen werden, wenn der Jugendliche einmal wütend wird und das Gespräch abbricht. Das weitere Gespräch ist daher mit dem Jugendlichen zu suchen.Die Beteiligung nicht sorgeberechtigter Eltern ist nach neuer ab 10.6.2021 gültiger Rechtslage in § 36 Abs. 5 SGB VIII vorgesehen. Voraussetzung hierfür ist es, dass die Beteiligung zur Feststellung des Bedarfs, der zu gewährenden Art der Hilfe oder der notwendigen Leistungen nach Inhalt, Umfang und Dauer erforderlich ist und dadurch der Hilfezweck nicht in Frage gestellt wird.

Zudem besteht nach § 37 SGB VIII bei Hilfen außerhalb der Familie unabhängig vom Sorgerecht eine Pflicht zur Elternarbeit. Nach § 37 Abs. 1 besteht ein Anspruch der Eltern auf Beratung und Unterstützung. Gem. § 37 Abs. 2 SGB VIII besteht eine Förderpflicht durch geeignete Maßnahmen.

j) Das Hilfeplangespräch gem. § 36 SGB VIII ist Teil des *Verwaltungsverfahrens* des Trägers der öffentlichen Jugendhilfe, dessen Grundsätze im SGB X geregelt sind. Der Hilfeplan ist Teil der Begründung der Entscheidung gem. § 35 SGB X. Gemäß § 13 Abs. 1 S. 1 SGB X kann sich ein am Verwaltungsverfahren *Beteiligter* durch einen Bevollmächtigten vertreten lassen. Die personensorgeberechtigten Eltern als Beteiligte bei Hilfe zur Erziehung (zur Beteiligungsfähigkeit (nur) der Eltern bei Hilfe zur Erziehung *Kunkel/Kepert*, LPK-SGB VIII Anhang 5 Rn. 10) können sich also durch einen Rechtsanwalt vertreten lassen. Die Vollmacht ermächtigt gem. § 13 Abs. 1 S. 2 SGB X zu allen das Verwaltungsverfahren betreffenden Verfahrenshandlungen, also auch zur Teilnahme am Hilfeplangespräch; allerdings ist auf Verlangen die Vollmacht schriftlich nachzuweisen. Grundsätzlich ist eine Zurückweisung bei Ungeeignetheit möglich, § 13 Abs. 6 S. 1 SGB X. Eine *Zurückweisung des Rechtsanwalts* ist allerdings nach § 13 Abs. 6 S. 2 SGB X unzulässig. Das »Hausrecht« der Behörde wird insoweit durch § 13 SGB X »überlagert«.

3.

Elternarbeit; »Vierecksverhältnis« zwischen Eltern – Kind/Jugendlichem – Pflegeperson/in der Einrichtung für die Erziehung verantwortliche Personen – Jugendamt

a) Auf eine *Zusammenarbeit* zwischen Einrichtung oder Pflegeperson und den Eltern ist gem. § 37 Abs. 2 SGB VIII *hinzuwirken.* Durch *Beratung und Unterstützung* sollen die Erziehungsbedingungen in der Herkunftsfamilie verbessert werden, damit die Herkunftsfamilie später das Kind/den Jugendlichen wieder selbst erziehen kann. Die Beziehungen des Kindes oder Jugendlichen zur Herkunftsfamilie sind zu *fördern* (zum Beispiel durch Herstellen oder Verbessern von Umgangskontakten). Ist eine nachhaltige Verbesserung der Erziehungsbedingungen in der Herkunftsfamilie innerhalb eines vertretbaren Zeitraums nicht zu erreichen, so soll eine *andere auf Dauer angelegte Lebensperspektive* für das Kind oder den Jugendlichen erarbeitet werden, § 37 Abs. 1 S. 3 SGB VIII.

b) Gem. § 37 a SGB VIII hat die Pflegeperson Anspruch auf Beratung und Unterstützung.
c) Nein; siehe § 37 Abs. 1 S. 2 SGB VIII und die Antwort unter a).
d) Das Jugendamt wird zu prüfen haben, ob (weitere) geeignete öffentliche Erziehungshilfen, die von den Eltern akzeptiert werden können, zur Verfügung stehen und in den bestehenden »Hilfeplan« im Rahmen einer Ergänzung oder Abänderung desselben integriert werden können, um der Gefahr abzuhelfen. Lässt sich die Gefährdung durch Hilfen nicht beseitigen, ist das Familiengericht gem. § 8 a Abs. 2 S. 1 HS. 1 SGB VIII anzurufen.
e) Eine Rechtsgrundlage für den Hausbesuch des Jugendamts bei den *Pflegeeltern* bietet § 37 b Abs. 3 S. 1 SGB VIII: Danach *soll* das Jugendamt den Erfordernissen des Einzelfalls entsprechend an *Ort und Stelle* überprüfen, ob die Pflegeperson eine dem Wohl des Kindes oder des Jugendlichen *förderliche* Erziehung leistet. Verweigert die Pflegeperson insoweit ihre Zusammenarbeit, bestehen Zweifel an ihrer Eignung. Eine explizite Rechtsgrundlage für den Hausbesuch bei *Eltern* fehlt; im Rahmen der vorgeschriebenen Elternarbeit sind (i.d.R. angekündigte) Hausbesuche aber zu empfehlen.
f) Hilfe zur Erziehung nach § 27 SGB VIII i.V.m. § 33 SGB VIII ist nur geeignet, wenn die Pflegeeltern geeignet sind. Um geeignet zu sein, müssen Pflegeeltern die Fähigkeit besitzen, ihr Pflegekind so zu erziehen, dass die Möglichkeit der Mängelbeseitigung besteht. Pflegeeltern müssen fähig sein, auch schwierigen und vernachlässigten Kindern gerecht zu werden, ohne dass formale Anforderungen in Bezug auf Ausbildung etc. gestellt werden können. Jugendämter verlangen jedoch meistens den Besuch entsprechender Pflegeelternkurse vor der Vermittlung eines Pflegekindes.
g) Ein »wichtiges Ereignis«, über welches das Jugendamt informiert werden muss,
 – liegt vor, da Schulangelegenheiten von diesem Gewicht auch dem Personensorgeberechtigten mitzuteilen sind, damit dieser ggf. Entscheidungen über Abgang von der Schule, Wiederholen einer Klasse etc. treffen kann;
 – liegt nicht vor. Die Heilbehandlung ist hier eine Angelegenheit des täglichen Lebens, über welche die Pflegeperson eigenverantwortlich entscheidet;
 – liegt bei einem Unfall mit nachfolgendem Krankenhausaufenthalt stets vor.

4.

Entscheidungs- und Vertretungsbefugnis in Angelegenheiten des täglichen Lebens und weitere Rechte

a) Lebt ein Kind *für längere Zeit* in Familienpflege, so ist die Pflegeperson berechtigt, den Inhaber der elterlichen Sorge in *Angelegenheiten des täglichen Lebens* zu vertreten. Sie ist befugt, den Arbeitsverdienst des Kindes zu verwalten und Unterhaltsansprüche sowie Versicherungs- und Versorgungsansprüche sowie Ansprüche auf Sozialleistungen geltend zu machen, § 1688 Abs. 1 S. 1, 2 BGB. Der Begriff »Kind« im BGB bezieht auch Jugendliche mit ein, denn im BGB bezieht sich der Begriff Kind nicht auf ein bestimmtes Lebensalter, sondern eine lebenslange familienrechtliche Beziehung.

b) Bei der Anlage eines Sparbuchs handelt es sich um eine relativ unbedeutende Maßnahme der *Vermögenssorge* mit »pädagogischem Inhalt«, um die Befähigung zum sinnvollen Umgang mit Geld zu stärken; die Pflegeperson darf unterschreiben, § 1688 Abs. 1 S. 1 BGB. Im Zweifelsfall sollte die Zustimmung des Sorgeberechtigten eingeholt werden. Im Rahmen ihrer Befugnis, den Arbeitsverdienst zu verwalten, darf die Pflegeperson im Namen des Pflegekindes auch ein Girokonto anlegen, § 1688 Abs. 1 S. 2 BGB.

c) Die Frage ist zu bejahen, da die Pflegeperson nicht das Kind selbst, sondern den Sorgeberechtigten bei der Ausübung der elterlichen Sorge vertritt (hier bei relativ unbedeutenden Rechtshandlungen im Bereich der Vermögenssorge oder bei der Verwaltung des Arbeitsverdienstes). Eine umfassende Vermögensverwaltung ist dagegen nicht Aufgabe der Pflegeperson.

d) Im Rahmen ihrer gesetzlichen Befugnis, den Arbeitsverdienst des minderjährigen Pflegekindes zu verwalten, haben die *Pflegeeltern* einen Anspruch auf Information über die Höhe der Ausbildungsvergütung. Das *Jugendamt* hat gegenüber den Eltern und gegenüber den Pflegeeltern gem. § 97 a Abs. 1 SGB VIII ebenfalls einen Auskunftsanspruch über die aktuelle Höhe des Einkommens des Kindes, da die Ausbildungsvergütung dem Pflegekind nicht ungeschmälert zur Verfügung steht, sondern soweit dies gem. §§ 91 ff. SGB VIII zumutbar ist, zur Deckung der Unterbringungskosten herangezogen wird.

e) Das ist unzulässig, da eine Operation keine Angelegenheit des täglichen Lebens darstellt. Bei Gefahr im Verzug darf die Pflegeperson jedoch anstelle der Eltern einer »Notoperation« zustimmen; in diesem Fall sind die Eltern/Sorgeberechtigten unverzüglich zu unterrichten, § 1688 Abs. 1 S. 3 i.V. § 1629 Abs. 1 S. 4 BGB. Auch das Jugendamt ist über dieses »wichtige Ereignis« gem. § 37 b Abs. 3 S. 2 SGB VIII zu informieren.

f) Gem. § 1688 Abs. 2 BGB ist die Person in einer Einrichtung gem. § 34 SGB VIII, welche im Rahmen der Hilfe zur Erziehung *die Erziehung und Betreuung eines Kindes übernommen hat*, der Pflegeperson bei der Vertretung des Personensorgeberechtigten gleichgestellt. Entscheidend ist die *faktische* Aufgabenerfüllung über einen längeren Zeitraum kraft Auftrags. Die Bezugsperson im Heim, die das Kind kennt, soll die Entscheidungen treffen. Es kommt auf die Umstände des Einzelfalls an, wer diese Person ist.

g) Der Studierende im Praxissemester darf die Unterschrift in diesem Fall nicht leisten.

h) Zur Aufgabenerfüllung des zuständigen Erziehers im Heim gehört nach dem Gesetz auch die Wahrnehmung dieser besonders verantwortlichen Rechtshandlungen. Um Schadensersatzansprüche wegen fehlerhafter oder verspätet abgegebener Willenserklärungen in diesem Zusammenhang zu vermeiden, empfiehlt es sich, vorab diese Bereiche auszuklammern. Das kann durch Erklärung des Personensorgeberechtigten geschehen, § 1688 Abs. 3 S. 1 BGB.

i) Hier hat das Familiengericht eine sogenannte »*Verbleibensanordnung*« gem. § 1632 Abs. 4 BGB ausgesprochen, die im Verhältnis zu einem Eingriff in die elterliche Sorge nach §§ 1666, 1666 a BGB das mildere Mittel darstellt. Daneben ist eine Entziehung des Sorgerechts nicht erforderlich. Die Position der Pflegeeltern wird dadurch gestärkt, sie werden in die Lage versetzt, das Kind umfassend zu erziehen. Sollten im Rahmen des Umgangs zwischen Eltern und Kind Konflikte entstehen, könnte das Familiengericht über die Verbleibensanordnung hinaus das Recht der Eltern auf Umgang beschneiden, etwa den Eltern Umgangskontakte ganz oder teilweise untersagen oder einen begleitenden Umgang anordnen, § 1684 Abs. 3, Abs. 4 BGB.

5.
§ 1688 BGB – § 1630 Abs. 3 BGB

Während § 1688 BGB die kraft Gesetzes eintretende Befugnis der Pflegeperson/des Heimerziehers regelt, in Alltagsangelegenheiten den Inhaber der elterlichen Sorge zu vertreten, geht es in § 1630 Abs. 3 BGB um sorgerechtliche Befugnis einer Pflegeperson (nicht des Heimerziehers) *kraft einer familiengerichtlichen Übertragung (von Teilen) der elterlichen Sorge.* Die *Pflegeperson* wird gem. § 1630 Abs. 3 BGB für bestimmte Angelegenheiten gesetzlicher Vertreter des Kindes (*Pfleger*). Die Eltern besitzen in diesen Angelegenheiten keine Vertretungsbefugnis mehr. Hingegen entspricht die Regelung in § 1688 BGB eher dem Erteilen einer Vollmacht durch die Eltern an die Pflegeeltern oder Heimerzieher. Entsprechend können sorgeberechtigte Eltern die Befugnis, die die Pflegeperson kraft Gesetzes nach § 1688 BGB besitzt, jederzeit einschränken oder widerrufen. Auch die Pflegeperson selbst kann durch eindeutige Erklärung davon Abstand nehmen, das Kind beispielsweise in Renten- oder Versicherungsangelegenheiten zu vertreten. Die Pflegeperson ist zur Vertretung gem. § 1688 BGB nur *berechtigt,* nicht *verpflichtet.*

6.
Vermittlung bei der Ausübung der Personensorge

Schränkt der Personensorgeberechtigte durch Erklärung die Vertretungsbefugnis der Pflegeperson gem. § 1688 BGB soweit ein, dass eine dem Wohl des Kindes oder des Jugendlichen förderliche Erziehung nicht mehr möglich ist, so sollen die Beteiligten das Jugendamt einschalten (§ 37 Abs. 3 S. 1 SGB VIII). Das Jugendamt wird daraufhin zwischen den Beteiligten vermitteln.

7.
Fall:

1. Der Abschluss eines Lehrvertrags ist keine Angelegenheit des täglichen Lebens gem. § 1688 BGB. Ohne Zustimmung der Eltern darf ein Lehrvertrag in Angelikas Namen nicht abgeschlossen werden, da die Jugendliche beschränkt geschäftsfähig ist, §§ 106, 107 BGB. Die Eltern haben bei ihrer Entscheidung auf Eignung und Neigung ihrer Tochter Rücksicht zu nehmen, § 1631a BGB. In Fällen klarer Ermessensüberschreitung durch Eltern bei der Verweigerung ihrer Einwilligung zu einer von der Minderjährigen gewünschten Berufsausbildung ist evtl. das Familiengericht gem. § 1666 BGB einzuschalten.
2. Die Eltern sind einzuschalten. Diese bedürfen bei der Ausschlagung einer Erbschaft gem. § 1643 Abs. 2 S. 1 BGB der Genehmigung des Familiengerichts. Wegen der Eilbedürftigkeit nach Verkündigung der letztwilligen Verfügung (Fristablauf droht gem. § 1944 Abs. 1, Abs. 2 BGB) sollte das Familiengericht notfalls von den Pflegeeltern angerufen werden.

Kepert

3. In Angelegenheiten der Schulausbildung, die wie hier nicht den »normalen Ablauf des Schullebens« betreffen, ist eine Entscheidung der Eltern einzuholen. Siehe auch oben Nr. 1 zum »*Interessenberücksichtigungsgebot*« der Eltern in § 1631 a S. 1 BGB, das sich auf Angelegenheiten der Ausbildung und des Berufes bezieht.
4. Die Eltern sind einzuschalten. Diese bedürfen der Genehmigung des Familiengerichts gem. § 1643 Abs. 1 BGB i.V.m. § 1822 Nr. 5 BGB entsprechend, wenn Angelika durch den Vertrag zu wiederkehrenden Leistungen verpflichtet wird und das Vertragsverhältnis länger als ein Jahr nach dem Eintritt ihrer Volljährigkeit hinaus fortdauern soll. Endet das Vertragsverhältnis somit vor Vollendung des 19. Lebensjahres, kann der Vertrag mit der Bank mit Zustimmung der Eltern ohne Genehmigung des Familiengerichts geschlossen werden. Der Zustimmung der Eltern bedarf es in diesem Falle dann nicht, wenn es um die Anlage/Verwaltung der Ausbildungsvergütung geht, § 1688 Abs. 1 S. 2 BGB.

8.

Pflegeerlaubnis

a) *Pflegeerlaubnis erforderlich?* Die Pflegeperson, also nach der Legaldefinition des § 44 SGB VIII die Person, welche ein Kind oder einen Jugendlichen außerhalb des Elternhauses in ihrer Familie regelmäßig betreuen oder ihm Unterkunft gewähren will, braucht eine Pflegeerlaubnis.
b) *Pflegeerlaubnis nicht erforderlich?* Eine Pflegeerlaubnis ist jedoch in zahlreichen, im Gesetz im Einzelnen aufgeführten Fällen nicht erforderlich, s. § 44 Abs. 1 S. 2 Nr. 1 bis 6 SGB VIII.
c) *Wie viele Pflegekinder sind „erlaubnisfrei"?* Auch wer nur ein Kind oder einen Jugendlichen in Pflege aufnimmt, bedarf einer Erlaubnis.
d) *Pflegeerlaubnis bei Vollzeitpflege ohne Vermittlung?* Auch die Pflegeperson, die zunächst ohne Vermittlung des Jugendamts ein Kind oder einen Jugendlichen in Vollzeitpflege aufnimmt, benötigt gem. § 44 Abs. 1 S. 2 Nr. 1 SGB VIII keine Pflegeerlaubnis, denn die Fortsetzung des Pflegeverhältnisses als Hilfe zur Erziehung setzt eine Prüfung der Geeignetheit der Pflegeperson durch das Jugendamt voraus.
e) *Einschreiten des Jugendamts?* Wenn das Wohl des Kindes oder des Jugendlichen in der Pflegestelle *nicht gewährleistet* ist, ist die Pflegeerlaubnis zu *versagen*, § 44 Abs. 2 SGB VIII. Ist die Pflegeerlaubnis bereits erteilt, soll das Jugendamt den Erfordernissen des Einzelfalls entsprechend an Ort und Stelle überprüfen, ob die Voraussetzungen für die Erteilung der Erlaubnis weiterbestehen, § 44 Abs. 3 S. 1 SGB VIII. Stellt sich heraus, dass das Wohl des Kindes in der Pflegestelle gefährdet ist, und ist die Pflegeperson nicht bereit oder in der Lage, die Gefährdung abzuwenden, so ist die Erlaubnis *zurückzunehmen* oder zu *widerrufen*, § 44 Abs. 3 S. 2 SGB VIII. Zusammen mit den Personensorgeberechtigten, die das Aufenthaltsbestimmungsrecht zum Wohl des Kindes auszuüben haben, ist das weitere Vorgehen zu planen. Gegebenenfalls ist der Sorgeberechtigte aufzufordern, eine Herausgabe seines Kindes durch die Pflegeeltern zu fordern. Kommt diese Vorgehensweise nicht in Betracht – etwa wegen der Eilbedürftigkeit einer Veränderung des Aufenthaltsorts –, kann das Kind von den Fachkräften des Jugendamts im Rahmen einer Inobhutnahme nach § 42 Abs. 1 S. 1 Nr. 2 b) SGB VIII sofort aus der Pflegefamilie herausgenommen und in einer anderen Familie oder geeigneten Wohnform untergebracht werden.

Kepert

f) *Einschreiten des Jugendamts, wenn das Pflegekind noch nicht gefährdet ist?*
Auch wenn das Pflegekind noch nicht gefährdet ist, sondern lediglich das Wohl des Kindes oder des Jugendlichen in der Pflegestelle nicht gewährleistet ist, muss das Jugendamt einschreiten und die Voraussetzungen für die Erteilung bzw. den Widerruf oder die Rücknahme einer Pflegeerlaubnis prüfen – bzw. die HzE in dieser Pflegefamilie beenden. Ist das Kind allerdings mit Willen seiner sorgeberechtigten Eltern außerhalb einer Hilfe zur Erziehung bei nahen Verwandten z.B. Großeltern untergebracht, besteht keine Möglichkeit zum Einschreiten, da eine Pflegeerlaubnis hier gem. § 44 Abs. 1 S. 2 Nr. 3 SGB VIII nicht erforderlich ist. Bei Erreichen der Schwelle der Kindeswohlgefährdung muss allerdings gehandelt werden, s. § 8 a SGB VIII.
g) Petra bedarf einer Pflegeerlaubnis, da sie im 5. Grad Seitenlinie mit Carl verwandt ist, § 44 Abs. 1 S. 2 Nr. 3 SGB VIII, § 1589 BGB.

9.

Heimaufsicht

a) Bereits vor der Aufnahme von Kindern und Jugendlichen in eine Einrichtung oder sonstigen betreuten Wohnform soll die Eignung für die Betreuung von Kindern und Jugendlichen geprüft und die Einhaltung von Mindeststandards sichergestellt werden. Mögliche Gefahren für das Wohl der betreuten Kinder und Jugendlichen soll nicht erst durch repressive Maßnahmen (wie z.B. die Betriebsschließung) begegnet werden. Die Erlaubnis ist nach § 45 Abs. 2 S. 1 SGB VIII zu erteilen, wenn das Wohl der Kinder und Jugendlichen in der Einrichtung gewährleistet ist. Dies ist in der Regel nach § 45 Abs. 2 S. 2 SGB VIII anzunehmen, wenn der Träger die erforderliche Zuverlässigkeit besitzt, die dem Zweck und der Konzeption der Einrichtung entsprechenden räumlichen, fachlichen, wirtschaftlichen und personellen Voraussetzungen für den Betrieb erfüllt sind, die gesellschaftliche und sprachliche Integration in der Einrichtung unterstützt wird sowie die gesundheitliche Vorsorge und die medizinische Betreuung der Kinder und Jugendlichen nicht erschwert werden sowie ein Gewaltschutzkonzept existiert, geeignete Verfahren der Selbstvertretung bestehen und zur Sicherung der Rechte der Kinder und Jugendlichen in der Einrichtung geeignete Verfahren der Beteiligung sowie die Möglichkeit der internen und externen Beschwerde in persönlichen Angelegenheiten Anwendung finden. Zur Prüfung der Voraussetzungen hat der Träger der Einrichtung nach § 45 Abs. 3 Nr. 1 SGB VIII mit dem Antrag die Konzeption der Einrichtung vorzulegen sowie im Hinblick auf die Eignung des Personals nachzuweisen, dass die Vorlage und Prüfung von aufgabenspezifischen Ausbildungsnachweisen sowie von Führungszeugnissen sichergestellt sind.
b) Die örtliche Prüfung der Einrichtung findet an Ort und Stelle und nach Aktenlage gem. § 46 Abs. 1 S. 1 SGB VIII statt. Zuständige Behörde ist gem. §§ 85 Abs. 2 Nr. 6, 87 a Abs. 2 SGB VIII der überörtliche Träger der öffentlichen Jugendhilfe, in dessen Bereich die Einrichtung oder die sonstige Wohnform gelegen ist. Der örtliche Träger der öffentlichen Jugendhilfe soll beteiligt werden. Ferner soll ein zentraler Träger der freien Jugendhilfe dann beteiligt werden, wenn diesem der Träger der Einrichtung angehört, § 46 Abs. 1 S. 3 SGB VIII.
c) Die in § 47 Abs. 1 SGB VIII geregelten Meldepflichten betreffen die Einrichtung selbst (z.B. deren Betriebsaufnahme), den Leiter und die Betreuungskräfte. Da-

neben gibt es aber auch »kindbezogene Meldepflichten«, um die individuelle Aufsicht wahrnehmen zu können.
d) Bei fehlender Eignung des Leiters oder anderer Fachkräfte der Einrichtung kann die weitere Beschäftigung dieser Person dem Träger der Einrichtung untersagt werden, § 48 SGB VIII.
e) Landesrecht kann ergänzende Regelungen normieren, § 49 SGB VIII (zu Beispielen s. Kepert/Dexheimer in LPK-SGB VIII § 49 Rn. 5 ff.).

10.
Verstöße gegen die Erlaubnispflicht

Hält sich das Pflegekind ohne die erforderliche Erlaubnis bei der Pflegeperson auf, so begeht die Pflegeperson eine *Ordnungswidrigkeit* gem. § 104 Abs. 1 Nr. 1 SGB VIII, die gem. § 104 Abs. 2 SGB VIII mit einem *Bußgeld* geahndet werden *kann*. Auch der Betreiber eines Heims oder einer betreuten Wohnform, der die erforderliche Betriebserlaubnis nicht aufweist, kann mittels Bußgelds gem. § 104 Abs. 1 Nr. 2, Abs. 2 SGB VIII zur Einhaltung der Ordnungsvorschriften angehalten werden. Wird durch das Handeln der Pflegeperson oder des Betreibers des Heims das Pflege- oder Heimkind in seiner Entwicklung leichtfertig schwer gefährdet, so kann gem. § 105 Nr. 1 SGB VIII ein *Strafverfahren* eingeleitet werden, ebenso im Falle »beharrlicher Wiederholung« gem. § 105 Nr. 2 SGB VIII dann, wenn vorsätzlich ein Pflegekind oder Heimkind ohne Erlaubnis betreut wird. In diesen Fällen droht Freiheitsstrafe bis zu einem Jahr oder Geldstrafe.

ÜBUNGSBLATT 7
Weitere Hilfen zur Erziehung (Teil 3)

Literaturhinweise: Hoffmann, Strafrechtliche Verantwortung von Amtsvormündern bzw. -pflegern wegen Unterlassens, ZKJ 2007, 391 ff.
Kepert/Kunkel, Handbuch Kinder- und Jugendhilferecht, Kap. 4.4 und 4.8
Kunkel, Jugendhilferecht, Kap. 3.1.4
Münder/Wiesner/Meysen, Handbuch, Kap. 3.5; 3.8; 3.13

1.

Welche weiteren *Hilfen zur Erziehung* sieht das Gesetz neben der Vollzeitpflege und der Heimerziehung vor, und wo sind diese geregelt?

2.

Erziehungsberatung

Das Jugendamt gewährt Frau Schneider Hilfe zur Erziehung gem. § 27 SGB VIII i.V.m. § 28 SGB VIII. Frau Schneider soll sich zusammen mit ihrem 16jährigen Sohn Joachim längerfristig bei der Erziehungsberatungsstelle A in freier Trägerschaft beraten lassen. Die Erziehungsberatungsstelle A schickt Mutter und Sohn mit der Begründung weg, sie seien nicht freiwillig gekommen, eine »Zwangsberatung« sei nicht erfolgversprechend.

Daraufhin gehen Mutter und Sohn zu einer anderen Erziehungsberatungsstelle B und lassen sich beraten. Das Jugendamt wird erst nach Ende der Beratung informiert und lehnt die Fortführung der Hilfe ab. Die Inanspruchnahme der Beratung sei ohne Einschaltung des Jugendamts lediglich aufgrund eines privatrechtlichen Vertrages mit den Hilfeempfängern erfolgt.

1. Welche Voraussetzungen müssen grundsätzlich erfüllt sein, damit die Beratung als *Hilfe zur Erziehung gem. § 27 SGB VIII i.V.m. § 28 SGB VIII* gewährt werden kann?
2. Wie verträgt sich die gesetzliche Regelung im SGB VIII mit den aus fachlicher Sicht angestrebten *niedrigschwelligen Beratungsangeboten,* bei denen die Klienten direkt ohne Umweg über das Jugendamt Beratungsleistungen des Trägers der freien Jugendhilfe in Anspruch nehmen?
3. Wer außer einem Träger der freien Jugendhilfe kann die Leistung erbringen?
4. Müssen die Hilfeempfänger einen finanziellen Beitrag zu den Beratungskosten leisten?
5. Durfte die Beratungsstelle A Mutter und Sohn zurückweisen?
6. Darf das Jugendamt die Fortführung der Hilfe durch die Erziehungsberatungsstelle B ablehnen?

3.

Soziale Gruppenarbeit, sozialer Trainingskurs
a) Wer führt Maßnahmen der sozialen Gruppenarbeit gem. § 27 SGB VIII i.V.m. § 29 SGB VIII durch? Kann ein gemeinnütziger Verein mit der Durchführung der Maßnahme betraut werden?

Kepert

b) Hintergrund der Teilnahme an einem sozialen Trainingskurs kann auch eine *Weisung* gem. § 10 Abs. 1 Nr. 6 JGG durch den Jugendrichter sein. Kann ein Jugendrichter mit der Weisung den Träger der öffentlichen Jugendhilfe oder einen Träger der freien Jugendhilfe verpflichten, entsprechende Dienste zur Verfügung zu stellen und die Kosten hierfür zu übernehmen?

4.
Erziehungsbeistandschaft und Betreuungsweisung

Welche Unterschiede bestehen zwischen einer *Erziehungsbeistandschaft als Maßnahme der Jugendhilfe* gem. § 27 SGB VIII i.V.m. § 30 SGB VIII und einer *Erziehungsbeistandschaft* gem. § 12 JGG, die von einem *Jugendrichter* anlässlich einer Straftat angeordnet wird. Grenzen Sie beide von einer *Betreuungsweisung* ab, § 10 Abs. 1 S. 2 Nr. 5 JGG.

a) Für welchen Personenkreis kommt die Maßnahme *Erziehungsbeistandschaft* als Hilfe zur Erziehung nach SGB VIII in Betracht? Wann ist die *Betreuungsweisung* angezeigt?

b) Wie ist das Zusammenwirken zwischen Jugendgericht und Jugendamt bei der *Anordnung der Erziehungsbeistandschaft durch den Jugendrichter* geregelt?

c) Unter welchen Voraussetzungen kann der Jugendrichter die Maßnahme *Erziehungsbeistandschaft* für einen 15jährigen Jugendlichen bis zur Volljährigkeit in einer Weise anordnen, die die tatsächliche Durchführung auch sicherstellt? Bedarf es hier der Mitwirkung der Personensorgeberechtigten für die Durchführung der Maßnahme gem. § 27 SGB VIII? Wer finanziert die Maßnahme – die Landesjustizkasse oder der Träger der öffentlichen Jugendhilfe?

d) Haben die Eltern und/oder der Jugendliche sich an den Kosten einer *Erziehungsbeistandschaft* zu beteiligen?

5.
Sozialpädagogische Familienhilfe

a) Was ist unter *sozialpädagogischer Familienhilfe* gem. § 27 SGB VIII i.V.m. § 31 SGB VIII zu verstehen?

b) Inwiefern stellt diese ambulante Maßnahme eine »öffentliche Hilfe« gem. § 1666a Abs. 1 BGB dar, die geeignet ist, eine Trennung des Kindes von der Familie zu vermeiden?

c) Haben Eltern und/oder Kinder sich an den Kosten dieser Hilfe zur Erziehung zu beteiligen?

d) Kann ein Sozialarbeiter, der im Rahmen einer SpFH eine Familie begleitet, strafrechtlich wegen fahrlässiger Tötung durch Unterlassen, §§ 13, 222 StGB, zur Verantwortung gezogen werden, wenn er nichts unternimmt, obwohl ein Kleinkind in einer von ihm seit längerer Zeit betreuten Familie infolge von Vernachlässigung verhungert?

Hinweis: Auch die fallverantwortliche Fachkraft im Jugendamt, die Kenntnis von Versäumnissen der leistungserbringenden Fachkraft hatte und nichts zur Gefahrabwendung unternommen hat, kann strafrechtlich zur Verantwortung gezogen werden. Erstmals befassten sich die Strafgerichte mit der strafrechtlichen Verantwortung von Fachkräften des Jugendamtes im »Osnabrücker Fall«. Durch unzureichende Information der Familienhelferin durch die fallzuständige Fachkraft des Allgemeinen Sozialen Diensts hatte die Familienhelferin Anzeichen für eine Kindeswohlgefährdung nicht wahrgenommen. Das Kind war an Unterernährung verstorben (OLG Oldenburg, ZfJ 1997, 56). Die »Garantenstellung« der fallverantwortlichen Fachkräfte mit der Pflicht, einzugreifen und durch ihr Handeln die Tötung/Körperverletzung des Kindes zu verhindern, wurde mit der gesetzlichen Regelung in § 1 Abs. 3 Nr. 2 SGB VIII begründet (Jugendhilfe *soll* Kinder und Jugendliche vor Gefahren für ihr Wohl schützen) und mit der Pflicht des Jugendamts, das Familiengericht im Notfall gem. § 50 Abs. 3 SGB VIII aF anzurufen (s.a. *Mörsberger, Restemeyer* (Hrsg.), Helfen mit Risiko, 1997, und *Bringewat*, Tod eines Kindes, 1997).

In späteren Verfahren wurde die Garantenstellung der Fachkraft anders begründet (OLG Stuttgart, ZfJ 1998, 382): Das OLG Stuttgart bejahte eine »Garantenpflicht« der fallverantwortlichen Fachkraft. Die Fachkraft habe kraft Fallübernahme strafrechtlich dafür einzustehen, dass die von ihr betreuten Kinder und Jugendlichen nicht durch vorhersehbare vorsätzliche Misshandlungen durch die Erziehungsberechtigten oder durch einen von ihnen beauftragten ungeeigneten Dritten körperlich verletzt werden oder gar zu Tode kommen (*»Beschützergarantenpflicht des Betreuers aus einer tatsächlichen Schutzübernahme«*).

Nunmehr ist die Garantenpflicht des zuständigen Mitarbeiters des Jugendamtes mit § 8 a SGB VIII gesetzlich normiert.

6.
Erziehung in einer Tagesgruppe

6.1

Die 10jährige Lena besucht eine *Tagesgruppe* in einem Heim *(Hilfe zur Erziehung gem. § 27 SGB VIII i.V.m. § 32 SGB VIII)*. Sie erhält dort ein Mittagessen.
a) Handelt es sich hier um eine ambulante oder um eine stationäre Maßnahme der Hilfe zur Erziehung und für welche Kinder/Jugendliche ist sie geeignet?
b) Müssen die Eltern das Essen bezahlen?

Hinweis: Überprüfen Sie, welche *materiellen* Leistungen gem. § 39 SGB VIII als *Annexanspruch* in bestimmten Fällen zur *pädagogischen* Hilfe gehören und vom Träger der öffentlichen Jugendhilfe bzw. dem in seinem Auftrag handelnden Träger der freien Jugendhilfe zu erbringen sind.

c) Können die Eltern und das Kind vom Träger der öffentlichen Jugendhilfe zu den Kosten der Jugendhilfemaßnahme entsprechend ihrem Einkommen und Vermögen herangezogen werden?

6.2

Die Verwaltungsangestellte im gehobenen Dienst Luisa ist alleinerziehende Mutter dreier Kinder im Alter von drei, sieben und neun Jahren. Die Bewältigung ihres Berufsalltags macht ihr bei ihrer Vollzeitstelle keine Schwierigkeiten. Mit den Anforderungen im privaten Bereich kommt sie dagegen nicht zurecht: Die Erziehung und Betreuung der Kinder überfordert sie, die notwendige schulische Förderung der beiden älteren Kinder kann von ihr nicht geleistet werden. Die Organisation des Haushalts verläuft chaotisch; auch Wohnungssäuberung, Müllbeseitigung etc. können nicht geplant und regelmäßig erledigt werden.

Der geschiedene Ehemann besucht Luisa öfter und es kommt gelegentlich zwischen beiden zu gewalttätigen Auseinandersetzungen. Nach Überprüfung des Sachverhalts gewährt das zuständige Jugendamt eine Hilfe mit folgendem Inhalt: Auf Vermittlung des Jugendamts werden die Kinder nun während der berufsbedingten Abwesenheit der Mutter von montags bis freitags jeweils von 8–18 Uhr gemeinsam bei einer Tagesmutter untergebracht. Neben der Erziehung der Kinder, welche die schulische Betreuung der beiden Älteren umfasst, übernimmt die Tagesmutter die Beratung der Mutter in Fragen der Erziehung und Betreuung der Kinder und in Bezug auf die Haushaltsführung. Die Tagesmutter besitzt eine Ausbildung als Erzieherin und Hauswirtschafterin.

Handelt es sich bei dieser Hilfe um eine »Hilfe zur Erziehung«, und wo ist diese geregelt?

7.
Intensive sozialpädagogische Einzelbetreuung
a) Für welche Jugendlichen ist die Maßnahme gem. § 27 SGB VIII i.V.m. § 35 SGB VIII geeignet, und in welcher Form wird »intensive sozialpädagogische Einzelbetreuung« durchgeführt?
b) Kann die Maßnahme sowohl in ambulanter als auch in stationärer Form durchgeführt werden?

8.
»Kombinierte Hilfen«

Ist die bedarfsgerechte Kombination verschiedener Hilfen im Einzelfall zulässig? Ist beispielsweise vorstellbar, dass Maßnahmen gem. §§ 27, 31 SGB VIII (sozialpädagogische Familienhilfe) mit Maßnahmen nach §§ 27, 32 SGB VIII (Erziehung in einer Tagesgruppe) miteinander kombiniert werden und dass eventuell als dritte Maßnahme noch eine längerfristige Erziehungsberatung gem. § 28 SGB VIII in Anspruch zu nehmen ist? Wo werden diese Hilfen gegebenenfalls nach einer Bestandsaufnahme und Analyse des Hilfebedarfs verankert und wie wird ihre Überprüfung sichergestellt?

Lösungen zu Übungsblatt 7
Weitere Hilfen zur Erziehung (Teil 3)

1.

Die folgenden weiteren Hilfen zur Erziehung sind außer der Vollzeitpflege (§§ 27, 33 SGB VIII) und der Heimerziehung (§§ 27, 34 SGB VIII) im Einzelnen aufgeführt
- Erziehungsberatung (§§ 27, 28 SGB VIII)
- Soziale Gruppenarbeit (§§ 27, 29 SGB VIII)

- Erziehungsbeistand, Betreuungshelfer (§§ 27, 30 SGB VIII)
- Sozialpädagogische Familienhilfe (§§ 27, 31 SGB VIII)
- Erziehung in einer Tagesgruppe (§§ 27, 32 SGB VIII)
- Intensive sozialpädagogische Einzelbetreuung (§ 35 SGB VIII)

2.

Erziehungsberatung

1. Die Voraussetzungen für eine Hilfe zur Erziehung nach der Grundnorm, § 27 SGB VIII, müssen erfüllt sein: a) Ein Personensorgeberechtigter muss die Hilfe für sein Kind/Jugendlichen (formlos) beantragen; b) Erziehungsdefizit: § 28 SGB VIII nennt „individuelle und familienbezogene Probleme"; c) die Hilfe zur Erziehung ist geeignet und d) notwendig. Bei der Hilfe gem. § 28 SGB VIII kann die Abgrenzung zu anderen Beratungsleistungen (insbesondere zur Beratung gem. §§ 17, 18 SGB VIII) im Einzelfall schwierig sein. Grundsätzlich ist zu fordern, dass die gesetzlichen Leistungsvoraussetzungen geprüft und eingehalten werden und dass das Verfahren gem. §§ 8 ff. SGB X eingehalten wird.
2. Zu den Grundprinzipien der Erziehungsberatung gehört der unmittelbare Zugang ohne Kostenbelastung des Leistungsberechtigten. Gesetzlich verankert ist die Möglichkeit zur unmittelbaren Inspruchnahme in § 36 a Abs. 2 S. 1 SGB VIII: Bei einer Erziehungsberatung ist der Träger der öffentlichen Jugendhilfe auch zur Kostentragung verpflichtet, wenn die Leistung nicht auf Grundlage seiner Entscheidung erbracht wird. Nimmt der Leistungsberechtigte den Träger der freien Jugendhilfe in Anspruch, ist der Träger der öffentlichen Jugendhilfe grundsätzlich zur Übernahme der Kosten des Trägers der freien Jugendhilfe verpflichtet, sofern die Leistungsvoraussetzungen gem. § 27 SGB VIII vorliegen.
3. Neben Trägern der freien kann auch der Träger der öffentlichen Jugendhilfe (Jugendamt) die Leistung erbringen (hierzu genauer Frage 3 a).
4. Diese ambulante Hilfe ist für die Eltern sowie die betroffenen Kinder und Jugendlichen kostenfrei zu erbringen, da keine gesetzliche Grundlage für eine Kostenbeteiligung vorhanden ist, s. §§ 90, 91 SGB VIII. Nach der Lehre vom Gesetzesvorbehalt kann ohne Rechtsgrundlage kein Verwaltungsakt, der mit einem Eingriff (Auferlegung einer Zahlungspflicht) verbunden ist erlassen werden. Durch die Kostenfreiheit wird der niederschwellige Charakter der Hilfe unterstrichen.
5. Die Beratungsstelle des Trägers der freien Jugendhilfe wird nicht im Auftrag des Jugendamtes tätig. Grundsätzlich entscheidet die Beratungsstelle autonom in welchem Umfang gegenüber wem sie tätig wird. Daher kann auch gegenüber Einzelpersonen eine Beratung verweigert werden. Etwas anderes kann gelten, wenn eine Vereinbarung nach § 77 SGB VIII mit dem Jugendamt vorsieht, dass alle Personen, die eine Beratung in Anspruch nehmen möchten zu beraten sind. Im Rahmen der Vertragsfreiheit können die Vertragsparteien eine solche Verpflichtung vertraglich vereinbaren, §§ 53 ff. SGB X.

   Ergebnis: Die Beratungsstelle A durfte grundsätzlich die Klienten zurückweisen. Anders ist dies zu beurteilen, wenn sich die Beratungsstelle gegenüber dem Jugendamt zur Beratung verpflichtet hatte.
6. Die Hilfe wurde ursprünglich durch Verwaltungsakt vom Jugendamt gewährt. Bei der Durchführung der Hilfe beabsichtigte das Jugendamt, die Erziehungsberatungsstelle A einzuschalten. Es ist davon auszugehen, dass dies bei der längerfristigen Hilfe gem. § 36 Abs. 2 S. 2 SGB VIII auch im *Hilfeplan* festgelegt wurde.

Nach Ablehnung der Leistung durch die Beratungsstelle A wandte sich Familie Schneider ohne Rücksprache mit dem Jugendamt an Beratungsstelle B. Es liegt somit eine Selbstbeschaffung der konkreten Leistung durch Familie Schneider vor. An sich gilt der Grundsatz „keine Kostentragung bei Selbstbeschaffung" (s. § 36 a Abs. 1 SGB VIII). Abweichend von diesem allgemeinen Grundsatz soll der Träger der öffentlichen Jugendhilfe die niedrigschwellige unmittelbare Inanspruchnahme von ambulanten Hilfen, insbesondere von Erziehungsberatung zulassen. Hierzu soll er mit den Leistungserbringern Vereinbarungen schließen, in denen die Voraussetzungen und die Ausgestaltung der Leistungserbringung sowie die Übernahme der Kosten geregelt werden (s. § 36 a Abs. 2 SGB VIII). Daher war es Familie Schneider unter Berücksichtigung ihres Wunsch- und Wahlrechts freizustellen, welche Beratungsstelle sie letztlich in Anspruch nehmen wollte, sofern die *Finanzierung* der Maßnahme durch vorherige Vereinbarung der Beratungsstelle mit dem Jugendamt gesichert war.

Ergebnis: Familie Schneider darf die Beratungsstelle wechseln und einen anderen Träger der freien Jugendhilfe vor Ort in Anspruch nehmen. Die Beratungskosten werden durch das Jugendamt getragen.

3.

Soziale Gruppenarbeit, sozialer Trainingskurs

a) *Leistungserbringung durch Träger der freien oder öffentlichen Jugendhilfe:* Soziale Gruppenarbeit wird hauptsächlich in Form von Erziehungs- oder sozialen Trainingskursen durchgeführt. Auch hier gilt, dass die Voraussetzungen für Hilfe zur Erziehung gem. § 27 SGB VIII vorliegen müssen. Es gibt keine einschränkenden Bestimmungen darüber, *wer* diese in der Regel ambulante Hilfeform erbringen darf. Grundsätzlich werden Leistung der Kinder- und Jugendhilfe von Trägern der freien Jugendhilfe und von Trägern der öffentlichen Jugendhilfe erbracht, § 3 Abs. 2 S. 1 SGB VIII. Gem. § 4 Abs. 2 SGB VIII gilt allerdings der Grundsatz der Subsidiarität der öffentlichen Jugendhilfe.

b) Nach überwiegender Auffassung kann der Jugendrichter nicht mit einer *Weisung* nach JGG (Jugendgerichtsgesetz) in einem Strafverfahren gegen einen Jugendlichen einen Sozialleistungsträger wie das Jugendamt verpflichten, entsprechende Dienste oder Einrichtungen zur Verfügung zu stellen oder die Kosten für die Inanspruchnahme zu übernehmen. Nur wenn die Tatbestandsvoraussetzungen des § 27 SGB VIII i.V.m. § 29 SGB VIII vorliegen und die Hilfe vom Personensorgeberechtigten beantragt worden ist, hat das Jugendamt die Teilnahme eines straffälligen Jugendlichen an einem sozialen Trainingskurs zu gewähren und zu finanzieren. Die Voraussetzungen des § 27 SGB VIII hat das Jugendamt selbst in eigener Verantwortung als Fachbehörde zu prüfen; insoweit ist es nicht an Feststellungen des Jugendrichters gebunden. Zudem muss das Jugendamt durch Verwaltungsakt über die Leistungsgewährung entscheiden. Eine Überprüfung dieser Entscheidung kann nur im Wege des Widerspruchs- und Klageverfahrens vor dem Verwaltungsgericht erreicht werden.

4.

Erziehungsbeistandschaft und Betreuungsweisung

a) *Erziehungsbeistandschaft* gem. § 27 SGB VIII i.V.m. § 30 SGB VIII als *Hilfe zur Erziehung* ist ein Beratungs- und Unterstützungsangebot der Jugendhilfe insbesondere für ältere Kinder und Jugendliche. Der Erziehungsbeistand soll das Kind oder den Jugendlichen bei der Bewältigung von Entwicklungsproblemen unterstützen und ihre Verselbstständigung fördern. Die *Betreuungsweisung* (Erziehungsmaßregel, § 9 JGG) ist eine ambulante Maßnahme nach dem JGG, geregelt in § 10 Abs. 1 Nr. 5 JGG, die bei Jugendlichen in besonders schwierigen Lebenslagen und bei nicht geringfügigen Delikten in Betracht kommt. Zusammen mit der Erziehungsbeistandschaft ist sie auch im SGB VIII geregelt.

b) Eine *Erziehungsbeistandschaft* kann auch als *Erziehungsmaßregel* des Jugendrichters gem. § 12 JGG anlässlich einer Straftat eines Jugendlichen angeordnet werden. Sie verpflichtet den Jugendlichen, nicht jedoch den Träger der öffentlichen Jugendhilfe als Sozialleistungsträger (siehe oben Frage 3 Nr. 2), so dass letztlich nicht gewährleistet ist, ob die Hilfe auch tatsächlich zum Einsatz kommt. Somit empfiehlt sich vor der Anordnung der Maßregel durch den Jugendrichter nicht nur, wie gem. § 12 JGG gefordert, das Jugendamt *anzuhören,* sondern ein Einvernehmen mit diesem herbeizuführen.

c) Die vom Jugendrichter angeordnete Erziehungsmaßregel knüpft nicht nur an ein erzieherisches Defizit an, sondern stellt vorrangig die Reaktion auf eine Straftat dar und ist somit als »*Rechtsfolge*« eines Jugendstrafverfahrens anzusehen. Das bedeutet, dass nach wohl überwiegender Ansicht ein Einverständnis des oder der Personensorgeberechtigten entbehrlich ist. Der Jugendliche »fordert« die Maßnahme ein – dazu ist er verurteilt. Hinsichtlich der *Finanzierung* gilt das oben unter Frage 3 b) zum Sozialen Trainingskurs Ausgeführte entsprechend: Die Kostentragung durch das Jugendamt ist davon abhängig, ob dieses die Leistung nach Überprüfung der Voraussetzungen gem. §§ 27, 30 SGB VIII erbringt. Anspruchsinhaber ist nach § 27 Abs. 1 SGB VIII der Personensorgeberechtigte. Nur wenn dieser dem Vorschlag des Trägers der öffentlichen Jugendhilfe, HzE zu leisten, zustimmt und beantragt, ist gewährleistet, dass das Jugendamt Kostenträger ist. Jugendhilferechtlich ist die Mitwirkung des Personensorgeberechtigten (z.B. bei der Erstellung bzw. Abänderung des Hilfeplans) unabdingbar. Das Wunsch- und Wahlrecht der Personensorgeberechtigten und das Mitspracherecht des Jugendlichen sind bei der Auswahl des Erziehungsbeistands ebenfalls zu beachten.

d) Für Eltern und Kinder/Jugendliche ist die Maßnahme kostenfrei, da keine gesetzliche Grundlage für eine Kostenbeteiligung vorhanden ist, s. §§ 90, 91 SGB VIII.

5.

Sozialpädagogische Familienhilfe

a) Sozialpädagogische Familienhilfe ist gekennzeichnet durch eine hohe Leistungsintensität und ihre gezielte Ausrichtung auf das Gesamtsystem Familie. In Kooperation mit dem Allgemeinen Sozialdienst (ASD) eines Jugendamts erfolgt der Einsatz von *Familienhelfern*. Diese sind entweder Fachkräfte des Jugendamts selbst oder eines Trägers *der freien Jugendhilfe*. Wird die Leistung durch einen Träger *der freien Jugendhilfe* erbracht, so erfolgt die Kooperation mit dem Allgemeinen Sozialen Dienst und der Familie im Rahmen des Hilfeplanverfahrens gem. § 36 SGB VIII. Der Einsatz erfolgt direkt »im Lebensalltag« der Familie.

b) Sozialpädagogische Familienhilfe (SpFH) erfolgt ambulant; d.h. das betroffene Kind verbleibt in der Familie. Insofern wird die Leistung Art. 6 Abs. 2 S. 1 GG (»Vorrang der elterlichen Erziehung in der Familie«) besonders gerecht. SpFH kann dazuführen, dass die Unterbringung eines Kindes in einem Heim oder in einer Pflegefamilie vermieden werden kann.

c) Auch zu dieser ambulanten Hilfe haben Eltern und Kinder keinen Kostenbeitrag zu leisten. Eine Rechtsgrundlage für die Erhebung eines Kostenbeitrags existiert für die Hilfe nach § 31 SGB VIII nicht (s. §§ 90, 91 SGB VIII).

d) Ein Sozialarbeiter macht sich unter Umständen strafbar, wenn er es in seiner Funktion als Familienhelfer schuldhaft (fahrlässig) *unterlässt*, zum Wohle eines gefährdeten Kindes einzugreifen und wenn *infolge dieses Unterlassens vorhersehbar* eine Körperverletzung oder sogar der Tod des Kindes (z.B. eines vernachlässigten oder unterernährten Säuglings) eintritt (Garantenpflicht). Ein Sozialarbeiter, der im Rahmen einer SpFH in einer Familie tätig ist, hat dabei zuvörderst die Pflicht, die Fachkräfte des Jugendamts auf die Gefahrenlage hinzuweisen, wenn er die Gefahrenlage nicht selbst beseitigen kann – etwa in dem er die Eltern motiviert, selbst beim Jugendamt um eine andere Hilfe nachzusuchen.

Die fallzuständige Fachkraft des Allgemeinen Sozialen Dienst hat dann die weiteren erforderlichen Maßnahmen zu treffen. Ihre Handlungspflichten hängen von Art und Weise der konkreten Gefährdung des Kindes oder Jugendlichen ab. Lässt sich die Gefahr durch eine Hilfegewährung nicht wirksam abwenden, muss das Familiengericht angerufen werden, § 8a Abs. 2 S. 1 HS. 1 SGB VIII. Kann diese Entscheidung nicht abgewartet werden, muss das Jugendamt das Kind in Obhut nehmen, § 8a Abs. 2 S. 2 SGB VIII i.V.m. § 42 Abs. 1 S. 1 Nr. 2 b) SGB VIII.

Eine strafrechtliche Verurteilung (insbesondere wegen fahrlässiger Körperverletzung oder fahrlässigen Totschlags durch Unterlassen) des zuständigen Mitarbeiters bei einer Schädigung des Kindes/Jugendlichen ist grundsätzlich möglich, wenn gegen die dargestellten Handlungspflichten verstoßen wird. Allerdings müssen hierfür sehr hohe Voraussetzungen erfüllt sein, sodass eine tatsächliche Verurteilung eher unwahrscheinlich ist. Insbesondere ist das Unterlassen dem Tun nur dann gleichzustellen wenn das erwartete Handeln den Erfolg hätte abwenden können. Für eine strafrechtliche Verurteilung muss **Gewissheit oder an Gewissheit grenzende Wahrscheinlichkeit** dafür bestehen, dass die unterlassene Rettungshandlung zur Vermeidung der Schädigung des Kindeswohls geführt hätte. Zweifel hinsichtlich der Kausalität führen zur Verneinung der Kausalität zugunsten des Täters.

6.

Erziehung in einer Tagesgruppe

6.1

a) Die Erziehung in einer Tagesgruppe gem. § 27 SGB VIII i.V.m. § 32 SGB VIII setzt ebenso wie die anderen Hilfen in diesem Abschnitt einen besonderen *erzieherischen Bedarf* voraus. Dadurch unterscheidet sich diese Hilfe zur Erziehung von den Leistungen nach §§ 22 ff. SGB VIII in Form der Förderung von Kindern in Tageseinrichtungen und Kindertagespflege.

Bei einer HzE in Form einer Tagesgruppe hält sich das Kind (z.B. nach der Schule) bestimmte Teile des Tages außerhalb des Elternhauses auf, z.B. in einer Einrichtung (»Tagesheimgruppe«, Schule etc.). Wesentliches Element ist daneben die Elternarbeit, um die Erziehungsfähigkeit der Eltern zu stärken. Das Kind wird somit am Tage außerhalb des Elternhauses betreut. Allerdings übernachtet es im Haushalt der Eltern. Die Hilfe stellt daher eine teilstationäre Hilfeform dar.

b) Wird Hilfe zur Erziehung gem. §§ 27, 32 SGB VIII geleistet, umfasst sie auch die Sicherstellung des Unterhalts in der Zeit, in der das Kind sich außerhalb des Elternhauses aufhält (§ 39 Abs. 1 S. 1, 2 SGB VIII). Die Kosten des Mittagessens im Heim sind somit vom Träger der öffentlichen Jugendhilfe zunächst zu übernehmen und können nicht direkt den Eltern in Rechnung gestellt werden, s. § 91 Abs. 5 SGB VIII.

c) Kinder und Eltern werden zu den Kosten der Hilfe gem. § 91 Abs. 2 Nr. 2 SGB VIII herangezogen. Es handelt sich um eine gebundene Entscheidung auf Rechtsfolgenseite. Eine Heranziehung kann allerdings nur erfolgen, wenn Einkommen (§§ 92 bis 94 SGB VIII) vorhanden ist. Daher scheidet eine Heranziehung von Kindern oder Jugendlichen in der Regel aus.

6.2

Die gemeinsame Unterbringung der drei Kinder bei Frau Kremer während des Tages stellt eine Hilfe zur Erziehung gem. § 27 SGB VIII i.V.m. § 32 SGB VIII (»Erziehung in einer Tagesgruppe«) dar. Die Hilfe wird hier in einer »geeigneten Form der Familienpflege« gem. § 32 S. 2 SGB VIII gewährt. Wie bereits bei 6.1 angemerkt, setzt die Hilfe einen besonderen erzieherischen Bedarf voraus, der hier in der chaotischen Organisation des außerberuflichen Lebensumfelds der alleinerziehenden Mutter Luisa zu sehen ist. Der Problemlage kann durch »teilstationäre« Unterbringung der Kinder tagsüber entsprochen werden. Diese ermöglicht den Kindern tagsüber ein geordnetes Umfeld und soziales Lernen in der (Geschwister-)Gruppe. Zudem ist eine schulische Förderung gesichert. Daneben kann die Mutter durch Elternarbeit und durch Hilfe bei Alltagsproblemen in ihrer Erziehungskompetenz gestärkt werden.

Ergebnis: Hier wird Hilfe zur Erziehung und zwar »Erziehung in einer Tagesgruppe« in einer geeigneten Form der Familienpflege gem. § 27 SGB VIII i.V.m. § 32 S. 2 SGB VIII gewährt.

7.

Intensive sozialpädagogische Einzelbetreuung

a) Intensive sozialpädagogische Einzelbetreuung gem. § 35 SGB VIII ist eine Hilfe zur Erziehung, die sich besonders für solche Jugendliche eignet, die sich den altersüblichen Sozialisationsinstanzen (Familie, Schule, Ausbildung, Berufswelt) weitgehend entzogen haben und ausgegrenzt am Rande der Gesellschaft leben. Die Betreuung kann im Einzelfall die Anwesenheit rund um die Uhr erfordern. Im Rahmen der Hilfen nach § 35 SGB VIII sind ferner erlebnispädagogische Intensivangebote entwickelt worden (Berg- und Bootstouren, Projekte im Ausland).

b) Im Gegensatz zu den Hilfen nach §§ 33, 34 SGB VIII muss die Hilfe nicht zwingend in stationärer Form gewährt werden. Die Hilfe setzt zunächst in der Lebenswelt des jungen Menschen an, ggf. z.B. auch auf der Straße (ambulante Hilfe). Daneben gibt es allerdings regelmäßig gruppenbezogene Maßnahmen in einer sozialpädagogisch betreuten Wohngemeinschaft oder in einem Heim (stationäre Hilfe).

8.
»Kombinierte Hilfen«

Ein »Hilfeartenmix« ist gem. § 27 Abs. 2 S. 3 möglich. Auch ist eine Erbringung von Hilfe zur Erziehung und Eingliederungshilfe möglich, § 35a Abs. 4 SGB VIII.

Im Einzelfall ist die Bündelung verschiedener Hilfen für ein Kind möglich. Die Praxis kommt hier zu differenzierten am Einzelfall orientierten Hilfen. Wichtig ist, dass diese Kombination im Hilfeplan vereinbart und regelmäßig bei der Fortschreibung des Hilfeplanes überprüft wird.

ÜBUNGSBLATT 8

Einführung

§ 35 a SGB VIII regelte die Eingliederungshilfe für *seelisch behinderte Kinder und Jugendliche* als Leistung der Jugendhilfe. De. Die körperlich und geistig behinderten Kinder und Jugendlichen erhielten Eingliederungshilfe nach §§ 53–60 SGB XII i.V.m. SGB IX. Mit dem Bundesteilhabegesetz (BTHG) wurde die Eingliederungshilfe im SGB IX im 2. Teil neu geregelt und in §§ 53 -60 SGB XII gestrichen.. Teil 2 ist am 1.1.2020 in Kraft getreten.. Schon seit 1.1.2018 war aber Teil 1 des SGB IX mit seinen allgemeinen Bestimmungen in Kraft (vgl. hierzu *Kunkel*, ZFSH/SGB 2017, 194 ff). Das **KJSG** hat alle Kinder – unabhängig von der Art ihrer Behinderung – unter dem Dach der Kinder- und Jugendhilfe im SGB VIII zusammengeführt (sog. Große Lösung nach § 35 a, § 10 Abs. 4 und §§ 117, 119 SGB IX). Für den Prozess der Umsetzung ist ein Zeitraum von insgesamt sieben Jahren vorgesehen, der sich in zwei Phasen im Sinne eines Stufenmodells vollzieht (Art. 10 KJSG). Die erste Stufe sieht die Gestaltung einer inklusiven Kinder- und Jugendhilfe und die Bereinigung der insbesondere zwischen Kinder- und Jugendhilfe und Eingliederungshilfe bestehenden Schnittstellen vor. Diese Regelung trat unmittelbar am Tag nach der Verkündung des Gesetzes am 10.6.21 in Kraft. Die zweite Stufe sieht die Einführung der Funktion eines „**Verfahrenslotsen**" beim Jugendamt (§ 10 b) im Jahr 2024 (vorläufig nur bis 2028) vor. Eltern und andere Erziehungsberechtigte sowie junge Menschen bekommen somit einen verbindlichen Ansprechpartner und werden von einer einzigen Stelle durch das gesamte Verfahren begleitet. Die dritte Stufe sieht die Übernahme der vorrangigen Zuständigkeit des Trägers der öffentlichen Jugendhilfe für Leistungen der Eingliederungshilfe auch an junge Menschen mit (drohenden) körperlichen oder geistigen Behinderungen, die nach derzeitiger Rechtslage Leistungen der Eingliederungshilfe nach dem Neunten Buch Sozialgesetzbuch (SGB IX) Teil 2 erhalten, im Jahr 2028 vor.

Kinder und Jugendliche haben Anspruch auf Eingliederungshilfe nach dem SGB VIII, wenn (1) ihre seelische Gesundheit mit hoher Wahrscheinlichkeit länger als 6 Monate von dem für ihr Lebensalter typischen Zustand abweicht und (2) daher ihre Teilhabe am Leben in der Gesellschaft beeinträchtigt ist oder eine solche Beeinträchtigung zu erwarten ist.

Im Unterschied zum früheren § 53 SGB XII wird hinsichtlich der Leistungsverpflichtung nach § 35 a SGB VIII nicht danach differenziert, ob die Behinderung wesentlich oder nicht wesentlich ist.

Der Begriff »Behinderung« hat seine »Zweigliedrigkeit« behalten (dazu *Kepert*, LPK-SGB VIII, § 35 a Rn. 10). Nach wie vor wird die »drohende Behinderung« mit erfasst (§ 35 a Abs. 1 S. 2 SGB VIII). Allerdings orientiert sich der Begriff nicht mehr an Defiziten. § 35 a SGB VIII verweist nicht mehr auf § 3 der Eingliederungshilfe-Verordnung. Dadurch wird verdeutlicht, dass außer den dort genannten »seelischen Störungen« die gesamte Breite möglicher Abweichungen von der alterstypischen seelischen Gesundheit erfasst ist.

Einige Auswirkungen des SGB IX Teil 1 auf die Kinder- und Jugendhilfe: Gemäß § 6 Abs. 1 Nr. 6 SGB IX sind Träger der öffentlichen Jugendhilfe zugleich *Rehabilitationsträger*. Dies gilt für die vier Bereiche 1. medizinische Rehabilitation, 2. Arbeitsleben, 3. Bildung 4. Soziale Teilhabe. Soweit in den besonderen Leistungsgesetzen, also auch im SGB VIII, nichts Abweichendes bestimmt ist, gilt das SGB IX unmittelbar hinsichtlich Art, Gegenstand, Umfang, Qualität und Ausführung der Leistungen (§ 7

SGB IX). Leistungen für behinderte Kinder sollen möglichst ohne Trennung von ihrem sozialen Umfeld erbracht werden; die Betreuung soll gemeinsam mit nicht behinderten Kindern erfolgen (§ 4 Abs. 3 SGB IX). Das Wunsch- und Wahlrecht Behinderter wurde verstärkt (§ 8 SGB IX). Früherkennung und Frühförderung behinderter Kinder ist eine Komplexleistung,(§ 46 SGB IX).. Die Leistungen werden auf Antrag als trägerübergreifendes Persönliches Budget erbracht (§ 29 SGB IX). § 32 SGB IX regelt die ergänzende unabhängige Teilhabeberatung („Peer-Counseling"). Für die Zuständigkeitsklärung ist § 14 SGB IX wichtig.

Beachte: Der Anspruch auf Eingliederungshilfe gem. § 35 a SGB VIII steht – anders als bei Hilfe zur Erziehung – nicht den Personensorgeberechtigten zu, sondern dem behinderten Kind/Jugendlichen selbst. Eingliederungshilfe wird in ambulanter oder – in Einrichtungen über Tag und Nacht oder sonstigen Wohnformen – in stationärer oder (tagsüber) in teilstationärer Form erbracht und kann mit der Hilfe zur Erziehung kombiniert werden, vgl. § 35 a Abs. 4 SGB VIII.

Bei der Geltendmachung des Anspruchs wird das Kind/der Jugendliche allerdings von seinen Eltern vertreten, soweit der Minderjährige nicht selbst handlungsfähig nach § 36 SGB I ist.
Lies zunächst Kunkel, Jugendhilferecht, Rn. 207 – 213, *dann Kepert/Kunkel, Handbuch, Kap.4.5*
Literaturhinweise (vertiefend): Lempp, R., Die seelische Behinderung bei Kindern und Jugendlichen als Aufgabe der Jugendhilfe (§ 35 a SGB VIII), 2. Aufl. Stuttgart 1994 (Besprechung von *Bade* in: FamRZ 1995, S. 1195). Vgl. auch *P.-Chr. Kunkel,* Jugendhilfe bei Legasthenie? – Anmerkungen zu einem Urteil des VGH Baden-Württemberg in: ZfJ 1997, S. 315–317; *ders.*, Welche Bedeutung hat das SGB IX für die Jugendhilfe?, in: ZFSH/SGB 2001, S. 707; *ders.*, Die Eingliederungshilfe nach § 35 a SGB VIII, in: ZKJ 2006, S. 148; *ders.*, Das Verfahren zur Gewährung einer Hilfe nach § 35 a SGB VIII, in: JAmt 2007, S. 17.;*ders.*,Welche Auswirkungen hat das Bundesteilhabegesetz auf die Jugendhilfe?, in: ZFSH/SGB 2017, 194; Vorläufige *Auslegungshinweise* des Deutschen Vereins zur Anwendung des SGB IX in der Sozial- und Jugendhilfe, in: NDV 2001, S. 303. *Arbeitshilfe* des Landesjugendamts Rheinland zu § 35 a SGB VIII (2. Aufl. 2015).

Fälle und Fragen:

1. Fall „Kai und Melanie"

Der achtjährige Junge *Kai* hat mehrfach Brände gelegt. Im Bescheid des Jugendamts heißt es unter anderem: »Wir gewähren Eingliederungshilfe gem. § 35 a SGB VIII in ambulanter Form...«

Kais gleichaltrige Klassenkameradin *Melanie* weist eine hochgradige Lese- und Rechtschreibschwäche auf, die mit einer psychischen Symptomatik einhergeht, die einer speziellen Behandlung – Legastheniehilfe – bedarf. Ihr Sozialverhalten ist ebenfalls erheblich gestört. Aggressionen gegenüber anderen Kindern wechseln sich ab mit apathischen Phasen, in denen sie sich in sich selbst zurückzieht und kaum ansprechbar ist. Auch hier wird Eingliederungshilfe in ambulanter Form gewährt. Gleichzeitig wird Melanies Eltern aufgegeben, die Dienste einer Erziehungsberatungsstelle gem. §§ 27, 28 SGB VIII in Anspruch zu nehmen.

1.1 Wer hat einen Anspruch auf die Gewährung der Eingliederungshilfe in beiden Fällen?
1.2 Stellt die Symptomatik einer Lese-Rechtsschreibschwäche bei Melanie bzw. Kais Verhalten eine seelische Behinderung oder eine drohende seelische Behinderung dar?

1.3. Ist eine »kombinierte Hilfe« für Melanie zulässig? Ist hier die Antragstellung bzw. Mitwirkung der Eltern erforderlich?
1,4. Darf der Träger der öffentlichen Jugendhilfe für die Eingliederungshilfe und die HzE in ambulanter Form Kostenbeiträge von den Eltern und dem betroffenen Kind selbst verlangen?

2. Fall „Helena"

Die 13-jährige körperbehinderte *Helena* ist auf einen Rollstuhl angewiesen. Nach dem SGB XI wird von der Pflegekasse ein Pflegegeld gewährt. Neben der Körperbehinderung ist das intellektuell begabte Mädchen von seelischer Behinderung bedroht. – Helena könnte verschiedene öffentliche Schulen besuchen. Der Schulbesuch scheitert aber deshalb, weil der Schulträger Hilfen bei seelischer Behinderung verweigert. Konkret: Helena benötigt unter anderem gezielte Unterstützung im Unterricht, da ihr ein rasches Mitschreiben nicht möglich ist. Nunmehr konnte ein Internat gefunden werden, das bereit ist, Helena aufzunehmen und gezielt zu fördern. In der Einrichtung wird Ganztagsunterricht angeboten; Helena hätte hier die Möglichkeit, ihrer Begabung und Neigung entsprechend die 9. Klasse zu überspringen.

2.1. Steht den Personensorgeberechtigten ein Anspruch auf Hilfe zur Erziehung gem. §§ 27, 34 SGB VIII zu?
2.2. Ist stattdessen Eingliederungshilfe zu leisten? Wenn ja: Wem steht der Anspruch zu und findet sich eine Regelung, die in diesem Fall Helenas schulische Förderung mit einschließt?

Lösungen zu Übungsblatt 8

1. Fall: *„Kai und Melanie"*

1. Den *Kindern Kai und Melanie* stehen gem. § 35 a SGB VIII Ansprüche auf Eingliederungshilfe zu, nicht den Personensorgeberechtigten wie bei Hilfe zur Erziehung gem. § 27 SGB VIII. Bei der Geltendmachung ihrer Ansprüche werden sie von ihren Eltern vertreten, § 1629 Abs. 1 BGB.
2. *Melanie*: Eine Lese-Rechtschreibschwäche kann organische Ursachen haben (z.B. Sehschwäche) oder auf eine körperliche oder geistige Behinderung hindeuten. (zur Legastehnietherapie als Eingliederungshilfe bei seelischer Behinderung vgl. BVerwG Urt. v. 28.9.2000, ZfJ 2001, S. 310; zum Aufmerksamkeitsdefizitsyndrom vgl. OVG NRW, Beschl. v. 2.3.2010, Az.12 B 105). Nach der EingliederungshilfeVO sind seelische Störungen, die eine *seelische Behinderung* zur Folge haben können 1. körperlich nicht begründbare Psychosen, 2. seelische Störungen als Folge von Krankheiten oder Verletzungen des Gehirns, von Anfallsleiden oder von anderen Krankheiten oder körperlichen Beeinträchtigungen, 3. Suchtkrankheiten, 4. Neurosen und Persönlichkeitsstörungen. In unserem Fall ist von *Verhaltensauffälligkeiten* die Rede, die zu den Störungen gem. Nr. 4 gehören können und für eine seelische Behinderung sprechen. Hinzukommen (2. Stufe des Behinderungsbegriffs) muss aber eine Beeinträchtigung der Teilhabe am Leben in der Gesellschaft als Folge der Störung. Bloße Schulprobleme oder Schulängste genügen hierfür nicht (so OVG Rheinl.-Pfalz vom 26.3.2006, JAmt 2007, 365; BayVGH, Beschl. v. 9.11.2010, Az.12 ZB 09.1251).

Legasthenie Therapie kann auch als Hilfe zur Erziehung gem. § 27 SGB VIII gewährt werden zur Verhinderung von Entwicklungsstörungen, VGH BW, ZfJ 2000,

115 mit Anmerkung von *Kunkel* in ZfJ 1997, 315. Kriterien zur Abgrenzung der Leistungspflicht von Schule und Jugendhilfe ZfJ 2001, 115 und *Kepert,* LPK- SGB VIII, § 35 a Rn. 19.

Kai: Das mehrfache Brändelegen des 8-jährigen Kindes stellt ebenfalls eine *Verhaltensauffälligkeit* dar. Sie ist schon wegen ihres ungewöhnlichen Ausmaßes nicht mit einem gelegentlichen »Zündeln« aus Neugier oder Abenteuerlust zu vergleichen, sondern möglicherweise als »*chronische Entwicklungsstörung*« und damit als seelische Behinderung einzustufen, *die die psychosoziale Entwicklung und Integration des Kindes nachhaltig beeinträchtigt* (*Kepert,* LPK- SGB VIII, § 35 a Rn. 11 ff.).

Ebenso wie die Legasthenie bei Melanie kann auch Kais Störung mit anderen Abweichungen (z.B. geistige Behinderung) einhergehen. Dann ist eine *Eingliederungshilfe als Maßnahme der Jugendhilfe* nachrangig gegenüber der Eingliederungshilfe als Sozialhilfe für geistig behinderte Menschen (§ 10 Abs. 4 S. 2 SGB VIII ; anders ab 2028 mit Inkrafttreten des neuen § 10 Abs. 4; zum bisherigen Rechtsstand lies OVG NRW, JAmt 2011, 544, 594, 655).

Ergebnis: Sowohl bei Melanie als auch bei Kai ist entweder von einer seelischen Behinderung oder von einer drohenden seelischen Behinderung auszugehen, wenn beide bereits jetzt neurotische Störungen mit Krankheitswert aufweisen, die ihre soziale Integration nachhaltig beeinträchtigen oder wenn der Eintritt solcher Störungen mit hoher Wahrscheinlichkeit zu erwarten ist. Für Kai ist Sozialhilfe vorrangig zu gewähren.

3. Wie bei Hilfe zur Erziehung gem. § 27 Abs. 3 SGB VIII ist auch bei der Eingliederungshilfe gem. § 35 a SGB VIII eine *Kombination verschiedener Hilfeformen* denkbar. Gem. § 35 a Abs. 4 SGB VIII ist *neben* Eingliederungshilfe nach § 35 a SGB VIII *Hilfe zur Erziehung* nach §§ 27 ff. SGB VIII möglich. So kann die *Therapie* eines Kindes/Jugendlichen wegen einer seelischen Behinderung und gleichzeitig eine *erzieherische Hilfe* (wegen einer bestehenden erzieherischen Mängellage oder aufgrund erhöhter Anforderungen an die Qualität der Erziehungsleistungen) gewährt werden.

In unserem Fall wird *Eingliederungshilfe in ambulanter Form* gewährt – Legastheniehilfe als Therapieform gem. § 54 Abs. 1 S. 1 SGB XII i.V.m. § 26 Abs. 2 SGB IX. Diese Vorschrift des SGB XII ist bei seelisch behinderten Kinder und Jugendlichen, die Jugendhilfeleistungen erhalten, anwendbar gem. § 35 a Abs. 3 SGB VIII. Gleichzeitig wird den *Eltern* die Inanspruchnahme eines Beratungsdienstes (HzE) gem. § 28 SGB VIII aufgegeben. Somit findet auch hier eine Kombination zwischen Eingliederungshilfe und Hilfe zur Erziehung statt, wie sie in § 35 a Abs. 4 SGB VIII vorgesehen ist. *Neben den Voraussetzungen für Eingliederungshilfe müssen auch die Voraussetzungen für Hilfe zur Erziehung gem. § 27 Abs. 1 SGB VIII erfüllt sein* (so *Kunkel,* Jugendhilferecht, Rn. 214). Damit ist gemeint, dass die erzieherische Mängellage und die Notwendigkeit und Geeignetheit der erzieherischen Hilfe im Einzelfall zu überprüfen sind. (S.a. *Kunkel* ebenda Rn. 61 Übersicht über die Zuordnung der Hilfen für behinderte junge Menschen).

Formal ist das Kind selbst anspruchsberechtigt. Das gilt nicht nur für die (therapeutische) Eingliederungshilfe nach Maßgabe des SGB XII, sondern ausnahmsweise auch für die Hilfe zur Erziehung nach §§ 28–35 SGB VIII, da nicht die erzieherische Mängellage, sondern die seelische Behinderung im Vordergrund steht. Die Gewährung pädagogischer Leistungen gehört somit auch bei der Eingliederungshilfe gem. § 35 a SGB VIII zum Leistungsspektrum (*Wiesner* SGB VIII § 35 a Rn. 35). Die Hilfe zur Erziehung in Form der Erziehungsberatung gem. § 28 stellt hier lediglich eine flankierende Maßnahme dar. Als *Betroffene* haben die Eltern bei der Gestaltung der Hilfe in jedem Falle mitzuwirken (so *Kepert* LPK-SGB VIII, § 35 a Rn. 71). Beide Formen der Hilfe (Therapie und Erziehungshilfe) sind im Hilfeplan zu verankern.

Ergebnis: Eine kombinierte ambulante Hilfe (Legastheniehilfe als Eingliederungshilfe für ein seelisch behindertes Kind und Erziehungsberatung als Hilfe zur Erziehung) ist gem. § 35 a Abs. 4 SGB VIII zulässig. Melanies seelische Gesundheit weicht mit hoher Wahrscheinlichkeit länger als 6 Monate von dem für ihr Lebensalter typischen Zustand ab, ihre Teilhabe am Leben in der Gesellschaft ist beeinträchtigt, da psychische Auffälligkeiten und Störungen des Sozialverhaltens in der Klassengemeinschaft vorliegen. Sie selbst ist anspruchsberechtigt. Die Eltern (Sorgeberechtigten) werden intensiv in Planung und Gestaltung der Hilfe einbezogen, § 36 Abs. 2 SGB VIII; gem. § 36 Abs. 3 S. 1 SGB VIII ist auch ein Arzt bei der Aufstellung und Änderung des Hilfeplans und bei der Durchführung der Hilfe zu beteiligen.

4. Für die in ambulanter Form gewährte Eingliederungshilfe gem. § 35 a SGB VIII, die Elemente der Hilfe zur Erziehung gem. § 28 SGB VIII mit umfasst, ist von den Eltern und dem betroffenen Kind gem. § 91 SGB VIII kein Kostenbeitrag zu erheben. (Lediglich bei stationärer oder teilstationärer Hilfe oder bei einer Unterbringung bei Pflegeeltern kommt gem. § 91 Abs. 1 Nr. 6, Abs. 2 Nr. 3 SGB VIII eine Kostenbeteiligung des Kindes und seiner Eltern in Betracht.)

2. Fall: *„Helena"*

1. Ein Anspruch auf Hilfe zur Erziehung ist gem. § 27 SGB VIII nicht gegeben, da sich aus der Fallgestaltung keine erzieherische Notlage ergibt.
2. Ein Anspruch *Helenas* auf Eingliederungshilfe könnte gem. § 35 a Abs. 1 SGB VIII gegeben sein, wenn eine länger dauernde Abweichung von der alterstypischen seelischen Gesundheit vorliegen sollte (siehe dazu auch Fall 1). Das ist nach dem Sachverhalt zu bejahen. Schulische Förderung gehört auch zum Spektrum möglicher Hilfen: § 35 a Abs. 3 SGB VIII verweist auf § 54 SGB XII. Somit gehört gem. § 54 Abs. 1 Nr. 1 SGB XII die »Hilfe zu einer angemessenen Schulbildung, vor allem im Rahmen der allgemeinen Schulpflicht« zu den Maßnahmen der Eingliederungshilfe, die im Einzelfall vom Jugendamt zu gewähren sind. Somit kann grundsätzlich die Hilfe in einer Einrichtung über Tag und Nacht (Internat) gem. § 35 a Abs. 2 Nr. 4 SGB VIII begehrt werden. Bei der Gestaltung der Hilfe ist zu berücksichtigen, dass zu den Maßnahmen, die den Schulbesuch ermöglichen oder erleichtern, auch die Zurverfügungstellung zusätzlichen sozialpädagogischen Personals (Schulbegleiter, Integrationshelfer) während des Unterrichts gehören kann (vgl. auch *Kepert*, LPK-SGB VIII, § 35 a Rn. 56), vor allem, wenn das Kind im Rahmen der Inklusion eine Regelschule besucht.

Ergebnis: Helena kann schulische Förderung als Eingliederungshilfe gem. § 35 a SGB VIII vom Träger der öffentlichen Jugendhilfe beanspruchen.

Kunkel

Übungsblatt 9
Hilfe für junge Volljährige (§ 41 SGB VIII)
I. Einführung

Zum Begriff lies zunächst § 7 Abs. 1 Nr. 3 SGB VIII.

§ 41 SGB VIII setzt nicht voraus, dass Aussicht besteht, dass der junge Volljährige bis zur Vollendung des 21. Lebensjahres seine Verselbstständigung erreichen wird. Vielmehr genügt es, wenn die Hilfe eine erkennbare Verbesserung der Persönlichkeitsentwicklung und der Fähigkeit zu eigenverantwortlicher Lebensführung erwarten lässt. Eine Prognose, dass die Befähigung zu eigenverantwortlicher Lebensführung bis zur Vollendung des 21. Lebensjahres oder bis zu einem bestimmten Zeitpunkt darüber hinaus erreicht wird, verlangt § 41 SGB VIII nicht. Es ist weder dem Wortlaut noch der Systematik noch dem Sinn und Zweck der Vorschrift zu entnehmen, dass ein Anspruch auf Hilfe nur gegeben ist, wenn Aussicht besteht, dass mit der Hilfe eine Verselbstständigung bis zur Vollendung des 21. Lebensjahres oder überhaupt erreicht werden kann. Da die Hilfe für die Persönlichkeitsentwicklung bis zu einer eigenverantwortlichen Lebensführung gewährt werden soll, ist der Abschluss einer positiven Persönlichkeitsentwicklung bzw. die Verselbstständigung mit der Befähigung zu eigenverantwortlicher Lebensführung lediglich das anzustrebende Optimum. Die Hilfe ist nicht notwendig auf einen bestimmten Entwicklungsabschluss gerichtet, sondern lediglich auf einen Fortschritt im Entwicklungsprozess bezogen. Erforderlich, aber auch ausreichend ist demnach, dass wahrscheinlich ein erkennbarer Entwicklungsprozess in der Persönlichkeitsentwicklung und in der Befähigung zu einer eigenverantwortlichen Lebensführung gegeben ist, der noch gefördert werden kann, die Eignung der gewährten Hilfe also nicht völlig ausgeschlossen ist, unabhängig davon, wann dieser Entwicklungsprozess zum Abschluss kommen und ob jemals das Optimalziel erreicht wird. Anders liegt der Fall, wenn die Hilfe über das *21. Lebensjahr hinaus* erstrebt wird. Dann soll die Hilfe nach § 41 Abs. 1 S. 2 SGB VIII nur noch in einem *begründeten Einzelfall* für einen begrenzten Zeitraum, längstens bis zur Vollendung des 27. Lebensjahres, als Fortsetzung einer bisher geleisteten Hilfe erbracht werden. Ob ein „begründeter Einzelfall" vorliegt, unterliegt, da es sich um einen unbestimmten Rechtsbegriff handelt, der vollen gerichtlichen Kontrolle. Zur Feststellung eines „begründeten Einzelfalles" bedarf es einer am Einzelfall ausgerichteten individuellen Überprüfung und Entscheidung. Ein „begründeter Einzelfall" kann z.B. vorliegen, wenn bei Vollendung des 21. Lebensjahres eine schulische oder berufliche Ausbildung, ferner etwa eine sozialpädagogische oder therapeutische Maßnahme (z.B. nach einer Drogenentzugsbehandlung) noch nicht vollständig abgeschlossen oder vollendet ist.

Das KJSG hat mit Einfügung des § 41 a SGB VIII die **Nachbetreuung** geregelt.

Bei der Überprüfung der Rechtmäßigkeit der Maßnahme ist zu beachten, dass dem Jugendamt im Hinblick auf das Ob und das Wie einer Jugendhilfemaßnahme ein *Beurteilungsspielraum* zusteht. Die Entscheidung über die Notwendigkeit und Geeignetheit der Hilfe ist das Ergebnis eines kooperativen pädagogischen Entscheidungsprozesses unter Mitwirkung des jungen Erwachsenen und mehrerer Fachkräfte, welches nicht den Anspruch objektiver Alternativlosigkeit erhebt, sondern eine angemessene Lösung zur Bewältigung der festgestellten Belastungssituation enthält, die fachlich vertretbar und nachvollziehbar sein muss. Die verwaltungsgerichtliche Überprüfung hat sich deshalb darauf zu beschränken, ob allgemeingültige fachliche

Maßstäbe beachtet worden sind, ob keine sachfremden Erwägungen eingeflossen sind und die Leistungsadressaten beteiligt worden sind.

Liegt eine seelische Behinderung des jungen Volljährigen vor, ist die Hilfe nicht als Eingliederungshilfe zu leisten, sondern als Hilfe für junge Volljährige unter den Voraussetzungen des § 41 SGB VIII im Umfang des § 35 a SGB VIII i.V.m. SGB IX (siehe Übungsblatt 8).

Häufig ist in der Praxis streitig, ob statt einer »Hilfe für junge Volljährige« vom *Träger der Sozialhilfe* wegen erheblicher Verhaltensstörungen des jungen Menschen eine Hilfe gem. § 67 SGB XII zu gewähren ist – »Hilfe zur Überwindung besonderer sozialer Schwierigkeiten«. Die Antwort ist eindeutig: Sind die Voraussetzungen sowohl des § 41 SGB VIII als auch die des § 67 SGB XII (zum Personenkreis siehe § 1 DVO – Durchführungsverordnung nach § 69 SGB XII) gegeben, hat Jugendhilfe Vorrang, § 10 Abs. 4 S. 1 SGB VIII, § 67 S. 2 SGB XII.

Lies zunächst Kunkel, Jugendhilferecht, Rn. 214 – 215, dann Kepert/Kunkel, Handbuch, Kap.4.6

II. Fragen und Fälle

1. Fragen

1.1

Unter welchen Voraussetzungen ist die »Hilfe für junge Volljährige« zu gewähren und zu welchem Zweck wird die Leistung erbracht?

1.2

Besteht ein Rechtsanspruch auf Gewährung der Hilfe?

1.3

Dürfen im Rahmen der Hilfe für junge *Volljährige* einem 19-jährigen Arbeitslosen gewährt werden: 1. Vollzeitpflege, 2. Heimerziehung einschließlich der Förderung der schulischen oder beruflichen Bildung, 3. Erziehung in einer Tagesgruppe, 4. Soziale Gruppenarbeit, 5. Sozialpädagogische Familienhilfe?

1.4

Darf die Hilfe für junge Volljährige (erstmalig) einem 22-jährigen gewährt werden?

1.5.

Inwiefern hat ein junger Volljähriger bei der Maßnahme »Hilfe für junge Volljährige« mitzuwirken? (Nicht vergessen, die entspr. §§ zu zitieren!)

Kunkel

2. Fälle

2.1 „Matthias"

Der seelisch behinderte 19-jährige *Matthias* erhält Hilfe für junge Volljährige durch Unterbringung in einer Wohnform gem. § 41 Abs. 2 i.V. mit § 35a Abs. 2 Nr. 4 SGB VIII. Er lebt dort zusammen mit anderen jungen Volljährigen und soll nun als weitere Hilfe für seine Persönlichkeitsentwicklung und zur Vorbereitung seiner Entlassung aus der Wohnform zusätzlich eine ambulante Hilfe durch Inanspruchnahme von sogenannten Fachleistungsstunden (geplanter Umfang zunächst 40 Stunden im Monat) erhalten. Diese Fachleistungsstunden sollen bei einem selbstständig tätigen Sozialpädagogen als qualifizierte Beratungs- und Betreuungsleistung in Anspruch genommen und im Hilfeplan verankert werden. Betreuungsumfang und Betreuungsziele sollen festgeschrieben und in regelmäßigen Abständen überprüft werden.

Ist es zulässig, im Zuge einer Hilfe für junge Volljährige in Form der Unterbringung in einer Wohnform die Gewährung von Fachleistungsstunden »als ambulante Betreuungsform« gem. § 35a Abs. 2 Nr. 1 vorzusehen?

2.2

(Alternative Fallgestaltung) Matthias soll die Fachleistungsstunden nicht neben der stationären Hilfe, sondern erst nach seiner Entlassung aus der Wohnform erhalten. Es ist geplant, dass er eine eigene Wohnung bezieht. Da der Übergang in die Selbstständigkeit und ins Erwerbsleben fließend gestaltet werden soll und noch bestehende Entwicklungsrückstände abzubauen sind, benötigt Matthias noch weitere Unterstützung und Hilfe. Zunächst sind 40 Fachleistungsstunden vorgesehen, nach einem halben Jahr 30, danach 20 und zuletzt nur noch 10 Stunden im Monat. Nach einem Jahr soll die Hilfe beendet sein.

Ist diese Hilfe nach dem SGB VIII als Jugendhilfeleistung für junge Volljährige möglich? Wer bezahlt die Wohnung und den Lebensunterhalt des jungen Mannes?

2.3 „Petra"

Darf der seelisch behinderten 21-jährigen *Petra* aus Braunschweig, die sich bereits seit 4 Jahren in Osnabrück im Heim befindet, weiterhin Heimerziehung als Maßnahme der Jugendhilfe gem. § 35a SGB VIII gewährt werden, wenn derzeit nicht abzusehen ist, ob und wann die seelische Behinderung überhaupt behoben werden kann?

2.3.1

Welcher örtlicher Träger der öffentlichen Jugendhilfe war bei der Heimeinweisung, welcher Träger der öffentlichen Jugendhilfe ist jetzt zuständig?

2.3.2

Wie ist *die* Kostentragung zur Zeit geregelt? Ist die (vermögende) Petra zu den Kosten heranzuziehen? Sind ihre Eltern zu den Kosten heranzuziehen?

2.4 „Uwe"

Der 17-jährige *Uwe* erkundigt sich im Jugendamt, ob die ihm gewährte Hilfe (Erziehungsbeistandschaft als HzE), die seit 2 Jahren läuft, auch nach der Volljährigkeit weitergewährt werden kann. Er selbst wünscht eine Betreuung durch den Erziehungsbeistand auch nach seinem 18. Lebensjahr. Ist das möglich? Wer hat ggf. die Weiterführung der Maßnahme zu beantragen?

2.5 „Manuela"

Die 18 ½-jährige *Manuela* befand sich längere Zeit in psychiatrischer Behandlung in einer Fachklinik, da sie mehrfach Selbsttötungsversuche unternommen hat. Laut Gutachten eines Facharztes für Psychiatrie ist noch für mehrere Jahre eine (ambulante) Therapie und eine umfassende lebenspraktische Betreuung erforderlich. Ist Jugendhilfe gem. § 41 SGB VIII zu gewähren?

2.6 „Horst"

Der 21-jährige *Horst* wird seit seinem 16. Lebensjahr sozialpädagogisch betreut. Hilfe zur Erziehung wurde gewährt und nach der Volljährigkeit zunächst als Maßnahme gem. § 41 SGB VIII fortgeführt. Die Entwicklungsverzögerungen des jungen Mannes, bedingt durch die häuslichen Verhältnisse, konnten im Zuge der Unterbringung zunächst im Heim, später im Rahmen des betreuten Wohnens teilweise behoben werden, allerdings ist Horst noch nicht seelisch stabil. Gleichwohl konnte er kürzlich das Abitur machen und möchte jetzt ein Studium beginnen, dessen Dauer mit 8–10 Semestern (also 4–5 Jahren) zu veranschlagen ist. Horst wünscht sich eine Weiterförderung durch den Träger der öffentlichen Jugendhilfe, weil damit der Lebensunterhalt erst einmal gesichert wäre.

2.6.1
Besteht weiterhin ein Anspruch auf die Jugendhilfemaßnahme?

2.6.2
Wie ist zu entscheiden, wenn Horst als seelisch behinderter junger Mensch die Leistung begehrt?

2.7 „Gunda"

Die 19-jährige drogenabhängige *Gunda* ist auf Kosten der Krankenversicherung in einer Einrichtung der Drogenhilfe untergebracht. Der Lebensunterhalt ist durch Zahlungen des Versicherungsträgers gesichert. Gunda stellt beim Jugendamt den Antrag, ihr ebenso wie anderen Abhängigen in der Einrichtung regelmäßig ein Taschengeld zu zahlen. Mit Recht?

2.8 „Achim"

Der drogenabhängige Achim aus Braunschweig, 20 Jahre alt, zur Zeit vorübergehend in Oldenburg, hat gem. §§ 41, 35a SGB VIII beim Jugendamt in Braunschweig Hilfe für junge Volljährige beantragt. In seiner sozialhygienischen Stellungnahme schreibt der Oldenburger Amtsarzt unter anderem: »Bei Achim steht eine geistige Behinderung im Vordergrund...« Vorausgesetzt, dass diese Diagnose des Amtsarztes zutreffend ist – Ist Achims Antrag stattzugeben?

Lösungen zu Übungsblatt 9

1. Fragen:

1.1

§ 41 Abs. 1 S. 1 SGB VIII: Einem jungen Volljährigen soll Hilfe für die Persönlichkeitsentwicklung und zu einer eigenverantwortlichen Lebensführung gewährt werden, wenn und solange die Hilfe aufgrund der individuellen Situation des jungen Menschen notwendig ist. Satz 2 stellt klar, dass die Hilfe in der Regel nur bis zur Vollendung des 21. Lebensjahres gewährt wird; in begründeten Einzelfällen soll sie für einen begrenzten Zeitraum (Höchstgrenze: 26 J.) darüber hinaus fortgesetzt werden. Nach § 41a SGB VIII besteht ein Rechtsanspruch auf Nachbetreuung.

1.2

Die Hilfe ist als *Soll-Leistung* ausgestaltet. Das bedeutet, dass *regelmäßig* ein einklagbarer Rechtsanspruch auf die Leistung besteht. Nur im atypischen Sonderfall darf die Behörde die Leistung verweigern.

1.3

1. *Vollzeitpflege:* Bei dem 19-Jährigen handelt es sich um einen jungen Volljährigen unter 21, der, sofern die übrigen Voraussetzungen des § 41 Abs. 1 S. 1 SGB VIII vorliegen, Anspruch auf die Hilfe hat. Für die Ausgestaltung gelten gem. 41 Abs. 2 SGB VIII die dort genannten einzelnen Hilfearten der Hilfe zur Erziehung entsprechend, auch § 33 SGB VIII Somit kann er Vollzeitpflege erhalten, muss den Anspruch jedoch selbst geltend machen.
2. *Heimerziehung einschließlich der Förderung der schulischen oder beruflichen Bildung:* Heimerziehung unter Einbeziehung von Ausbildung- und Beschäftigungsmaßnahmen ist bei Bedarf möglich, soweit eine Ausbildungsförderung durch Maßnahmen und Programme anderer Träger nicht sichergestellt wird, § 41 Abs. 2 i.V. m. §§ 34, 27 Abs. 3, 13 Abs. 2 SGB VIII.
3. *Erziehung in einer Tagesgruppe:* § 32 SGB VIII ist im Katalog der entsprechend anwendbaren Hilfen des § 41 Abs. 2 SGB VIII nicht aufgeführt; somit ist diese Hilfeart nicht möglich.
4. *Soziale Gruppenarbeit:* Gem. § 41 Abs. 2 i.V. § 29 SGB VIII entspr. kann diese Hilfeart gewählt werden.
5. *Sozialpädagogische Familienhilfe:* Auch diese Hilfe eignet sich nicht für einen in einer Phase der Ablösung vom Elternhaus begriffenen jungen Volljährigen; folge-

Kunkel

richtig taucht auch § 31 SGB VIII nicht im Katalog der Hilfen gem. § 41 Abs. 2 SGB VIII auf.

1.4

Erstmalig darf die Hilfe für junge Volljährige einem 22-jährigen nicht gewährt werden. § 41 Abs. 1 S. 2 SGB VIII erlaubt in begründeten Einzelfällen nach der Vollendung des 21. Lebensjahres lediglich die Fortsetzung einer bereits vor dem 21. Lebensjahr begonnenen Jugendhilfeleistung (vgl. VG Minden, Urt. v. 21.5.2010, Az. 6 K 2895/09).

1.5.

Der junge Volljährige selbst muss den Anspruch auf Leistung gem. § 41 SGB VIII beim Träger der öffentlichen Jugendhilfe geltend machen. Da § 41 Abs. 2 SGB VIII auch § 36 SGB VIII für entsprechend anwendbar erklärt, soll der junge Volljährige sich beraten lassen und sich bei auswärtiger Unterbringung bei der Auswahl des Heims oder der Pflegestelle beteiligen. Bei einer längerfristigen Hilfe (ambulant oder stationär) soll er bei der Ausgestaltung der Hilfe sowie bei der Aufstellung und Abänderung des Hilfeplans und bei der Verwirklichung der dort aufgestellten Ziele mitwirken. Dies ist zu fordern, auch wenn übertriebene Anforderungen an die anfängliche Motivation des jungen Volljährigen nicht gestellt werden dürfen, sondern häufig erst im Verlauf einer bereits eingeleiteten Hilfe eine wachsende Einsicht in die eigene Hilfebedürftigkeit und die Notwendigkeit einer Unterstützung bei der Persönlichkeitsentwicklung erreicht werden kann. Jedenfalls dürfte ein bloßer »Veränderungswunsch« des jungen Menschen und seine Mitwirkung nach den allgemeinen Vorschriften (§§ 60 ff. SGB I) nicht genügen (so aber *Mrozynski* SGB VIII § 41 Rn. 15). Lehnt der junge Volljährige eine entsprechende Mitwirkung ab und will er stattdessen lediglich eine Unterkunft und eine Sicherung des allgemeinen Lebensbedarfs, ist er auf die Leistungen nach § 19 SGB II (Alg II) zu verweisen.

2. Fall: „Matthias"

2.1

Solange *Matthias* eine *stationäre Hilfe* durch Unterbringung in einer »sonstigen Wohnform« gem. § 41 Abs. 2 i.V. § 35 a Abs. 2 Nr. 4 SGB VIII erhält, ist eine zusätzliche ambulante Hilfe durch ambulante sozialpädagogische Beratung und Betreuung gem. § 41 Abs. 1 S. 1 SGB VIII nicht notwendig. Matthias ist vielmehr ein »sozialpädagogisch betreutes Wohnen in einer Wohngemeinschaft« zu gewähren. Zwar verlangt § 35 a Abs. 2 Nr. 4 SGB VIII nicht ausdrücklich eine Betreuung bei den sonstigen Wohnformen, ohne eine solche Betreuung kann dem Hilfebedarf des seelisch behinderten jungen Volljährigen jedoch nicht entsprochen werden; sie ist Bestandteil der Hilfe (vgl. *Kepert*, LPK-SGB VIII, § 35 a Rn. 67).

Ergebnis: Während der Unterbringung in einer betreuten Wohnform darf eine zusätzliche ambulante Hilfe – Inanspruchnahme von »Fachleistungsstunden« – nicht gewährt werden.

2.2

Bei dieser alternativen Fallgestaltung kann *Matthias* nach dem Verlassen der Wohngemeinschaft als anschließende ambulante Betreuungsform gem. § 41 Abs. 2 i.V. mit § 35a Abs. 2 Nr. 1 SGB VIII die Inanspruchnahme von Fachleistungsstunden gewährt werden. Wohnungsmiete und Lebensunterhalt würde in diesem Fall vom Jugendamt bezahlt werden. Die Rechtsgrundlage findet sich in § 41 Abs. 3 SGB VIII: Auch nach Beendigung der Hilfe (gemeint ist die vorausgegangene Hilfe in Form des betreuten Wohnens) soll der junge Volljährige im notwendigen Umfang beraten und unterstützt werden. Diese Nachbetreuung erfolgt nach § 41a.. Die Unterstützung erfolgt hier durch Bereitstellung finanzieller Mittel, die von anderer Seite (Agentur für Arbeit, Sozialamt) nicht gezahlt werden können, da der immer noch »labile« junge Volljährige derzeit noch nicht ins Arbeitsleben integriert werden kann. Einen „sanften" Übergang der Hilfe auf einen anderen Sozialleistungsträger gewährleistet § 41 Abs. 3 in der Neufassung durch das KJSG.. (§ 41 Abs. 2 SGB VIII ist hier nicht heranzuziehen, da bei der Gewährung von Fachleistungsstunden als ambulanter Hilfe gem. § 35a Abs. 2 Nr. 1 SGB VIII der Lebensunterhalt außerhalb des Elternhauses außer Betracht bleibt, § 39 Abs. 1 SGB VIII entspr.)

Ergebnis: Nach der Beendigung der Maßnahme (Entlassung des jungen Volljährigen aus der betreuten (»sonstigen«) Wohnform gem. § 35a Abs. 2 Nr. 4 SGB VIII kann neben der anschließenden Gewährung von »Fachleistungsstunden« als eigenständiger ambulanter Hilfe gem. § 35a Abs. 2 Nr. 1 SGB VIII eine weitere »nachsorgende« Unterstützung durch Übernahme der Wohnungsmiete und Finanzierung des Lebensunterhalts gem. § 41a erfolgen. Dies könnte auch im Rahmen der neuen Leistungsform »Persönliches Budget« – Geldleistung gem. § 17 Abs. 1 SGB IX – erfolgen (vgl. *Kepert*, LPK-SGB VIII, § 35a Rn. 68). Es besteht aber eine mögliche Leistungskonkurrenz zur Grundsicherung für Arbeitsuchende gem. SGB II (vgl. hierzu *Kunkel*, Junge Menschen im »Bermudadreieck« zwischen SGB VIII, SGB II und SGB III, in: NDV 2007, 397). Hier ist es entscheidend, ob der junge Volljährige arbeitsuchend ist oder sich in einer Ausbildungsmaßnahme befindet.

2.3

Voraussetzungen für die Fortsetzung der Maßnahme: Die Voraussetzungen für eine Weiterführung der Maßnahme über das 21. Lebensjahr hinaus sind in diesem Fall nicht erfüllt, da bei einer Fortsetzung der Hilfe innerhalb eines *begrenzten Zeitraums* eine deutliche positive Weiterentwicklung im Hinblick auf Petras Persönlichkeit nicht zu erwarten ist. Auch ist zweifelhaft, ob das Ziel der Hilfe – Hinführung zur Selbstständigkeit und Selbstverantwortung – im Rahmen der Heimerziehung- (vgl. *Wiesner* SGB VIII § 41 Rn. 26) mit den Mitteln der Jugendhilfe überhaupt erreicht werden kann (gegen eine zu restriktive Handhabung des § 41 SGB VIII in der Praxis jedoch u.a. *Mrozynski* SGB VIII § 41 Rn. 4). Der begrenzte Zeitraum ist nicht an das Ende einer Ausbildung gekoppelt, sondern endet mit dem Erreichen des im Hilfeplan fixierten Entwicklungsziels.

Hinweis: Die Auslegung des unbestimmten Rechtsbegriffs »begrenzter Zeitraum« in § 41 Abs. 1 S. 2 SGB VIII bereitet Schwierigkeiten und wird in der Praxis unterschiedlich gehandhabt. In Niedersachsen wird ein Zeitraum von 1/2 bis 1 Jahr angenommen. Nach einer Entscheidung des Bundesverwaltungsgerichts (ZfJ 2000, S. 191ff.) setzt Hilfe für junge Volljährige nicht voraus, dass der junge Volljährige seine Verselbstständigung bis zur Vollendung des 21. Lebensjahres erreichen wird; es genügt eine günstige Prognose.

2.3.1

Örtliche Zuständigkeit: Bei der Heimeinweisung vor vier Jahren war Petra 17 Jahre alt, d.h. sie war Jugendliche *gem.* § 7 Abs. 1 Nr. 2 SGB VIII. Für die örtliche Zuständigkeit des Jugendamts war seinerzeit gem. § 86 Abs. 1 S. 1 SGB VIII der gewöhnliche Aufenthalt ihrer Eltern maßgeblich. Mit Vollendung des 18. Lebensjahres wurde die Hilfe als Hilfe für junge Volljährige gem. § 41 SGB VIII weitergeführt. Gem. § 86 a Abs. 4 richtet sich die örtliche Zuständigkeit des Jugendamts seitdem nach dem gewöhnlichen Aufenthalt der jungen Volljährigen vor Aufnahme in die Einrichtung. Somit ändert sich nichts im Hinblick auf die örtliche Zuständigkeit des Jugendamts.

Ergebnis: Gem. § 86 a Abs. 4 SGB VIII bleibt es bei der Zuständigkeit des »Heimatjugendamts«, des Jugendamts, in dessen Bereich Petra vor ihrer Heimaufnahme als Jugendliche zusammen mit ihren Eltern lebte.

2.3.2

Kostentragung und Heranziehung zu den Kosten: Die Hilfe für die seelisch behinderte junge Volljährige Petra umfasst gem. § 41 Abs. 2 i.V. § 39 SGB VIII auch die Sicherstellung des notwendigen Unterhalts im Heim (Leistungen zum Unterhalt bei Eingliederungshilfe als Annexleistung; vgl. *Kunkel*, LPK-SGB VIII, § 41 Rn. 27). Für die Heranziehung zu den Kosten gilt für die Leistung gem. § 41 SGB VIII: Gem. § 92 Abs. 1 Nr. 2 SGB VIII wird die junge Volljährige Petra zu den Kosten der Eingliederungshilfe im Heim (§ 91 Abs. 1 Nr. 8 SGB VIII) herangezogen. Dies geschieht durch Erhebung eines Kostenbeitrags. Petras Eltern werden ebenfalls (§ 92 Abs. 1 Nr. 5 SGB VIII) zur Kostentragung durch Erhebung eines solchen Kostenbeitrags (öffentlich-rechtlicher Leistungsbescheid als Verwaltungsakt) herangezogen.

Ergebnis: Die vermögende Petra kann zu den Kosten der Heimunterbringung herangezogen werden, soweit es ihr zuzumuten ist. Das geschieht durch Erhebung eines Kostenbeitrags. Ihre Eltern können ebenfalls durch Erhebung eines Kostenbeitrags herangezogen werden.

2.4 „Uwe"

Die Erziehungsbeistandschaft, geregelt in § 30 SGB VIII, ist eine Maßnahme der Hilfe zur Erziehung (§ 27 SGB VIII), die gem. § 41 Abs. 2 SGB VIII auch als Hilfe für junge Volljährige gewährt werden kann. Diese Hilfe zur Erziehung, die zuvor den Personensorgeberechtigten, also Uwes Eltern gewährt wurde, kann somit nach der Vollendung des 18. Lebensjahres als Hilfe für den jungen Volljährigen fortgesetzt werden, sofern Uwe selbst dies beantragt. Ohne einen solchen Antrag dürfte die Maßnahme allerdings nicht weitergeführt werden.

2.5 „Manuela"

Manuela kann dann keinen Anspruch auf eine Hilfe für junge Volljährige gem. § 41 SGB VIII geltend machen, wenn die Zwecke – Hilfe zur Persönlichkeitsentwicklung *und* zur eigenverantwortlichen Lebensführung – nicht innerhalb einer bestimmten und hinsichtlich der Fortsetzung der Hilfe nach dem 21. Lebensjahr eher eng zu bemessenden Frist erreicht werden können (vgl. auch oben Fall 2.3). Auch bei sehr großzügiger (und umstrittener) Auslegung des § 41 SGB VIII kommt eine Hilfe jedenfalls dann nicht in Betracht, wenn abzusehen ist, dass die Hilfe jedenfalls bis zum 27. Lebensjahr des jungen Volljährigen nicht zum Erfolg führen kann. (Bejahend zur Hilfe in »besonders gelagerten Fällen« bis zur Vollendung des 27. Lebensjahres *Mrozynski* a.a.O. Rn. 8. Derselbe spricht sich dort auch für die Möglichkeit einer Fortsetzung der Hilfe jeweils für bestimmte Bewilligungszeiträume aus.)

Im vorliegenden Fall ist die Prognose unsicher und eher als ungünstig einzustufen. Dennoch verbietet sich der zur Zeit voreilige Schluss, dass innerhalb eines begrenzten Zeitraums – ggf. erst nach Fortsetzung der Maßnahme über das 21. Lebensjahr hinaus – eine Förderung mit Mitteln der Jugendhilfe nicht erfolgversprechend ist. Somit ist bei der 18 1/2-jährigen Manuela derzeit ein Anspruch auf Hilfe für junge Volljährige in Form der Eingliederungshilfe für seelisch Behinderte (§ 3 Nr. 1 oder Nr. 3 EingliederungshilfeVO) grundsätzlich zu bejahen. Es sei aber ausdrücklich darauf hingewiesen, dass in der Praxis in gleichgelagerten Fällen bei unbestimmter Dauer von Therapie und lebenspraktischer Betreuung vermutlich häufig eine andere Meinung vertreten wird.

Ergebnis: Manuela hat einen Anspruch auf die Leistung gem. § 41 SGB VIII, da derzeit nicht ausgeschlossen werden kann, dass die Ziele – Hilfe für die Persönlichkeitsentwicklung und zu einer eigenverantwortlichen Lebensführung – innerhalb einer absehbaren Frist und deutlich vor dem 27. Lebensjahr erreicht werden können.

2.6 „Horst"

2.6.1

Ein Anspruch auf Fortsetzung der Hilfe für junge Volljährige könnte gem. § 41 Abs. 1 S. 2 SGB VIII gegeben sein, wenn es sich um einen begründeten Einzelfall handelt und die Hilfe nur für einen begrenzten Zeitraum weiter gewährt werden soll. Aber auch dann, wenn man davon ausgeht, dass *Horst* noch einer weiterführenden Hilfe bedarf, weil seine Persönlichkeitsentwicklung noch nicht abgeschlossen ist und eine eigenverantwortliche Lebensführung erst während des Studiums erlernt werden kann, besteht kein weitergehender Anspruch, da letztlich nur die Sicherstellung des Lebensunterhalts begehrt wird und keine pädagogische Unterstützung und Betreuung durch die Jugendhilfe während des Studiums. Die Existenzsicherung aus öffentlichen Mitteln ist Aufgabe der Grundsicherung nach dem SGB II oder der Sozialhilfe nach dem SGB XII, nicht der öffentlichen Jugendhilfe. Nach dem System der Jugendhilfe werden wirtschaftliche Leistungen als Annex nur dann zugebilligt, wenn Jugendhilfe tatsächlich gewährt wird. Es reicht nicht aus, dass Jugendhilfe (weiter) gewährt werden könnte oder sollte. Wenn eine sozialpädagogische Leistung nicht mehr fortgesetzt wird, entfällt auch die Verpflichtung, Leistungen zum Unterhalt zu gewähren.

Ergebnis: Es besteht kein Anspruch des 21-jährigen Horst auf eine Fortsetzung der Hilfe für die Dauer des Studiums, da lediglich die Sicherstellung des Lebensunterhalts verlangt wird, nicht aber eine Fortführung der pädagogischen Betreuung. Die bloße Übernahme des notwendigen Lebensunterhalts ist im Rahmen einer Jugendhilfemaßnahme nicht möglich; auf die Frage, ob die Hilfe überhaupt nur für »einen begrenzten Zeitraum« begehrt wird, kommt es somit nicht mehr an (zur Ablehnung weiterführender *mehrjähriger* Hilfe für über 21-Jährige vgl. oben Fall 4.1).

2.6.2.

Dem seelisch behinderten jungen Menschen *Horst* stehen gem. §§ 41 Abs. 2 i.V.m. § 35a Abs. 3 SGB VIII Leistungen zur Teilhabe zu, die vom Jugendamt zu gewähren sind. Für die Teilhabeleistungen sind §§ 53, 54 SGB XII bestimmend (*Vondung* a.a.O. Rn. 43ff.). § 54 Abs. 1 Nr. 2 SGB XII enthält Hilfen zur schulischen Ausbildung für einen angemessenen Beruf einschließlich des Besuchs einer Hochschule. Diese Hilfen werden nur geleistet, wenn zu erwarten ist, dass der behinderte junge Mensch dadurch das Ziel der Ausbildung erreichen wird, . In jedem Fall umfasst die Hilfe nur den *behinderungsbedingten Bedarf;* keinesfalls müssen die allgemeinen Ausbildungskosten übernommen werden, die auch ein nicht behinderter junger Mensch zu tragen hätte . Am Ergebnis ändert sich somit nichts (vgl. oben 8.1).

2.7 „Gunda"

Gunda begehrt vom Träger der öffentlichen Jugendhilfe ergänzend zu den Leistungen eines anderen Trägers (Unterbringung, Therapie, Lebensunterhalt) die Zahlung von *Taschengeld.* Wie in Fall 8 wird lediglich eine wirtschaftliche Leistung gefordert. Als mögliche Rechtsgrundlage wäre § 41 Abs. 2 i.V. § 39 SGB VIII zu prüfen. § 39 Abs. 2 S. 2 u. 3 SGB VIII sieht die Zahlung von Heimkosten, Pflegegeld und – bei auswärtiger Unterbringung im Heim oder in einer Vollzeit-Pflegestelle – »einen angemessenen Barbetrag zur persönlichen Verfügung des Kindes oder des Jugendlichen« vor. Da der Anspruch auf Taschengeldzahlung wie der Anspruch auf Zahlung »des notwendigen Unterhalts außerhalb des Elternhauses« ein sogenannter »Annexanspruch« ist (vgl. § 39 Abs. 1 S. 1 SGB VIII) und die Gewährung einer stationären (nicht teilstationären) Hilfe für junge Volljährige oder Eingliederungshilfe gem. § 35a SGB VIII voraussetzt, wäre der Antrag abzulehnen. Die gegenteilige Meinung im DIV-Gutachten vom 6.4.98 (ZfJ 1998, 340ff.) zu den »Therapienebenkosten« wie Taschengeld und Bekleidungspauschale setzt sich über den Wortlaut des § 39 Abs. 1 SGB VIII hinweg, verwischt den Unterschied zwischen »pädagogischer« Hauptleistung und »wirtschaftlicher« zusätzlicher Annexleistung im gesamten System der Jugendhilfe und vermag daher nicht zu überzeugen. (Zur »Annexleistung« vgl. im Übrigen Ausführungen oben zu Fall 8 und Fall 4 Nr. 3 – zur vorrangigen Zuständigkeit der Krankenversicherung *Kepert,* LPK-SGB VIII, § 35a Rn. 28.)

Ergebnis: Gunda hat gegen das Jugendamt keinen Anspruch auf Zahlung von Taschengeld, da die Hauptleistung – Unterbringung in einer Einrichtung der Drogenhilfe – nicht vom Träger der öffentlichen Jugendhilfe als stationäre Hilfe für junge Volljährige erbracht wird.

2.8 „Achim"

Der 20-jährige *Achim* hat vor Beginn der Leistung seinen gewöhnlichen Aufenthalt in Braunschweig. Daher ist das Jugendamt Braunschweig für die begehrte Hilfe gem. § 86a Abs. 1 SGB VIII örtlich zuständig.

Der Antrag ist aber als unbegründet zurückzuweisen, da nach der sozialhygienischen Stellungnahme des Amtsarztes eine seelische Behinderung oder eine drohende seelische Behinderung des Drogenabhängigen zwar möglicherweise nicht auszuschließen ist, aber nicht den Schwerpunkt der Behinderung ausmacht. Vielmehr steht eine geistige Behinderung im Vordergrund. Eingliederungshilfe für geistig behinderte junge Volljährige ist aber derzeit noch gem. § 10 Abs. 4 S. 2 SGB VIII vorrangig nach dem SGB IX vom Träger der Eingliederungshilfe nach SGB IX zu gewähren. (Bei Zusammentreffen von geistiger und seelischer Behinderung – einer Form der Mehrfachbehinderung – ist die Sozialhilfe vorrangig). Ab 2028 ist die Jugendhilfe zuständig (siehe Übungsblatt 8).

Ergebnis: Achims Antrag ist nicht stattzugeben. Er ist aber nach § 41 Abs. 3 darauf hinzuweisen, einen Antrag auf Eingliederungshilfe beim RehaTräger nach SGB IX zu stellen.

ÜBUNGSBLATT 10
Andere Aufgaben der Jugendhilfe

Während es im Zweiten Kapitel des SGB VIII in den §§ 11 bis 41 SGB VIII um die sog. Leistungen geht, sind im Dritten Kapitel des SGB VIII die sog. „Anderen Aufgaben der Jugendhilfe" in den §§ 42 bis 60 SGB VIII geregelt.

In den folgenden Übungsblättern werden daraus exemplarisch der **Erste Abschnitt** mit den „ Vorläufigen Maßnahmen zum Schutz von Kindern und Jugendlichen" im Rahmen der Inobhutnahme (§§ 42 bis 42 f SGB VIII) in Übungsblatt 10, der **Dritte Abschnitt** mit der" Mitwirkung in gerichtlichen Verfahren"(§§ 50 bis 52 SGB VIII in Übungsblatt 11 und der **Vierte Abschnitt** mit der „ Beistandschaft, Pflegschaft und Vormundschaft, Auskunft über die Nichtabgabe von Sorgeerklärungen" (§§ 52 a bis 58 a SGB VIII) in Übungsblatt 12 behandelt.

Nach der Systematik des SGB VIII können Bedenken bestehen, ob die Inobhutnahme als Gewährung von **Sozialleistungen** zu qualifizieren und damit § 36 Abs. 1 SGB I anzuwenden ist. Die Jugendhilfe umfasst nach § 2 Abs. 1 SGB VIII Leistungen und andere Aufgaben zugunsten junger Menschen und Familien. Zu den in § 2 Abs. 2 SGB VIII aufgezählten Leistungen gehört die Inobhutnahme aber nicht, vielmehr wird sie in Abs. 3 Nr. 1 als andere Aufgabe der Jugendhilfe aufgeführt. Mit dem Begriff „andere Aufgaben" werden grundsätzlich solche Hilfen bezeichnet, durch die keine Sozialleistung i.S.v. § 11 SGB I begründet werden. Soweit der Staat zur Inobhutnahme eines Kindes im Rahmen des Wächteramtes verpflichtet ist, besteht jedoch auch ein korrespondierender Leistungsanspruch des Kindes. Insoweit liegt daher eine Sozialleistung i.S.d. § 11 SGB I vor und zwar als persönliche und erzieherische Hilfe

Gem. § 76 Abs. 1 SGB VIII können Träger der **freien** Jugendhilfe (z.B. der Kinderschutzbund) bei der Wahrnehmung dieser Aufgaben beteiligt werden; die Verantwortlichkeit für die Erfüllung der Aufgaben verbleibt aber beim Träger der öffentlichen Jugendhilfe (§ 76 Abs. 2 SGB VIII). Einen Verwaltungsakt (§ 31 SGB X) zur Inobhutnahme kann ein freier Träger nicht erlassen.

Inobhutnahme

Zu unterscheiden ist die vorläufige Inobhutnahme zur Verteilung von unbegleitet eingereisten minderjährigen Ausländern (UMA) nach § 42 a SGB VIII von der (endgültigen) Inobhutnahme der UMA und anderer gefährdeter Kinder und Jugendlichen nach § 42 SGB VIII. Bei dieser sind gem. § 42 Abs. 1 S. 1 Nr. 1, 2 und 3 SGB VIII zu unterscheiden.

Nr. 1: Selbstmelder;

Nr. 2: dringend Gefährdete;

Nr. 3: unbegleitete minderjährige Ausländer.

Nr. 2 umfasst zugleich die *Herausnahme* (S. 2 Hs. 2). Absätze 2–6 regeln das Verfahren, aber auch Leistungen (z.B. den Unterhalt in Abs. 2 S. 3).

Bei der vorläufigen Inobhutnahme nach § 42 a SGB VIII geht es um die Verteilung der Minderjährigen und das Verfahren gem.§§ 42 b -f SGB VIII, insb.um die Altersfeststellung nach § 42 f SGB VIII.

Ein minderjähriger unbegleiteter Ausländer (UMA) ist vom Träger der öffentlichen Jugendhilfe in Obhut zu nehmen und in einer geeigneten Einrichtung unterzubringen (§ 42 Abs. 1 S. 1 Nr. 3, S. 2 SGB VIII). Vom Jugendamt als Amtsvormund oder Amtspfleger ist dann ein Antrag auf Asyl beim Bundesamt zu stellen (§ 14 Abs. 2 S. 1 Nr. 2 AsylG) wie § 42 Abs. 2 S. 5 SGB VIII nunmehr ausdrücklich bestimmt. Ein 16-jähriger Flüchtling kann den Asylantrag selbst stellen (§ 12 Abs. 1 AsylG). Damit entfällt für den minderjährigen unbegleiteten Flüchtling die Pflicht, in einer Aufnahmeeinrichtung zu wohnen (§ 47 Abs. 1 AsylG). Weitere zu beachtende Vorschriften im Zusammenhang mit §§ 42, 42 a SGB VIII

§§ 87, 88 a SGB VIII: Örtliche Zuständigkeit;

§ 89 b SGB VIII: Kostenerstattung durch (anderen) Träger der öffentlichen Jugendhilfe;

§ 91 SGB VIII: Grundsätze der Heranziehung zu den Kosten;

§ 8 a SGB VIII: Schutzauftrag.

Lies zunächst Kunkel, Jugendhilferecht, Rn. 218 -221.

Lesenswert ist das Urteil des Bay.VGH vom 23.9.2014 -12 CE 14.1856, JAmt 2014, 233. und der Beschluss vom 13.12.2016 – 12 CE 16.2333,juris.

Fragen und Fälle

1. Fall:

1.1

Die obdachlose Heimausreißerin Ilona, 15 Jahre alt, entzieht sich seit 3 Jahren erfolgreich jeglichen Versuchen, sie zu erziehen. Sie lebt auf der Straße und nutzt gelegentlich ein Angebot der Jugendhilfe: Sie nächtigt in einem umgebauten Bauwagen, duscht sich dort und bekommt ein warmes Essen. Handelt es sich hier um eine Inobhutnahme der Jugendlichen gem. § 42 SGB VIII?

1.2

Das Jugendamt erfährt von einer Fachkraft der Sozialpädagogischen Familienhilfe, dass der 2 Monate alte Säugling Julius der Familie Meier anscheinend nur unzureichend ernährt wird und Austrocknung bzw. Verhungern des Kleinen droht. Außerdem weise das Kind Misshandlungsspuren auf. Besteht eine Verpflichtung des Jugendamts, das Kind aus der elterlichen Familie herauszuholen und vorläufig anderweitig unterzubringen?

2. Fall:

2.1 (Teil 1): Der 15jährige Ausreißer Jochen aus Berlin wird auf dem Hauptbahnhof in Braunschweig von der Polizei aufgegriffen. Jochen riecht stark nach Alkohol, sieht verschmutzt und übermüdet aus und ist nach eigenen Angaben schon zwei Monate lang unterwegs. Kontakte zu seinen Eltern hat er vor einem halben Jahr abgebrochen. Er verweigert Angaben zu seiner Familiensituation und über mögliche Straftaten zur Finanzierung seines Lebensunterhaltes etc... Mehrfach erwähnt er jedoch seinen früheren Klassenlehrer Herrn Bruns, der jetzt in Hildesheim wohnen soll. Jochen wird zum Jugendamt gebracht. Zunächst kommt er für drei Tage – Kosten 250 Euro pro Tag – in eine Jugendschutzstelle und wird schließlich bei der »Bereitschaftspflegestelle«, dem Ehepaar Schröder, für die Dauer von einer Woche vorläufig untergebracht. Der gegenwärtige Aufenthalt der Eltern des Jungen kann zunächst nicht ermittelt werden; entweder sind sie verreist oder verzogen.

1. Ist die örtliche Zuständigkeit des Jugendamts Braunschweig für die Maßnahme »Inobhutnahme des Jugendlichen« gegeben?
2. Beschreiben Sie anhand des Falles das Verfahren der Inobhutnahme von Kindern und Jugendlichen durch das Jugendamt.
3. Wer hat für die Kosten der Inobhutnahme aufzukommen? Können Jochens Eltern und dieser selbst zu den Kosten herangezogen werden?

2. 2 (*Fortsetzung, Teil 2*):

Jochens Eltern werden in Berlin ausfindig gemacht. Es stellt sich in einem Telefongespräch mit einem Sozialarbeiter des Jugendamts Braunschweig heraus, dass die Verhältnisse bei ihnen geordnet sind, Jochen könnte bei ihnen leben. Sie geben aber deutlich zu erkennen, dass sie ihr Kind nicht mehr bei sich aufnehmen wollen, da Jochen schon öfter ausgerissen ist. Sie lehnen es strikt ab, den Jungen auch nur vorübergehend bei sich zu dulden.

1. Gehört es zu den Pflichten des den Ausreißer aufgreifenden Jugendamts, den Jugendlichen seinen Eltern zuzuführen, oder sind diese in einem solchen Fall grundsätzlich verpflichtet, ihr Kind abzuholen?
2. Können die Eltern vom Jugendamt zur Aufnahme ihres Kindes gezwungen werden?
3. Ist hier eine geschlossene Unterbringung des Jugendlichen in einer Jugendschutzstelle erlaubt und pädagogisch sinnvoll?

Ausführlich zu diesen Fragen *Kunkel/Kepert/Pattar, LPK-*, SGB VIII, § 42 Rn. 14 ff. Zur geschlossenen Unterbringung siehe auch Frage 5.

3. Fall:

Die 12-jährige Bettina offenbart der Betreuerin Frau K. während eines vom Jugendamt durchgeführten Zeltlagers, dass ihr Stiefvater ihr nachstelle, während die Mutter bei der Arbeit sei. Er habe früher die kleine Schwester missbraucht, die jetzt im Heim lebe. Sie habe Angst vor dem Stiefvater und wolle auf keinen Fall mehr nach Hause zurück. Frau K. bezweifelt Bettinas Angaben und beschwichtigt das Mädchen. Sie erklärt ihr, da könne man nichts machen, Bettina müsse nach Hause zurück. Stimmt das? Oder muss das Jugendamt Bettina in Obhut nehmen?

Unterscheiden Sie streng die *Voraussetzungen für eine behördliche Inobhutnahme* gem. § 42 SGB VIII von den Fragen, die sich im Zusammenhang mit einer *Missbrauchsverdächtigung durch Jugendamtsfachkräfte* ergeben können. Letztere wird u.a. von *Ollmann* problematisiert in ZfJ 1996, 486 ff.

4. Fall:

Die 10-jährige Brigitte liegt mit Verletzungen im Krankenhaus, die von Schlägen herrühren – nicht von einem Treppensturz, wie die Mutter angibt. Die behandelnden Ärzte haben einen Verdacht, fühlen sich jedoch an ihre Schweigepflicht gebunden und verfolgen die Angelegenheit nicht weiter. Brigitte wird später nach Hause zur allein sorgeberechtigten Mutter entlassen, läuft aber fort. Das Jugendamt erhält Kenntnis von diesem Sachverhalt. Ist Brigitte gegen ihren Willen der Mutter zuzuführen?

5. Frage:

Was ist unter »freiheitsentziehenden Maßnahmen« zu verstehen? Unter welchen Voraussetzungen sind diese im Rahmen der Inobhutnahme zulässig, und wer entscheidet hierüber?

6. Fall:

Die 15-jährige schwangere Lisa wird von der Polizei um 01.00 Uhr nachts a) in der Disco, b) auf der Straße aufgegriffen und dem Jugendamt zugeführt.

Nach welchen Vorschriften erfolgt die Inobhutnahme durch das Jugendamt, wenn Lisa ihren Personensorgeberechtigten nicht zugeführt werden kann? (Vgl. auch § 8 Jugendschutzgesetz.)

7 Fall:.

Die 17-jährige Katrin ist von zu Hause weggelaufen und lebt mit Zustimmung ihrer Eltern seit einer Woche bei dem Zuhälter Fred in dessen Wohnung.

Darf das Jugendamt gegebenenfalls unter Einsatz unmittelbaren Zwangs Katrin aus der Wohnung holen und vorläufig anderweitig unterbringen?

8. Fall:

Der 4-jährige Stefan befindet sich über das Wochenende bei seiner Tante, da seine Eltern verreist sind. Die Tante misshandelt Stefan (Samstagnacht). Sein Schreien alarmiert Nachbarn, diese informieren die Polizei, die u.a. den Notdienst des Jugendamtes einschaltet. Maßnahme des Jugendamtes?

9. Fall:

Die 15-jährige Beate befindet sich bei einer von den Eltern ausgesuchten Pflegefamilie. Gegen die Eltern lief ein Verfahren auf Sorgerechtsentzug vor dem Familiengericht gem. § 1666 BGB, da Beates Wohl zuhause erheblich gefährdet war (und weiterhin ist). Das Gerichtsverfahren gegen die Eltern wurde ausgesetzt, da die Gefahr für Beates Wohl zunächst einmal durch ihre Unterbringung bei Pflegeeltern abgewendet wurde. Die Personensorgeberechtigten stellen nunmehr beim Jugendamt einen Antrag auf Hilfe zur Erziehung. Das Jugendamt hält die Pflegeperson für die von den Eltern längerfristig angestrebte Hilfe »Vollzeitpflege« (§§ 27, 33 SGB VIII) nicht geeignet, befürwortet aber die (vorübergehende) Unterbringung Beates bei den Pflegeeltern im Rahmen einer »Inobhutnahme« gem. § 42 SGB VIII. Das Jugendamt gibt eine »Eignungserklärung« zugunsten der Pflegefamilie gem. § 42 Abs. 1 S. 2 SGB VIII ab und sucht gleichzeitig nach einer anderen geeigneten Familie für eine Unterbringung der Jugendlichen gem. §§ 27, 33 SGB VIII.

a) Diskutieren Sie das Verfahren des Jugendamts in diesem Fall.
b) Unterscheiden Sie die Inobhutnahme und Unterbringung gem. § 42 Abs. 1 S. 2 SGB VIII und die Unterbringung bei Vollzeitpflege gem. §§ 27, 33 SGB VIII.
c) Erhält die Pflegeperson bei Inobhutnahme ein Pflegegeld vom Jugendamt?

10. Fall:

Die Mutter des Kindes wohnt in Helmstedt, sie arbeitet in Braunschweig. Nun kommt sie mit dem Kind ins Jugendamt Braunschweig und fordert die sofortige Unterbringung ihres Kindes in einer Pflegestelle, »sonst passiert was.« Der Sachbearbeiter des Jugendamts hat den Eindruck einer für das Kind »gefährlichen Situation.« Ist das Jugendamt Braunschweig für Eilmaßnahmen gem. § 42 SGB VIII hier örtlich zuständig? (Siehe auch Übungsblatt 14 Fall 5.)

Lösungen zu Übungsblatt 10

1. Fall: „Ilona"

Gem. § 42 Abs. 1 S. 2 ist Inobhutnahme eines Kindes oder Jugendlichen dessen vorläufige Unterbringung in einer Notlage oder Gefährdungssituation. Diese Unterbringung hat bei geeigneten Pflegepersonen (»Bereitschaftspflege«), in einer Einrichtung der Jugendhilfe oder in einer betreuten Wohnform zu erfolgen. Von einer solchen »Unterbringung« ist im Fall jedoch nicht die Rede. Die Beratung und ggf. Erziehung, Beaufsichtigung und Aufenthaltsbestimmung des Kindes oder des Jugendlichen gehört weiterhin zu den Aufgaben des Jugendamts bzw. des von diesem beauftragten Trägers der freien Jugendhilfe während der Unterbringung; dabei ist der mutmaßliche Wille des Personensorgeberechtigten oder des Erziehungsberechtigten angemessen zu berücksichtigen. Auch die Wahrnehmung dieser Aufgaben anstelle der verhinderten Personensorgeberechtigten ist im Fall nicht vorgesehen. Schließlich fehlt es auch an der Beachtung des in Absatz 2 und 3 geregelten Verfahrens der Unterbringung.

Hinweis: Der Fall bietet Anlass, sich mit dem Wesen der Inobhutnahme auseinanderzusetzen. Häufig wird immer noch von der Vorstellung ausgegangen, »Inobhutnahme« gem. § 42 SGB VIII sei ein »Eingriff«. Nach moderner Auffassung stimmt das spätestens seit dem Inkrafttreten des KJHG 1991 nicht mehr. In der Begründung der Bundesregierung zum Gesetzentwurf zur Neuordnung des Kinder- und Jugendhilferechts werden Grundlagen und Zielsetzung der gesetzlichen Regelung der Inobhutnahme von Kindern und Jugendlichen wie folgt erläutert:

»Die Vorschrift regelt sozialpädagogische Hilfen des Jugendamts... im Krisen- und Gefahrenfall... Inobhutnahme von Kindern und Jugendlichen ist in der Vergangenheit häufig als Einschließen, als sicheres Verwahren und nicht als sozialpädagogisches Hilfeangebot im Sinne einer Krisenintervention verstanden worden... Die Vorschrift will insbesondere die Tätigkeit von sogenannten Jugendschutzstellen, Aufnahmeheimen, Kinder- und Jugendnotdiensten und Bereitschaftspflegestellen auf eine hinreichende rechtliche Grundlage stellen und den sozialpädagogischen Anspruch ihrer Arbeit hervorheben.«

Auf diese Aspekte hat *K. Späth* in seinem Beitrag »Konzeption und Praxis der Inobhutnahme nach § 42 KJHG« (abgedruckt in ZfJ 1998, 303 ff.) hingewiesen und weiter ausgeführt:

»Damit ist deutlich gemacht, daß die Inobhutnahme, aus welchem Grund und in welcher Form sie auch immer angeboten und durchgeführt wird, nach dem Willen des Gesetzgebers in erster Linie eine sozialpädagogische Aufgabenstellung zu erfüllen hat. Nicht ein Aufsichts- und Kontrollinteresse des Staates oder der Öffentlichkeit steht im Vordergrund, sondern die Bereitstellung von Hilfe- und Unterstützungsangeboten für Kinder und Jugendliche in Krisen- und Gefährdungssituationen. Dieser Anspruch kann allerdings nur eingelöst werden, wenn für diese Tätigkeit besonders qualifizierte Fachkräfte in ausreichender Zahl vorhanden und auch eingesetzt werden können.«

Ergebnis: Das gelegentliche Übernachten in einem Bauwagen und die Versorgung mit Essen ohne weitergehende pädagogische Betreuung ist keine vorläufige Unterbringung und stellt deshalb keine Inobhutnahme nach dem SGB VIII dar.

2. Fall „Julius"

Im Unterschied zu der vor dem KICK geltenden Rechtslage enthält nun § 42 Abs. 1 S. 1 Nr. 2 SGB VIII eine Ermächtigungsgrundlage für die Herausnahme eines Kindes aus der eigenen Familie. Außerdem gilt die Nr. 2 für die Zuführung des Kindes durch die Polizei oder Dritte von jugendgefährdenden Orten. Aber auch unversorgte Kinder, z.B. nach einem Verkehrsunfall der Eltern, sind in Obhut zu nehmen (so *Lakies,* ZfJ 1992, 52).

Die Inobhutnahme eines gefährdeten Kindes ist Teil des in § 8a SGB VIII geregelten Schutzauftrages des Jugendamtes (§ 8a Abs. 2 S. 2 SGB VIII). Sie kommt nur dann in Betracht, wenn eine Entscheidung des Familiengerichts (auch durch einstweilige Anordnung) nicht abgewartet werden kann (§ 42 Abs. 1 S. 1 Nr. 2 b und § 8a Abs. 2 S. 2 SGB VIII).

Ergebnis: Der Säugling ist wegen einer dringenden Gefahr für sein Wohl (Lebensgefahr, da Verhungern droht) vom Jugendamt/von der Polizei sofort aus der Familie zu entfernen und anderweitig unterzubringen. Die Polizei ist einzuschalten, wenn das Gebot der Herausgabe des Kindes (VA) nicht befolgt wird und daher der VA vollstreckt werden muss. Die Vollstreckung mit unmittelbarem Zwang geschieht durch die Polizei (§ 42 Abs. 6 SGB VIII), die nach den Polizeigesetzen der Länder zur Amtshilfe verpflichtet ist, was in einzelnen Ausführungsgesetzen zum SGB VIII eigens geregelt ist (z.B. § 26 Abs. 2 LKJHG BW).

3. Fall „Jochen"

(Teil 1):

1. *Die örtliche Zuständigkeit* für die Inobhutnahme des jugendlichen Ausreißers Jochen ist in § 87 SGB VIII geregelt. Danach ist der örtliche Träger der öffentlichen Jugendhilfe zuständig, in dessen Bereich sich das Kind oder der Jugendliche vor Beginn der Maßnahme tatsächlich aufhält; *das ist Braunschweig (in Berlin, nach der Fallgestaltung der Wohnsitz der Eltern, hat Jochen den* gewöhnlichen Aufenthaltsort; auf diesen kommt es bei der Maßnahme nicht an).

2. *Verfahren der Inobhutnahme in diesem Fall:* Die Inobhutnahme ist ein Verwaltungsakt (§ 31 SGB X), der schriftlich, mündlich oder in anderer Weise erlassen werden kann und dessen sofortige Vollziehbarkeit angeordnet werden kann. Adressat des Verwaltungsakts ist das Kind oder der Jugendliche selbst, in diesem Fall also Jochen (vgl. *Kunkel/Kepert*, LPK-SGB VIII, Anhang Verfahren Rn. 32). Mit der Inobhutnahme *ist Jochen* unverzüglich *(§ 121 BGB:* ohne schuldhaftes Zögern), das heißt hier, sobald er ausgeschlafen ist und sich waschen konnte, Gelegenheit zu geben, Herrn Bruns als Person seines Vertrauens zu benachrichtigen. Das könnte evtl. durch ein Telefonat geschehen. Jochen ist in seiner gegenwärtigen Lage zu beraten; ihm sind Möglichkeiten der Hilfe und Unterstützung aufzuzeigen (§ 42 Abs. 2 SGB VIII). Durch das vorgeschriebene Verfahren ist gewährleistet, dass eine erste sozialpädagogische Krisenintervention stattfindet.
3. *Kosten der Inobhutnahme:* § 42 Abs. 2 S. 3 SGB VIII regelt, dass während der Inobhutnahme der notwendige Unterhalt und die Krankenhilfe sicherzustellen sind. Gem. §§ 91 Abs. 1 Nr. 7, 92 SGB VIII sind der Jugendliche und seine Eltern zu einem zumutbaren Kostenbeitrag heranzuziehen. Grundsätzlich übernimmt der Träger der öffentlichen Jugendhilfe die Kosten der »anderen Aufgabe« Inobhutnahme gem. § 91 Abs. 5 SGB VIII zunächst einmal unabhängig davon, ob dem Jugendliche und seinen Eltern die Aufbringung der Mittel aus ihrem Einkommen oder Vermögen zuzumuten ist und ein Kostenbeitrag erhoben werden kann. Dem zuständigen Jugendamt Braunschweig sind die Kosten durch das Jugendamt des gewöhnlichen Aufenthalts – Berlin – gem. § 89 b Abs. 1 SGB VIII zu erstatten.

Fortsetzung, Teil 2):
1. An dieser Stelle ist genauer auf die *Voraussetzungen* der Inobhutnahme in diesem Fall einzugehen. Sie ergeben sich aus § 42 Abs. 1 S. 1 Nr. 2 SGB VIII: Ein Jugendlicher ist in Obhut zu nehmen, wenn *eine* dringende Gefahr für sein Wohl die Inobhutnahme erfordert, wenn also ein Schadenseintritt unmittelbar bevorsteht (vgl. VG Stuttgart, Beschl. v. 23.11.2011, Az. 7 K 2240/11).. Diese dringende Gefahr liegt im Fall vor, da der 15-jährige übermüdet und alkoholisiert aufgegriffen wird. Somit ergibt sich eine Pflicht des Jugendamts, den Personensorgeberechtigten unverzüglich zu benachrichtigen (nicht stets »sofort«, sondern »ohne schuldhaftes Zögern«, d.h. n*ach* angemessener Zeit der Prüfung und Entscheidung, nach Klärung der sorgerechtlichen Situation, vgl. *Wiesner* a.a.O. Rn. 35).

   Diese Benachrichtigung ist in unserem Fall erfolgt, nun ergibt sich die Frage, ob die Eltern die Pflicht haben, Jochen aus Braunschweig abzuholen. Die Frage ist zu bejahen. Das Gesetz enthält keine Verpflichtung, den Jugendlichen zum Wohnort der Eltern zu begleiten (Näheres bei *Wiesner*, SGB VIII, § 42 Rn. 44). Eine Begleitung wäre auch sinnlos, da die Eltern Jochens Aufnahme entschieden abgelehnt haben. Kommen die Eltern ihrer Verpflichtung nicht nach, wäre vom Jugendamt in Braunschweig das für sozialpädagogische Leistungen gem. § 86 SGB VIII örtlich zuständige Jugendamt in Berlin einzuschalten, damit dieses zusammen mit den Eltern ggf. weitere Maßnahmen planen und einleiten kann. In der Zwischenzeit bleibt Jochen zunächst in der Bereitschaftspflegestelle bei dem Ehepaar Schröder. Die vorgesehene Frist von einer Woche für die vorläufige Unterbringung wäre dann zu verlängern, wenn innerhalb dieser Frist die Angelegenheit noch nicht geklärt werden kann.
2. Das Jugendamt hat keine Möglichkeiten, Zwangsmaßnahmen gegen Eltern einzuleiten. Eine Verpflichtung zum Tätigwerden – Anrufung des Familiengerichts

– könnte sich aber aus § 8 a Abs. 2 SGB VIII ergeben, wenn Sorgerechtsmaßnahmen gem. § 1666 BGB gegen Eltern eingeleitet werden müssten (z.b. Entzug des Aufenthaltsbestimmungsrechts), um eine Gefährdung des Jugendlichen abwenden zu können, die durch die Untätigkeit der Eltern entsteht.
3. Eine geschlossene Unterbringung, das ist eine Unterbringung als freiheitsentziehende *Maßnahme, ist nur unter den Voraussetzungen des § 42 Abs. 5 SGB VIII möglich, d.h. wenn sie* erforderlich ist, *um eine* Gefahr für Leib oder Leben des Jugendlichen *oder Dritter abzuwenden.* Nur das Jugendamt ist in diesem Fall befugt, einen weiteren Verwaltungsakt – Anordnung des vorläufigen Freiheitsentzuges – zu erlassen. Die Freiheitsentziehung durch das Jugendamt ist ohne gerichtliche Entscheidung des Familiengerichts spätestens mit Ablauf des Tages nach ihrem Beginn zu beenden (§ 42 Abs. 5 S. 2 SGB VIII); z.B. Unterbringung am 5.12. um 14 Uhr, Beendigung am 6.12. um 24 Uhr. In unserem Fall fehlen Anhaltspunkte für eine derartige Gefahrensituation. Es ist auch höchst umstritten, ob die Maßnahme geschlossene Unterbringung gem. § 42 SGB VIII selbst dann, wenn sie erlaubt wäre, pädagogisch sinnvoll ist. In unserem Fall würde eine Unterbringung unter Freiheitsentzug beispielsweise dazu führen, dass Jochen seinen Aufenthaltsort bei Familie Schröder aufgeben müsste, da die freiheitsentziehende Maßnahme – Unterbringung in einer geschlossenen Einrichtung oder in einer einzelnen Abteilung oder einem einzelnen Raum derselben – in einer Pflegefamilie nicht möglich ist (vgl. auch *Trenczek* in ZfJ 2000, 121 ff.).

Ergebnis: Da hier konkrete Anhaltspunkte für eine fortdauernde Gefahr für Leib oder Leben des Jugendlichen oder Dritter, die nur durch Unterbringung in einer geschlossenen Einrichtung (z.B. Jugendschutzstelle) abgewendet werden kann, nicht vorliegen, ist die geschlossene Unterbringung des Jugendlichen nicht erlaubt. Sie wäre im Übrigen vermutlich auch pädagogisch unsinnig, da Jochen bei einer derartigen Maßnahme seinen Unterbringungsort in der Bereitschaftspflegestelle aufgeben müsste.

4. Fall:" Bettina"

Eine Verpflichtung des Jugendamts, Bettina in Obhut zu nehmen, ergibt sich aus § 42 Abs. 1 S. 1 Nr. 1 SGB VIII. Danach hat das Jugendamt ein Kind oder einen Jugendlichen in Obhut zu nehmen, wenn das Kind oder der Jugendliche um Obhut bittet. Weitere Voraussetzungen enthält das Gesetz nicht. Insbesondere ist das Kind oder der Jugendliche (»Selbstmelder«) nicht verpflichtet, eine Not- oder Konfliktlage, von der in solchen Fällen grundsätzlich auszugehen ist, darzulegen und glaubhaft zu machen. Die Verpflichtung trifft das Jugendamt, in dessen Bereich sich Bettina vor Beginn der Maßnahme tatsächlich aufhält (§ 87 SGB VIII). Zuständig ist also nicht das Jugendamt des »gewöhnlichen Aufenthalts« des Kindes, sondern das Jugendamt am Ort des Zeltlagers, sofern die Betreuerin vor Ort eine Inobhutnahme veranlasst. Das »Heimatjugendamt« ist zuständig, falls Bettina erst nach ihrer Rückkehr aus dem Zeltlager in Obhut genommen werden soll.

Bei der Inobhutnahme des »Selbstmelders« (vgl. hierzu *Czerner,* ZfJ 2000, 371 ff. (374)), kommt der »unverzüglichen Unterrichtung« des Personensorgeberechtigten von der (erfolgten) Inobhutnahme, die gem. § 42 Abs. 3 S. 1 SGB VIII vorgeschrieben ist, ein besonderes Gewicht zu, da die Bitte um Obhut bereits ein Indiz für eine Konflikteskalation darstellt und die Reaktion der Eltern häufig nicht vorhersehbar ist. Eine angemessene Zeit zur Prüfung und Entscheidung, sollte daher im Einzelfall der Benachrichtigung vorausgehen. Diese Zeit kann im Einzelfall einen Zeitraum von ein bis zwei Tagen umfassen (so *Wiesner* a.a.O. Rn. 37).

Falls hier eine Inobhutnahme nach Absprache mit der 12-jährigen und in Abstimmung mit dem Jugendamt vor Ort bereits während des Zeltlagers erfolgen soll und – nach Prüfung – von dort die Benachrichtigung der Eltern erfolgt, ist weiter zu überlegen, wie zu verfahren ist, wenn die Eltern anreisen, um Aufklärung bitten und auf Abholung ihres Kindes dringen. Sofern durch die Benachrichtigung der Eltern über den gegenwärtigen Aufenthaltsort des Kindes eine unmittelbare Gefährdung des Wohls des Kindes droht, ist das Jugendamt berechtigt, die Unterrichtung der Eltern auf die Tatsache der Inobhutnahme ohne genaue Nennung des Aufenthaltsortes des Kindes zu begrenzen (so *Wiesner* a.a.O. Rn. 38 mit weiterer Begründung). In dem Fall wäre das Familiengericht einzuschalten und auf das Verschweigen des Aufenthaltsorts hinzuweisen.

Auch im europäischen Ausland ist eine »Inobhutnahme« von Kindern und Jugendlichen (auch von »Selbstmeldern«) durch die dortigen Behörden bei einer drohenden Gefährdung eines Minderjährigen nach dem Haager Minderjährigenschutzabkommen (MSA) und dessen „Nachfolgemodell" dem Haager Kinderschutzübereinkommen (HKÜ) möglich.

Ergebnis: Die Aussage der Betreuerin stimmt nicht. Wenn ein Kind oder ein Jugendlicher, in diesem Fall die 12-jährige Bettina, das Jugendamt um »Inobhutnahme« bittet, so *ist* diesem Wunsch zu entsprechen (§ 42 Abs. 1 S. 1 SGB VIII). Über die erfolgte Inobhutnahme sind die Personensorgeberechtigten *unverzüglich* zu unterrichten (§ 42 Abs. 3). Widersprechen sie der Inobhutnahme, ist das Kind ihnen entweder unverzüglich zu übergeben, oder (bei Kindeswohlgefährdung) eine Entscheidung des Familiengerichts herbeizuführen (§ 42 Abs. 3 S. 2 Nr. 2 SGB VIII).

5. Fall: „Brigitte"

Die Voraussetzungen für eine Inobhutnahme durch das Jugendamt sind gemäß § 42 Abs. 1 SGB VIII zu prüfen. Eine dringende Gefahr für das Wohl des 10- jährigen Kindes, die eine vorläufige Unterbringung erfordert, liegt objektiv vor, da der begründete Verdacht auf Kindesmisshandlung im Elternhaus besteht. Hierfür spricht die Vermutung der Ärzte, aber auch das Verhalten des 10-jährigen Kindes selbst, das nach dem Krankenhausaufenthalt von zuhause fortgelaufen ist (zu den Anforderungen an den Nachweis der Gefahrenlage siehe auch unten Fall 10). Das Jugendamt hat in diesem Fall zu versuchen, durch ärztliches Zeugnis (evtl. Einschaltung eines Amtsarztes) zu klären, ob ein bestehender Verdacht erhärtet werden kann (§ 8 a Abs. 1 SGB VIII). Bei seiner Ermittlungstätigkeit im Zusammenhang mit der geplanten Inobhutnahme darf das Jugendamt gem. § 62 Abs. 3 Nr. 2 c) personenbezogene Daten grundsätzlich ohne Mitwirkung des Betroffenen erheben (*Kepert*, LPK-SGB VIII, § 42 Rn. 55). Die behandelnden Ärzte sind in derartigen Fällen nicht unbedingt an ihre ärztliche Schweigepflicht gem. § 203 StGB gebunden. Sie könnten sich unter Umständen gem. § 34 StGB auf einen »rechtfertigenden Notstand« oder auf eine Offenbarungsbefugnis nach § 4 KKG berufen, der die Weitergabe der Verdachtsmomente an das Jugendamt erlaubt, nach Einfügung des Abs. 3 S. 3 durch das KJSG, sogar im Regelfall verpflichtet. Spätestens dann, wenn nach den weiteren Ermittlungen des Jugendamts und ggf. einem ärztlichen Zeugnis eine »dringende Gefahr« für das Kindeswohl feststeht, hat die Inobhutnahme des Kindes zu erfolgen; eine sofortige Rückführung des Kindes wäre dann unzulässig. Erst nach weiterer Klärung der Gefahrenlage und der erzieherischen Situation würde Bettina anschließend entweder der personensorgeberechtigten Mutter zugeführt, oder aber weitere erzieherische Maßnahmen wären einzuleiten.

Kunkel

Ergebnis: Sofern der Verdacht auf Kindesmisshandlung durch ärztliches Zeugnis erhärtet werden kann, erfordert eine dringende Gefahr für das Wohl des Kindes dessen Inobhutnahme. Eine sofortige Rückführung des Kindes zur Mutter wäre in diesem Fall unzulässig. Die behandelnden Krankenhausärzte sind unter Umständen gem. § 34 StGB oder § 4 KKG befugt und im Regelfall auch verpflichtet, ihren Verdacht dem Jugendamt gegenüber zu offenbaren, ohne dass zuvor eine Entbindung von der ärztlichen Schweigepflicht durch die personensorgeberechtigte Mutter erfolgen müsste.

6. Fall: „Lisa"

1) Hält die 15-jährige Lisa sich in der Disco auf, so verstößt sie gegen das Jugendschutzgesetz, da Jugendlichen unter 16 Jahren die Anwesenheit bei öffentlichen Tanzveranstaltungen ohne Begleitung eines Erziehungsberechtigten nicht gestattet ist (§ 5 JuSchG). Lisa ist zum Verlassen dieses »jugendgefährdenden Ortes« anzuhalten. Sofern die Schwangere wegen ihres Zustands besonderer Fürsorge bedarf, ist sie dann, wenn kein Erziehungsberechtigter erreichbar ist, dem Jugendamt zuzuführen.

2) Die Straße als solche ist kein jugendgefährdender Ort; das Jugendschutzgesetz kommt nicht zur Anwendung. Ein Eingreifen der Polizei ist nach den Gefahrenabwehrgesetzen der Länder geboten, sofern der schwangeren Minderjährigen nachts auf der Straße eine Gefahr droht. Diese Landesgesetze regeln auch die Zusammenarbeit der Polizei mit dem Jugendamt (z.B. § 26 Abs. 1 LKJHG BW). Die Polizei bringt die Jugendliche in eine Jugendschutz- oder Jugendhilfsstelle (Einrichtung des Jugendamts i.S. § 42 Abs. 1 SGB VIII).

7. Fall:" Katrin"

In diesem Fall ist § 42 Abs. 1 eventuell i. V. mit § 42 Abs. 6 SGB VIII heranzuziehen, der bei Gefahr im Verzug die *Befugnis* des Jugendamts regelt, ein Kind oder einen Jugendlichen aus einer *fremden* Wohnung oder aus einer Einrichtung herauszuholen, wenn der Aufenthalt dort vom Personensorgeberechtigten gebilligt wird. Außerdem ist § 8 a Abs. 2 SGB VIII zu beachten. Es ergibt sich jetzt eine Pflicht zum Handeln, wenn die Eltern nicht bereit oder in der Lage sind zu handeln und eine Entscheidung des Familiengerichtes nicht abgewartet werden kann (*Kepert*, LPK-SGB VIII, § 42 Rn. 34 ff).

Die Zustimmung zum gegenwärtigen Aufenthalt des Kindes oder Jugendlichen ist im Hinblick auf § 1666 BGB zu überprüfen, d.h. sie muss einen Sorgerechtsmissbrauch darstellen und der Inhaber des Sorgerechts außerstande oder unwillig sein, sein Kind selbst außer Gefahr zu bringen. Anschließend ist das Kind oder der Jugendliche vom Jugendamt vorläufig unterzubringen. Der Einsatz unmittelbaren Zwangs ist dem Jugendamt selbst verwehrt (dazu *Kepert*, LPK-SGB VIII, § 42 Rn...); dieses hat aber die Möglichkeit, Beamte des polizeilichen Vollzugsdienstes einzuschalten (§ 42 Abs. 6 SGB VIII), die nach Maßgabe der landesrechtlichen Polizeigesetze (Gefahrenabwehrgesetze) tätig werden. Auch wenn man berücksichtigt, dass die Jugendliche bereits 17 Jahre alt ist und demnächst volljährig wird, erscheint die Maßnahme nicht unverhältnismäßig, jedenfalls dann nicht, wenn eine freiwillige Herausgabe oder Rückkehr der Jugendlichen scheitert. Der Einsatz staatlichen Zwangs dürfte auch unter dem Gesichtspunkt strafrechtlichen Jugendschutzes zur Verhinderung einer Straftat gem. § 180 Abs. 2 oder § 180 a Abs. 2 Nr. 1 StGB gerechtfertigt sein, da die Gefahr besteht, dass die Jugendliche auf Veranlassung des Zuhälters in dessen

Wohnung der Prostitution nachgeht oder demnächst nachgehen soll. Fraglich ist aber, ob eine Gewaltanwendung *gegenüber der Jugendlichen* zulässig ist, um sie aus der Wohnung zu entfernen. Nach bürgerlichem Recht ist *streitig*, ob Beschlüsse des Familiengerichts auf *Herausgabe* des Kindes an den Personensorgeberechtigten gem. § 1632 Abs. 1 BGB auch unter Gewaltanwendung gegenüber *dem Kind* gem. § 88 FamFG vollstreckt werden dürfen (vgl. *Palandt* BGB § 1632 Rn. 16). Hier ist die Legitimation für eine Gewaltanwendung gegen eine Jugendliche, die gegen die Herausgabe Widerstand leistet, jedoch allein aus dem öffentlichen Recht abzuleiten. § 42 SGB VIII und das Polizeirecht dienen der Gefahrenabwehr. Unter Umständen muss hier der aus Art. 1 und 2 Abs. 1 GG abgeleitete Grundsatz der Menschenwürde und des Selbstbestimmungsrechts, der jedenfalls im Recht der elterlichen Sorge den Einsatz staatlichen Zwangs gegenüber fast Volljährigen im Einzelfall verbietet, zurücktreten.

Ergebnis: Das Jugendamt hat die 17-jährige Jugendliche aus der Wohnung des Zuhälters zu entfernen und anderweitig bei einer geeigneten Person, in einer Einrichtung oder in einer sonstigen betreuten Wohnform vorläufig unterzubringen, sofern die Personensorgeberechtigten ihrer Pflicht, für das Wohl ihrer Tochter zu sorgen und sie selbst abzuholen, nicht nachkommen. Sofern von Seiten des Zuhälters oder der Jugendlichen selbst Widerstand geleistet wird, darf unmittelbarer Zwang angewandt werden, allerdings nicht durch Fachkräfte des Jugendamts selbst. Vielmehr müsste sich das Jugendamt in einem solchen Fall der Hilfe der Polizei bedienen.

8. Fall:" Stefan"

Wie im vorhergehenden Fall besteht hier wegen Gefahr im Verzug die Befugnis des Jugendamts, Stefan aus der Wohnung zu entfernen und vorläufig anderweitig unterzubringen, da die Eltern am Wochenende nicht erreichbar sind. Das Jugendamt hat einen Nacht- und Wochenenddienst zu unterhalten, um jederzeit in Krisenfällen eingreifen zu können, ggf. in Zusammenarbeit mit der Polizei. Gerade der Fall der schweren Kindesmisshandlung am Wochenende erfüllt die Voraussetzungen des § 42 Abs. 1 S. 1 Nr. 2 b SGB VIII, da es hier schwierig sein dürfte, rechtzeitig eine familiengerichtliche Entscheidung (einstweilige Anordnung gem. § 1666 BGB) zu erlangen. Das Jugendamt hat die *Personensorgeberechtigten* unverzüglich, d.h. hier spätestens Montag früh, von der getroffenen Maßnahme zu unterrichten (§ 42 Abs. 3 S. 1 SGB VIII).

9. Fall: Beate"

1) Die Besonderheit des Falles liegt darin, dass die Jugendliche sich im Rahmen einer Inobhutnahme nach Sorgerechtsentzug bei einer von den Eltern ausgewählten Pflegestelle befindet (Unterbringung gem. § 42 Abs. 1 SGB VIII durch vorläufige Unterbringung bei einer geeigneten Person – »Bereitschaftspflegestelle«). Nach der Fallgestaltung ist nicht klar, ob 1. das Jugendamt selbst die Initiative ergriffen und Beate untergebracht hat, oder ob 2. im Nachhinein eine von Eltern vorgenommene Unterbringung als »Inobhutnahme« deklariert wurde. Letztlich ist dies nicht entscheidend. Auch im zweiten Fall spricht nämlich nichts dagegen, sondern ist es im Gegenteil wünschenswert, die Unterbringung durch Eltern bei Gefahr im Verzuge nicht nur als privatrechtliche Aufenthaltsbestimmung, *sondern* öffentlich-rechtlich als Inobhutnahme nach dem SGB VIII aufzufassen, wenn das Jugendamt anschließend davon erfährt. Der Grund liegt darin,

dass eine dringende Gefahr für das Wohl des Kindes die Inobhutnahme erforderte (§ 42 Abs. 1 S. 1 Nr. 2 SGB VIII), und nur so die Überprüfung der Pflegestelle gem. § 44 Abs. 3 SGB VIII und die Bereitstellung des notwendigen Unterhalts durch Zahlung von Pflegegeld gem. § 42 Abs. 2 S. 3 SGB VIII gesichert sind. Hätte die Überprüfung der Pflegeperson in diesem Fall ergeben, dass diese den Eignungskriterien des Jugendamts für eine Bereitschaftspflegestelle nicht genügte, hätte die Maßnahme eingestellt werden müssen. Das hätte bedeutet, dass der Pflegeperson kein Pflegegeld vom Jugendamt gezahlt würde (dazu unten c). In einem solchen Fall verbleibt das Kind oder der Jugendliche bei der Pflegeperson, es sei denn, dass infolge einer Gefährdung eine Herausnahme erfolgen müsste.

2) Nunmehr lehnt das Jugendamt den Wunsch der Eltern ab, das Kind bei derselben Pflegeperson im Rahmen einer Vollzeitpflege gem. §§ 27, 33 SGB VIII unterzubringen. Das Jugendamt unterscheidet zu Recht deutlich zwischen der »anderen Aufgabe« Inobhutnahme und der »Leistung« Hilfe zur Erziehung. Die Auffassung des Jugendamts, die Pflegefamilie eigne sich für die vorübergehende Notaufnahme, nicht jedoch für ein Pflegekindverhältnis (Vollzeitpflege) auf Dauer, mag hier zutreffend sein.

Bei dem Verfahren der Inobhutnahme, die in eine weitergehende Maßnahme, z.B. Hilfe zur Erziehung münden soll, stellt sich in der Praxis stets auch die Frage der Dauer der Inobhutnahme, *die gesetzlich nicht geregelt ist und in der Praxis höchst unterschiedlich beantwortet wird.* Sie kann ca. zwei Tage bis drei Monate dauern. Da zum Verfahren der Inobhutnahme gehört, die Eltern von der Maßnahme zu benachrichtigen und das weitere Vorgehen mit ihnen zu besprechen (sogenannte »Clearingphase«), sollte im Regelfall rasch (innerhalb von 1–2 Tagen) geklärt sein, ob ein Kind oder ein Jugendlicher entweder umgehend nach Hause entlassen werden kann oder ob seitens der Eltern weitergehende Anträge auf erzieherische Hilfen gestellt werden müssen (§ 42 Abs. 3 S. 4 SGB VIII). Auch ein laufendes Verfahren vor dem Familiengericht kann dazu führen, dass die Inobhutnahme andauert. Sofern die Inobhutnahme »nahtlos« in eine Hilfe zur Erziehung übergehen soll, kommt eine »vorläufige« HzE ab Antragstellung der Personensorgeberechtigten in Betracht. Sämtliche Formalien, Hilfeplan etc. können nachgeholt werden. Unterschiedlich wird in der Praxis die Rechtsnatur der oben erwähnten »Clearingphase« gesehen. Teilweise wird sie der Inobhutnahme zugerechnet, teilweise als Bestandteil der Leistung (HzE) betrachtet. Nach der Neuregelung durch das KICK dauert die Inobhutnahme bis zu einer Entscheidung des Jugendamtes über die Gewährung der HzE (§ 42 Abs. 4 Nr. 2 SGB VIII), was Auswirkungen auf die Kostenerstattung nach § 89 b Abs. 1 SGB VIII hat.

3) Nach Überprüfung hat das Jugendamt einer »geeigneten« Pflegeperson i.S. § 42 Abs. 1 S. 2 SGB VIII ein *Pflegegeld* zu zahlen, um den notwendigen Unterhalt eines Kindes oder Jugendlichen in der Bereitschaftspflegestelle sicherzustellen.

10. Fall: „Moses"

Wie bereits oben in Fall 3 ausgeführt, ist für die Inobhutnahme gem. § 87 SGB VIII das Jugendamt örtlich zuständig, in dessen Bereich sich das Kind oder der Jugendliche vor Beginn der Maßnahme tatsächlich aufhält; das ist hier Braunschweig. Das Jugendamt Braunschweig muss somit tätig werden und eine Inobhutnahme veranlassen; es wäre fehlerhaft, die Mutter in dieser Lage darauf zu verweisen, zum 30 km entfernten Jugendamt in Helmstedt zu fahren und dort mit dem Kind vorstellig zu werden. Für die Einschätzung der Gefahrenlage gem. § 42 Abs. 1 SGB VIII gilt das von Kepert (LPK-SGB VIII, § 42 Rn. 25 ff) Ausgeführte sinngemäß. So relativiert das Gesetz letztlich die Bedeutung der Fakten auf konkrete Anhaltspunkte für Kindeswohlgefährdungen *(§ 8a Abs. 1 SGB VIII)*, mit anderen Worten: Die Umstände müssen die Schlussfolgerung auf eine Kindeswohlgefährdung nahelegen. Ein Nachweis für Tatsachen in Bezug auf die Kindeswohlgefährdung selbst ist für ein Eingreifen des Jugendamts mithin nicht erforderlich. Das bedeutet hier: Die Erklärung der Mutter, das Kind müsse sofort in einer Pflegestelle untergebracht werden, »sonst passiert was«, verbunden mit der Einschätzung des Sachbearbeiters, dass in der Tat eine Gefahrenlage für das Kind bestehe, reicht aus, um eine Verpflichtung des Jugendamts zum Eingreifen gem. § 42 SGB VIII i.V.m. § 8a Abs. 1 SGB VIII anzunehmen.

Ergebnis: Das gem. § 87 SGB VIII örtlich zuständige Jugendamt Braunschweig hat das Kind gem. § 42 Abs. 1 S. 1 Nr. 2 SGB VIII wegen einer durch die Äußerung der Mutter glaubhaft gemachten »dringenden Gefahr« in Obhut zu nehmen und in einer Bereitschaftspflegestelle (sofern vorhanden, sonst in einer geeigneten Einrichtung) vorläufig unterzubringen.

Zum Gefahrenbegriff in der Jugendhilfe vgl. nachfolgendes Schaubild.

Frage

Freiheitsentziehende Maßnahmen sind von freiheitsbeschränkenden Maßnahmen zu unterscheiden. Freiheitsentziehende Maßnahmen liegen vor, wenn jemand gegen oder ohne seinen Willen durch die öffentliche Gewalt an einem bestimmten, eng umgrenzten Raum festgehalten wird (*Kepert*, LPK-SGB VIII, § 42 Rn. 110 ff). Im Rahmen der Inobhutnahme sind diese gem. § 42 Abs. 5 SGB VIII nur zulässig, wenn und soweit sie erforderlich sind, um eine Gefahr für Leib oder Leben des Kindes/Jugendlichen oder eine Gefahr für Leib oder Leben Dritter abzuwenden. Dies betrifft die Inobhutnahme, die aufgrund einer dringenden Gefahr für das Wohl des Kindes/Jugendlichen erfolgt, aber auch – nach der Neufassung durch das KICK – die anderen Fälle der Inobhutnahme.

Gefahrenbegriff im Jugendhilferecht

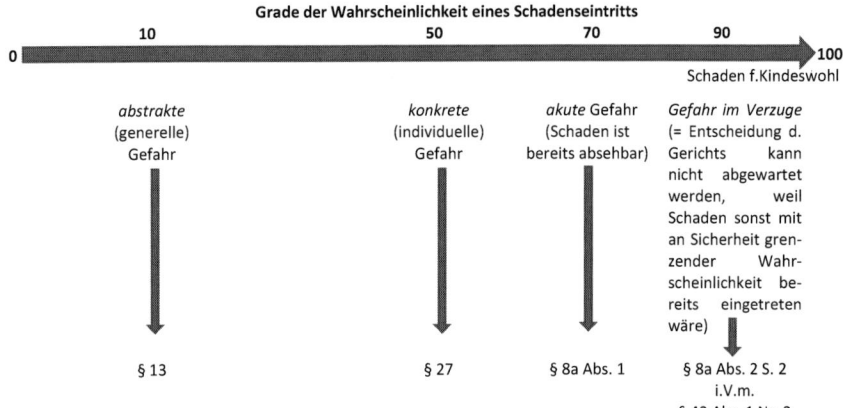

Außerdem:
- *latente Gefahr* (= Gefahr erst bei Hinzutreten weiterer Umstände)
- *Anscheinsgefahr* (= erst nachträglich stellt sich heraus, dass Gefahr nicht vorlag; Handeln deshalb rechtmäßig)
- *Putativgefahr* („ gefühlte Gefahr"= vorwerfbare Fehleinschätzung; Handeln deshalb rechtswidrig)
- *dringende Gefahr* (bezieht sich nicht auf höheren Grad der Wahrscheinlichkeit, sondern auf Inhalt des Schadens als Verletzung eines bedeutenden Rechtsguts = Schaden i. S. d. § 1666 BGB bei Gefährdungseinschätzung nach § 8a Abs.1). Lies zu „dringender Gefahr" *Kepert*, ZFSH/SGB 2013, 638.

Kunkel

ÜBUNGSBLATT 11
Mitwirkung in gerichtlichen Verfahren: §§ 50–52 SGB VIII
SGB VIII, Kapitel 3: Andere Aufgaben

Der dritte Abschnitt des Kapitels beschäftigt sich mit der **Mitwirkung in gerichtlichen Verfahren (§§ 50–52 SGB VIII).**

Literaturhinweise:
Kepert/Kunkel, Handbuch Kinder- und Jugendhilferecht, Kap. 7 Kunkel, Jugendhilferecht, Kap. 3.2.3
Münder/Wiesner/Meysen, Handbuch, Kap. 3.11, 3.12

Einführung

Die *Mitwirkung* des Jugendamts in *Verfahren der Familiengerichte* (§ 50 SGB VIII), ferner seine Tätigkeit bei der *Beratung und Belehrung in Verfahren zur Annahme als Kind* (§ 51 SGB VIIII) sowie in *Verfahren nach dem Jugendgerichtsgesetz* (§ 52 SGB VIII) gehört zu den *anderen Aufgaben der Jugendhilfe (s. § 2 Abs. 3 Nr. 6 bis 8 SGB VIII).*

1.
Mitwirkung des Jugendamts in Verfahren der Familiengerichte gem. § 50 SGB VIII

Das Jugendamt *unterstützt* das *Familiengericht* bei allen Maßnahmen, welche die Sorge für die Person von Kindern und Jugendlichen betreffen (§ 50 Abs. 1 S. 1 SGB VIII). In Kindschafts-, Abstammungs-, Adoptions-, Ehewohnungs- und Gewaltschutzsachen hat es mitzuwirken (§ 50 Abs. 1 S. 2 Nr. 1 bis 5 SGB VIII).

Von der Mitwirkung in gerichtlichen Verfahren als anderer Aufgabe der Jugendhilfe sind *Leistungen* der Scheidungs- und Trennungsberatung gem. § 17 SGB VIII zu unterscheiden. Der Berechtigte kann sich für oder gegen die *Leistung »Beratung«* entscheiden, die *andere Aufgabe »Mitwirkung im Gerichtsverfahren«* muss von ihm hingenommen werden – auch wenn ohne seine faktische Mitwirkung die Aufgabe in der Praxis nur eingeschränkt wahrgenommen werden kann. Das Jugendamt hat dabei eine eigenverantwortliche Stellung inne und ist nicht Hilfsorgan des Gerichts. Es kann auch angezeigt sein, dass es in Verfahren nach § 1666 BGB eigene Maßnahmen ergreift (z.B eine Inobhutnahme verfügt) und gegen Entscheidungen des Familiengerichts Beschwerde erhebt.

2.
Beratung und Belehrung in Verfahren zur Annahme als Kind gem. § 51 SGB VIII

Das Jugendamt berät und belehrt Eltern in Adoptionsverfahren. Ausdrücklich verpflichtet ist das Jugendamt gem. § 51 Abs. 1 SGB VIII zur Beratung eines Elternteils, dessen Einwilligung in die Adoption nach § 1748 Abs. 2 S. 1 BGB ersetzt werden soll. Zudem sieht § 51 Abs. 3 SGB VIII die Beratung des Vaters bei der Wahrnehmung seiner Rechte nach § 1747 Abs. 1 und 3 BGB vor.

3.

Mitwirkung in Verfahren nach dem Jugendgerichtsgesetz gem. § 52 SGB VIII

Das Jugendamt *unterstützt* gem. § 52 SGB VIII das Jugendstrafgericht in allen Verfahren nach dem Jugendgerichtsgesetz. Neben der Begleitung des Jugendlichen im Verfahren und der Abgabe einer gutachtlichen Stellungnahme im Verfahren hat das Jugendamt zu prüfen, ob für den Jugendlichen oder den jungen Volljährigen Leistungen der Jugendhilfe in Betracht kommen.

Fragen, Aufgaben und Fälle

1.

Anhörung durch das Familiengericht

In welchen Fällen hat das Familiengericht das Jugendamt vor seiner Entscheidung anzuhören? Wann ist eine Anhörung entbehrlich (s. beispielsweise §§ 162 Abs. 1, 176, 194 FamFG)?

2.

Stellungnahme des Jugendamts – Trennung des Kindes von der Familie gem. §§ 1666, 1666 a BGB

Welche Angaben gehören in eine Stellungnahme des Jugendamts, wenn bei einer Gefährdung des Kindeswohls eine Trennung des Kindes von der Familie erfolgen soll?

3.

Bereich Adoption und Adoptionsvermittlung

Welche Aufgaben des Jugendamts sind im SGB VIII geregelt (§§ 2 Abs. 3 Nr. 7, 51 SGB VIII), welche im Adoptionsvermittlungsgesetz?

4.

Beschreiben Sie die Aufgaben der **Jugendgerichtshilfe** gem. §§ 52 SGB VIII, 38 JGG.

5.

Der 18jährige Erik wird gefragt, ob er in dem gegen ihn laufenden Jugendstrafverfahren einen Strafverteidiger haben wolle. Erik verneint dies, da er annimmt, die Jugendgerichtshilfe sei zu seiner Verteidigung aufgerufen. Stimmt das?

Lösungen zu Übungsblatt 11
SGB VIII, Kapitel 3: Mitwirkung in gerichtlichen Verfahren (§§ 50 – 52 SGB VIII)

1.

Die *Anhörung des Jugendamts* vor einer Entscheidung des *Familiengerichts* in Kindschaftssachen ist in § 162 FamFG geregelt. In Kindschaftssachen hat das Familiengericht das Jugendamt anzuhören. Nur bei Gefahr im Verzug kann auf eine Anhörung verzichtet werden, die dann jedoch unverzüglich nachzuholen ist.

In Abstammungssachen soll das Familiengericht das Jugendamt anhören, wenn es bei einer Vaterschaftsanfechtung auf das Bestehen einer sozial-familiären Beziehung zwischen dem Kind und einem Mann ankommt. Im Übrigen kann das Gericht das Jugendamt anhören, § 176 Abs. 1 FamFG.

In Adoptionssachen hat das Familiengericht das Jugendamt anzuhören, sofern das Jugendamt nicht bereits eine fachliche Äußerung als Adoptionsvermittlungsstelle abgegeben hat, § 194 Abs. 1 FamFG.

Die Anhörung erfolgt vielfach durch das Einholen einer gutachtlichen Stellungnahme.

Das Jugendamt unterstützt auch durch das Erteilen von Auskünften, das Begutachten von Familienverhältnissen usw. und hilft somit in der Praxis vielfach dem Familiengericht bei der ihm obliegende Aufgabe der Sachverhaltsermittlung von Amts wegen (§ 26 FamFG). Ein Familiengericht kann vom Jugendamt als eigenständige Fachbehörde jedoch nicht bestimmte Ermittlungen oder eine bestimmte Art der Durchführung von Ermittlungen fordern. Das Familiengericht bleibt zudem – auch wenn es Einschätzungen des Jugendamts übernimmt – für die Feststellungen in der gerichtlichen Entscheidung verantwortlich.

In Verfahren nach § 1666 BGB besteht für das Familiengericht ein Beschleunigungsgebot und die Pflicht den Erlass *einer einstweiligen Anordnungen* (Eilentscheidungen) zu prüfen. Eine einstweilige Anordnung in einer Angelegenheit geht in der Regel auf eine Anregung des Jugendamts zurück – beispielsweise in Fällen, in denen die Fachkräfte im Jugendamt der Ansicht sind, dass das Kind sofort von seinen Eltern getrennt werden muss.

2.

Muss bei einer *Gefährdung des Kindeswohls* eine *Trennung* des Kindes von der Familie gegen den Willen der Eltern erfolgen, so hat das Jugendamt in seiner Stellungnahme zur Entscheidung des Familiengerichts gem. §§ 1666, 1666a BGB unter anderem darzulegen, dass eine Kindeswohlgefährdung besteht. Die Stellungnahme sollte eine Aussage zur Wahrscheinlichkeit des Schadenseintritts, zur zeitlichen Nähe des Schadenseintritts und zur befürchteten oder bereits eingetretenen Schädigung des Kindes/Jugendlichen auf körperlicher, geistiger oder seelischer Ebene enthalten. Zudem sollte das Jugendamt zur Verhältnismäßigkeit der Maßnahme Stellung nehmen, So hat es darzulegen, dass die Maßnahme geeignet ist. Auch hat es fachlich zu belegen, dass die Gefahr für das Kindeswohl durch eine ambulante oder teilstationäre Hilfegewährung nicht ebenso wirksam abgewendet werden kann (Erforderlichkeit). Ferner hat es darzulegen, dass die mit einer Trennung von der Familie verbundenen Nachteile für die Betroffenen nicht erkennbar außer Verhältnis zu den Vorteilen der Maßnahme stehen (Angemessenheit). Das Jugendamt sollte sich auch dazu äußern, welche Bestandteile der elterlichen Sorge entzogen werden sollten, da ein *Entzug der gesamten Personensorge* gem. §§ 1666, 1666a BGB in vielen Fällen nicht erforderlich und damit unverhältnismäßig ist. So reicht für eine Unterbringung des Kindes in einer Pflegefamilie in der Regel aus, wenn den Eltern das *Aufenthaltsbestimmungsrechts* und das Recht, Hilfen zur Erziehung zu beantragen, sowie die Gesundheitssorge entzogen wird.

3.

Aufgaben des Jugendamts bei Adoption: In § 2 Abs. 3 Nr. 7 SGB VIII findet sich als »andere Aufgabe« die »*Beratung und Belehrung in Verfahren zur Annahme als Kind*«. § 51 Abs. 1 SGB VIII regelt die Möglichkeit, *Elternteile* über die *Ersetzung der Einwilligung* in die Annahme zu belehren, in Abs. 2 geht es um Hilfen des Jugendamts, die das Verbleiben des Kindes in der eigenen Familie ermöglichen könnten. Abs. 3 der Vorschrift betrifft Beratungspflichten gegenüber einem *Vater,* der nicht zur elterlichen Sorge für das Kind berechtigt und verpflichtet ist. Dieser ist über seine Rechte gem. § 1747 Abs. 1 BGB zu belehren, das heißt über sein Recht, die Einwilligung in die Adoption seines Kindes zu erteilen (oder diese zu verweigern und damit die Adoption zu verhindern) und über die Möglichkeit, auf die Übertragung der alleinigen elterlichen Sorge gem. § 1672 Abs. 1 BGB zugunsten der Adoptivbewerber zu verzichten.

Das *Gesetz über die Vermittlung der Annahme als Kind und über das Verbot der Vermittlung von Ersatzmüttern* (Adoptionsvermittlungsgesetz – AdVermiG) regelt die Aufgaben des Jugendamts im Rahmen der inländischen und internationalen Adoptionsvermittlung, insbesondere die Vorbereitung der Vermittlung – inklusive der allgemeinen Eignungsprüfung – (§ 7 AdVermiG) und die Adoptionsbegleitung (§ 9 AdVermiG). Gem. §§ 2, 2a AdVermiG ist die inländische und die internationale *Adoptionsvermittlung* Aufgabe des Jugendamtes und des Landesjugendamtes. Gem. § 68 Nr. 12 SGB I ist die Aufgabenwahrnehmung nach dem AdVermiG in das Sozialgesetzbuch einbezogen.

4.

Jugendgerichtshilfe: § 52 SGB VIII stellt die Verbindung von Jugendhilfe und Jugendstrafrecht her, indem die Mitwirkung des Jugendamts in Verfahren nach dem Jugendgerichtsgesetz vorgeschrieben wird. Die Mitwirkung in Jugendstrafverfahren ist gem. § 2 Abs. 3 Nr. 8 SGB VIII ebenfalls eine *andere Aufgabe.* Inhalt und Umfang der Mitwirkung richten sich nach §§ 38, 50 Abs. 2 S. 2 JGG: Die Jugendgerichtshilfe hat die Pflicht, das Jugendgericht (und den Jugendlichen oder Heranwachsenden selbst) in einem Jugendstrafverfahren durch *Ermittlungshilfe, Sanktionsvorschlag, Sanktionsüberwachung und Betreuung* auch während des Vollzugs von Maßnahmen zu unterstützen. In der Hauptverhandlung äußert sich die Jugendgerichtshilfe beispielsweise zu der Frage der strafrechtlichen Verantwortlichkeit eines Jugendlichen gem. § 3 JGG bzw. zur Anwendung von Jugendstrafrecht oder allgemeinem Strafrecht (Erwachsenenstrafrecht) auf Heranwachsende zwischen 18 und 21 Jahren, § 105 JGG. Die Jugendgerichtshilfe hat auch zu überprüfen, ob Jugendhilfeleistungen bei jungen Straftätern in Betracht kommen. Sie hat den Staatsanwaltschaft oder den Richter von diesen Leistungen zu unterrichten, damit ggf. gem. §§ 45, 47 JGG von einer (weiteren) Strafverfolgung abgesehen werden kann (Diversion, § 52 Abs. 2 SGB VIII).

5.

Der Heranwachsende irrt. Die Aufgabe der Jugendgerichtshilfe besteht nicht darin, *parteilich* im Jugendstrafverfahren wie ein Verteidiger zugunsten des jungen Straftäters tätig zu werden. Bereits die Aufgaben des Jugendgerichtshelfers – Ermittlungshilfe, Überwachungstätigkeit, Haftentscheidungshilfe, Betreuungstätigkeit – sind vielmehr Ausdruck der Rechtsstellung der Jugendgerichtshilfe als unabhängige Verfahrensbeteiligte in Jugendstrafverfahren.

ÜBUNGSBLATT 12

Beistandschaft, Pflegschaft, Vormundschaft, Auskunft und Beratung
(§§ 52a–58a SGB VIII; Beurkundung (§ 59 SGB VIII)

Im Vierten Abschnitt des Dritten Kapitels geht es vor allem um **Beistandschaft, Pflegschaft und Vormundschaft für Kinder und Jugendliche**. Im Fünften Abschnitt werden Beurkundung und vollstreckbare Urkunden behandelt (§§ 59, 60 SGB VIII).

Literaturhinweise: *Kunkel, Jugendhilferecht, Kap. 3.2.4, 3.2.6*
Münder/Wiesner/Meysen, Handbuch, Kap. 3.10, 3.14
Kepert/Kunkel, Handbuch, Kap. 8
Unverzichtbar sind in der Praxis das Standardwerk von Oberloskamp (Hrsg.), Vormundschaft, Pflegschaft und Beistandschaft für Minderjährige, 4. Aufl. 2017 sowie Knittel, Beurkundungen im Kindschaftsrecht 7. Aufl. 2013.

Einführung

Die Voraussetzungen für das Entstehen einer *Beistandschaft, Pflegschaft oder Vormundschaft für Minderjährige* ergeben sich aus dem BGB. Eine Vormundschaft kann kraft Gesetzes oder durch richterliche Anordnung und Bestellung entstehen. Eine Pflegschaft entsteht immer durch richterliche Anordnung und Bestellung, eine Beistandschaft auf Antrag (§ 1712 BGB).

Kraft Gesetzes wird das Jugendamt Vormund des Kindes einer (ledigen) Kindesmutter, die bei der Geburt ihres Kindes noch minderjährig und daher nur *beschränkt geschäftsfähig* ist (§§ 1673 Abs. 2, 1678, 1791 c BGB), sofern nicht vorgeburtlich ein Vormund bestellt wurde, sowie in den Fällen, in denen die sorgeberechtigten Eltern eines Kindes in dessen *Adoption* eingewilligt haben (§ 1751 Abs. 1 S. 2 BGB). Durch richterliche Anordnung und Bestellung erhält ein Minderjähriger einen Vormund oder Pfleger, wenn er nicht unter elterlicher Sorge steht oder die Eltern zumindest teilweise nicht zur Vertretung des Minderjährigen befugt sind (§ 1773 BGB).

Vormundschaft und Pflegschaft unterscheiden sich durch den Umfang der Vertretungsbefugnis. Während der *Vormund (ein Einzelvormund, ein Verein oder das Jugendamt als Amtsvormund, §§ 1776 ff., 1779, 1791 b BGB)* sämtliche Aufgaben der elterlichen Sorge für den Minderjährigen wahrzunehmen hat, hat der *Pfleger (ein Einzelpfleger, ein Verein bzw. das Jugendamt als Amtspfleger)* nur einen bestimmten, fest umrissenen Aufgabenbereich wahrzunehmen. So kann den Eltern durch das Familiengericht die Befugnis zur Bestimmung des Aufenthalts des Kindes und zur Beantragung von Hilfen zur Erziehung durch das Familiengericht entzogen (§ 1666 BGB), insoweit eine Pflegschaft angeordnet (§ 1697 BGB) sowie dann durch das Familiengericht ein Pfleger ausgewählt und bestellt (§§ 1789, 1791 b BGB) werden. Die Sorge der Eltern erstreckt sich nicht auf die Angelegenheiten, für die ein Pfleger bestellt wurde (§ 1630 Abs. 1 BGB). Bei einer Vormundschaft haben die Eltern gar keine Befugnisse zur elterlichen Sorge. Ihnen verbleibt allein ihr Umgangsrecht (§ 1684 BGB).

Durch das Beistandschaftsgesetz wurde 1998 die freiwillige Beistandschaft des Jugendamts auf schriftlichen Antrag eines Elternteils zur Feststellung der Vaterschaft und/oder Geltendmachung von Unterhaltsansprüchen eingeführt (§§ 1712–1717 BGB). Andere Aufgaben kann ein Beistand nicht haben. Die freiwillige Beistandschaft ersetzte die kraft Gesetzes eintretende Amtspflegschaft des Jugendamts für die genannten Aufgaben. Das Bestehen einer Beistandschaft hat grundsätzlich keine Auswirkungen auf die Befugnis eines Elternteils zur elterlichen Sorge. Nur in gerichtlichen Verfahren, in denen der Minderjährige durch einen Beistand vertreten wird, ist die Vertretung durch den sorgeberechtigten Elternteil ausgeschlossen (§§ 173, 234 FamFG).

Nach § 55 Abs. 2 SGB VIII überträgt das Jugendamt als Amtsvormund, Amtspfleger oder Beistand die Ausübung dieser Aufgaben auf eine einzelne Fachkraft. Bezogen auf Vormundschaften und Pflegschaften trifft das Gesetz ergänzende Regelungen: Vor der Übertragung ist das Kind oder der Jugendliche zur Auswahl der Fachkraft mündlich anzuhören, soweit dies nach Alter und Entwicklungsstand des Kindes oder Jugendlichen möglich ist, § 55 Abs. 2 S. 2 SGB VIII. Um persönlichen Kontakt zwischen der Fachkraft und dem Kind oder Jugendlichen zu garantieren, legt § 55 Abs. 2 S. 4 SGB VIII zudem fest, dass eine vollzeitbeschäftige Fachkraft höchstens 50 und bei gleichzeitiger Wahrnehmung anderer Aufgaben entsprechend weniger Vormundschaften oder Pflegschaften führen soll.

In der Praxis werden Vormundschaften und Pflegschaften überwiegend durch das Jugendamt und nicht durch ehrenamtliche oder professionelle Einzelvormünder bzw. -pfleger oder Vereine (§ 1791a BGB, § 54 SGB VIII) geführt. Das Gesetz verlangt aber „Vorfahrt für den ehrenamtlichen Einzelvormund" (§ 1791b BGB). Für eine Amtsvormund- bzw. Amtspflegschaft oder eine Beistandschaft gelten grundsätzlich ebenfalls die Regelungen des BGB, § 56 Abs. 1 SGB VIII.

Eine Neuregelung ist durch das Gesetz zur Reform des Vormundschaftsrechts vom 4.5.2021 erfolgt, das zum 1.1.2023 in Kraft tritt.

Lies zunächst: Kunkel, Jugendhilferecht, Rn. 246 – 270 und zur Beurkundung Rn. 271 -273.

Vertiefend zur Stellung des Amtsvormunds: Kunkel, FamRZ 2015, 901.

Fragen, Aufgaben und Fälle

1.

Dem allein sorgeberechtigten Vater ist das Aufenthaltsbestimmungsrecht vom Familiengericht gem. §§ 1666, 1666a BGB entzogen worden. Ist das Jugendamt kraft Gesetzes Vormund oder ist eine Vormund- bzw. Pflegschaft anzuordnen und ein Vormund oder Pfleger auszuwählen und zu bestellen?

2.

Beide Eltern des minderjährigen Kindes sind bei einem Verkehrsunfall ums Leben gekommen. Ist das Jugendamt kraft Gesetzes Vormund oder ist ein Vormund- bzw. Pflegschaft anzuordnen und ein Vormund oder Pfleger auszuwählen und zu bestellen?

3.

Die 10jährige Marion, deren Eltern nicht verheiratet sind, befindet sich in Adoptivpflege bei dem Ehepaar Körber. Marions Mutter hat bereits gem. § 1747 Abs. 1

BGB in die Adoption eingewilligt. Es ist bekannt, welcher Mann Marions Vater ist. Die Vaterschaft dieses Mannes wurde jedoch nicht gerichtlich festgestellt. Welche Folgen hat die Einwilligung der Mutter von Marion in die Adoption von Marion durch das Ehepaar Körber auf ihre Rechte und Pflichten aus der elterlichen Sorge?

4.

Herr Fuchs hat seine Vaterschaft für Klaus erfolgreich durch Klage gegen Klaus vor dem Familiengericht angefochten (§§ 1600 ff. BGB). Das Gericht hat durch Urteil festgestellt, dass Klaus nicht das Kind von Herrn Fuchs ist. Wer betreibt nun die Vaterschaftsfeststellung gegen den vermutlichen Vater von Klaus, Herrn Blüm,

4.1 wenn das Jugendamt durch einen Antrag der Mutter von Klaus Beistand von Klaus für die Vaterschaftsfeststellung geworden ist?
4.2 wenn die Mutter von Klaus keinen Antrag auf Beistandschaft stellt?

5.

Nach den Regelungen im BGB ist vorrangig ein ehrenamtlicher Einzelvormund oder Einzelpfleger zum Vertreter des Kindes zu bestellen. Durch welche Vorschriften im SGB VIII wird das Jugendamt verpflichtet, diese Zielsetzung zu unterstützen?

6.

Unter welchen Voraussetzungen tritt eine Beistandschaft des Jugendamts gem. §§ 1712–1717 BGB ein?

7.

Welche Voraussetzungen müssen gegeben sein, damit ein Anspruch auf Beratung und Unterstützung bei der Vaterschaftsfeststellung und der Geltendmachung von Unterhaltsansprüchen nach § 52 a SGB VIII besteht. Inwieweit unterscheiden sich Leistungen nach § 52 a SGB VIII von den Möglichkeiten im Rahmen einer Beistandschaft?

8.

Die Mutter von Katrin lebt zusammen mit Katrin in Wolfsburg, der Vater von Katrin wohnt ebenfalls in Wolfsburg, arbeitet jedoch in Braunschweig. Die Eltern sind nicht miteinander verheiratet. Der Vater möchte die Vaterschaft für Katrin vor dem Jugendamt in Braunschweig anerkennen. Ist das möglich?

9.

Ist die Urkundsperson beim Jugendamt befugt, eine Sorgeerklärung gem. § 1626a Abs. 1 Nr. 1 BGB zu beurkunden? Was ist unter einer »Beurkundung« zu verstehen?

Lösungen zu Übungsblatt 12
Jugendamt als Beistand, Pfleger oder Vormund und weitere Aufgaben, §§ 52a – 58a SGB VIII

1.

Das *Familiengericht* kann nach dem Entzug von Teilen der elterlichen Sorge nach §§ 1666, 1666a BGB – beispielsweise des Rechts zur Bestimmung des Aufenthalts – einen *Pfleger* mit einem entsprechenden Wirkungskreis auswählen, um eine Vertretung des Kindes zu ermöglichen. Die Bestellung des Pflegers gem. § 1789 BGB sowie dessen Beratung und Beaufsichtigung obliegen dem *Familiengericht*. Diese Aufgaben werden nicht durch den Richter, sondern durch den Rechtspfleger wahrgenommen.

Die elterliche Sorge erstreckt sich nicht auf Angelegenheiten, für die ein Pfleger bestellt wurde, § 1630 Abs. 1 BGB. Somit ist der Pfleger im Beispielsfall zur Bestimmung des Aufenthalts befugt. Alle übrigen Bestandteile der elterlichen Sorge verbleiben bei dem sorgeberechtigten Elternteil. Es wird daher von einer *Ergänzungspflegschaft* gesprochen (§ 1909 BGB).

Auch das Jugendamt kann zum Pfleger bestellt werden (vgl. § 1791b BGB). Auch § 55 Abs. 1 SGB VIII hält das Führen von Vormund- und Pflegschaften als Aufgabe der öffentlichen Träger der Jugendhilfe ausdrücklich fest. Nach der Bestellung des Jugendamts wird die Ausübung der Aufgaben einem einzelnen Beamten oder Angestellten übertragen (vgl. § 55 Abs. 2 SGB VIII). Im Rahmen der Übertragung ist der Beamte oder Angestellte gesetzlicher Vertreter des Kindes. Für die Fachkraft gelten zahlreiche Sonderregelungen – etwa im Hinblick auf den Datenschutz (vgl. § 68 SGB VIII). Auch die Weisungsbefugnisse des Dienstherrn sind stark eingeschränkt.

2.

Das Kind steht nach dem Tode beider Eltern nicht mehr unter elterlicher Sorge. Es bedarf daher eines Vormunds, § 1773 Abs. 1 BGB. Zuständig für die *Anordnung* der Vormundschaft, § 1774 BGB, die Auswahl des Vormunds, § 1779 BGB, und dessen Bestellung, § 1789 FamFG, ist das Familiengericht. Ist ein geeigneter ehrenamtlicher Einzelvormund nicht vorhanden, kann auch das Jugendamt zum Vormund bestellt werden, § 55 Abs. 1 SGB VIII, § 1791b BGB.

3.

Mit der Einwilligung der Mutter von Marion in die Adoption *ruht* deren elterliche Sorge, § 1751 Abs. 1 S. 1 BGB. Damit verliert sie die Befugnis zur Ausübung ihrer alleinigen elterlichen Sorge, §§ 1626a Abs. 2, 1675 BGB. Die gem. § 1747 Abs. 1 BGB erforderliche Einwilligung des Vaters von Marion kann wirksam bereits *während eines laufenden Verfahrens auf Feststellung der Vaterschaft* erteilt werden, also bevor der Mann rechtlicher Vater von Marion wird Unabhängig vom Erteilen einer Einwilligung des Vaters von Marion tritt gem. § 1751 Abs. 1 S. 2 BGB *gesetzlichen Vormundschaft des Jugendamts* ein, da der Vater von Marion derzeit nicht zur elterlichen Sorge berechtigt ist. Durch die kraft Gesetzes eintretende Amtsvormundschaft wird gewährleistet, dass die Personensorge, Vermögenssorge und gesetzliche Vertretung des Kindes bis zum Abschluss des Adoptionsverfahrens gesichert sind (zu den Aufgaben des Vormundes vgl. § 1793 BGB).

4.

4.1

In seiner Eigenschaft als *Beistand* des Kindes hat das Jugendamt gem. § 1712 Abs. 1 Nr. 2 BGB die Aufgabe, die *Feststellung der Vaterschaft* zu betreiben. Die Führung der Beistandschaft liegt beim Jugendamt (§ 55 SGB VIII). Obwohl die Beistandschaft gem. § 1716 Abs. 1 BGB die elterliche Sorge nicht einschränkt, ist es der Mutter verwehrt, ihr Kind in einem gerichtlichen Verfahren zu vertreten, in dem das Jugendamt das Kind vertritt (§ 173 FamFG). Die Mutter kann jedoch jederzeit durch schriftliche Erklärung die Beistandschaft beenden, § 1715 Abs. 1 BGB.

4.2

Im Zeitpunkt der rechtskräftigen Feststellung, dass Herr Fuchs nicht Vater von Klaus ist (§ 1599 Abs. 1 BGB), wird die Mutter von Klaus allein zur elterlichen Sorge berechtigt. Wenn das Jugendamt nicht auf ihren Antrag hin Beistand von Klaus wird, hat sie selbst die Vaterschaftsfeststellung gegen Herrn Blüm zu betreiben und gegebenenfalls Klaus in einem gerichtlichen Verfahren auf Feststellung der Vaterschaft gegen Herrn Blüm zu vertreten. Betreibt sie die Vaterschaftsfeststellung nicht, bleibt Klaus im Rechtssinne zumindest solange „vaterlos" bis er sich als Volljähriger selbst für oder gegen eine Vaterschaftsfeststellungklage entscheidet.

5.

Nach § 53 Abs. 1 SGB VIII hat das Jugendamt dem Familiengericht Personen und Vereine vorzuschlagen, die sich im Einzelfall zum Pfleger oder Vormund eignen. Zudem hat es Pfleger und Vormünder zu beraten und zu unterstützen (§ 53 Abs. 2 SGB VIII). In der Regel jährlich ist zu prüfen, ob im Interesse des Kindes oder des Jugendlichen eine Entlassung des Jugendamts als Amtspfleger oder Amtsvormund und die Bestellung einer Einzelperson oder eines Vereins möglich ist (§ 56 Abs. 4 SGB VIII).

6.

Eine Beistandschaft entsteht aufgrund eines *schriftlichen Antrags eines insoweit allein sorgeberechtigten Elternteils*, § 1712 Abs. 1 BGB. Aufgabe eines Beistands kann allein die Vaterschaftsfeststellung und/oder das Geltendmachen von Unterhaltsansprüchen des Kindes sein. Die Aufgaben im konkreten Fall bestimmen sich nach dem Antrag des sorgeberechtigten Elternteils. Trotz Bestehens gemeinsamer elterlicher Sorge kann auch der Elternteil, bei dem das Kind lebt, eine Unterhaltsbeistandschaft beantragen.

Der Antrag ist beim *Jugendamt* zu stellen; er kann bereits *vor der Geburt des Kindes* gestellt werden, § 1713 Abs. 1 BGB. Die Beistandschaft tritt ein, sobald der Antrag dem Jugendamt *zugeht*. Auch die *minderjährige* nicht verheiratete Mutter kann bereits vor der Geburt einen solchen Antrag stellen, § 1713 Abs. 2 BGB. In diesem Fall *endet die Beistandschaft*, wenn mit der Geburt des Kindes die gesetzliche Amtsvormundschaft des Jugendamts gem. § 1791 c BGB eintritt. Im Übrigen endet die Beistandschaft, wenn der Antragsteller dies schriftlich verlangt (vgl. zu Einzelheiten §§ 1712–1715 BGB).

7.

Nach § 52 a SGB VIII hat das Jugendamt einer Mutter nach der Geburt ihres Kindes, sofern sie mit dem Vater des Kindes nicht verheiratet ist, Beratung und Unterstützung insbesondere bei der Vaterschaftsfeststellung und bei der Geltendmachung von Unterhaltsansprüchen anzubieten. In der Regel erfährt das Jugendamt durch das Standesamt von entsprechenden Fällen, da das Standesamt nach § 52 a Abs. 4 i.V.m. § 68 Abs. 1 PStG i.V.m. § 57 PStV verpflichtet ist, die Geburt eines Kindes, dessen Eltern nicht miteinander verheiratet sind, unverzüglich dem JA anzuzeigen. Meist erfolgt zunächst eine schriftliche Kontaktaufnahme durch das Jugendamt. Der Mutter ist ein persönliches Gespräch anzubieten. Sie ist ausdrücklich auf die Möglichkeiten zur Beantragung einer Beistandschaft hinzuweisen.

Beratung und Unterstützung können auch vor der Geburt des Kindes erfolgen, wenn anzunehmen ist, dass Vater und Mutter des Kindes nach der Geburt nicht verheiratet sein werden.

Von der Beistandschaft nach dem §§ 1712 ff. BGB unterscheidet sich die Beratung und Unterstützung nach § 52 a SGB VIII (»kleine Beistandschaft«) insbesondere dadurch, dass eine rechtliche – insbesondere auch eine gerichtliche Vertretung des Kindes – nicht möglich ist.

Beurkundung, vollstreckbare Urkunden (§§ 59, 60 SGB VIII)

8.

Die Anerkennung der Vaterschaft in öffentlich beurkundeter Form ist gem. § 59 Abs. 1 Nr. 1 SGB VIII vor einer Urkundsperson des Jugendamts möglich. Die örtliche Zuständigkeit ist in § 87 e SGB VIII geregelt: Danach ist die Urkundsperson bei *jedem* Jugendamt örtlich zuständig. Ein Vater kann demnach unabhängig von seinem gewöhnlichen Aufenthalt die Erklärung bei jedem Jugendamt – und somit auch vor dem Jugendamt in Braunschweig – abgeben.

9.

Bei einer Beurkundung nimmt die Urkundsperson nach einer Belehrung die Erklärung einer Person gegenüber der Urkundsperson als Adressat der Erklärung in einer durch die Urkundsperson zu errichtenden Urkunde auf. Die Niederschrift der Erklärung wird vorgelesen, von dem Erklärenden genehmigt und von allen Beteiligten unterschrieben. Einzelheiten regelt das Beurkundungsgesetz.

Eine Sorgeerklärung bedarf gem. § 1626a Abs. 1 Nr. 1 BGB der öffentlich beurkundeten Form, § 1626d Abs. 1 BGB. Sie kann vor der Urkundsperson des Jugendamts oder vor einer anderen zur Beurkundung befugten Stelle abgegeben werden (§ 59 Abs. 1 Nr. 8 SGB VIII). Von den anderen Stellen wie Notariaten wird anders als durch das Jugendamt jedoch in der Regel ein Kostenbeitrag für ihre Tätigkeit erhoben.

ÜBUNGSBLATT 13

Der »bereichsspezifische« Sozialdatenschutz ist in den **§§ 61–68 SGB VIII** regelt. »Bereichsspezifisch«, weil eine besondere Regelung für den Bereich der Jugendhilfe getroffen wurde.

Einführung

Das Grundrecht auf informationelle (nicht etwa: informelle!) Selbstbestimmung wird vom Bundesverfassungsgericht in seiner Entscheidung aus dem Jahr 1983 (»Volkszählungsurteil«) aus Art. 2 Abs. 1 i.V.m. Art. 1 Abs. 1 Grundgesetz (dem Allg. Persönlichkeitsrecht) abgeleitet.

Danach hat jeder Bürger das Recht, selbst darüber zu bestimmen, welche Informationen von sich er preisgeben will. Dies gilt für die Datenerhebung ebenso wie für die Datenspeicherung und die Datenübermittlung. Für jede dieser Phasen des Umgangs mit Daten gilt, dass die Datenverwendung im Einzelfall erforderlich sein muss und grundsätzlich (Ausnahmen müssen gesetzlich geregelt sein) nur dem Zweck dienen darf, zu dem die Daten erhoben worden sind (Zweckbindungsgrundsatz).

Für die *Datenerhebung* gilt, dass der Bürger überblicken können muss, was im Einzelfall mit seinen Daten geschieht. Nur ausnahmsweise ist eine Erhebung personenbezogener Daten ohne oder sogar gegen seinen Willen bei Dritten erlaubt *(§ 62 SGB VIII)*.

Die *Datenübermittlung* ist in *§ 64 SGB VIII* geregelt. Die Daten dürfen nur zu dem Zweck übermittelt werden, zu dem sie rechtmäßig nach § 62 SGB VIII erhoben worden sind. Werden sie zu einem anderen Zweck übermittelt, bedarf es einer Übermittlungsbefugnis. Diese liegt vor bei Einwilligung oder bei gesetzlichen Übermittlungstatbeständen. Die gesetzlichen Übermittlungstatbestände finden sich in den §§ 68–75 SGB X. Die wichtigste Übermittlungsbefugnis gibt § 69 SGB X. Zusätzlich zu beachten ist für diese Übermittlungsbefugnis aber ihre Einschränkung durch § 64 Abs. 2 SGB VIII: danach darf die Übermittlung nicht den Leistungserfolg gefährden. Für alle Fälle der gesetzlichen Übermittlungsbefugnis gem. §§ 68–75 SGB X ergibt sich eine weitere Einschränkung der Übermittlungsbefugnis aus § 65 SGB VIII. Hat sich eine Hilfe suchende Person einer Fachkraft des Jugendamtes im Rahmen einer persönlichen Hilfe (z.B. Beratung oder Hilfe zur Erziehung) anvertraut, bedarf die Weitergabe dieser Daten zusätzlicher Voraussetzungen. Dies sind im Wesentlichen dieselben, die strafrechtliche Rechtfertigungsgründe für die Offenbarung eines Berufsgeheimnisses nach § 203 Abs. 1 StGB darstellen. Solche sind (1) Einwilligung, (2) besondere gesetzliche Mitteilungspflichten (z.B. die Einschaltung des Familiengerichtes bei Gefährdung des Kindeswohls nach § 8a Abs. 2 SGB VIII) oder die gesetzliche Mitteilungsbefugnis nach § 4 KKG oder (3) rechtfertigender Notstand (§ 34 StGB). Auf diesen besonderen Vertrauensschutz wurde bereits hingewiesen (*Übungsblatt 11, Einführung*). Dieser besondere Vertrauensschutz soll sicherstellen, dass Erkenntnisse aus der Beratungstätigkeit (z.B. bei der *Leistung* Trennungs-/Scheidungsberatung gem. § 17 SGB VIII) ohne Einwilligung des Betroffenen nicht bei der *sonstigen Aufgabenerfüllung* (z.B. gutachtliche Stellungnahme zur Sorgerechtsentscheidung des Familiengerichtes gem. § 50 SGB VIII) verwendet werden. Zu Ausnahmen siehe *ebenfalls Übungsblatt 11*.

»Seit es den Datenschutz gibt, weiß bei uns niemand mehr, was er noch darf. Ich habe beschlossen, auch nicht mehr zu wissen, was ich nicht darf« (wie es trefflich in dem empfehlenswerten Krimi »*Selbs Justiz*« von *Schlink/Popp* heißt). Die Schwierigkeiten bei der Anwendung der Datenschutzbestimmungen rühren daher, dass als Basisregelung die §§ 35 SGB I und 67–78 SGB X angewendet werden müssen und als »Jugendhilfe-Additive« die §§ 61–68 SGB VIII hinzukommen. Für die Anwendung des § 65 SGB VIII ist darüber hinaus Kenntnis des § 203 StGB erforderlich. Fehlerhaften Umgang mit Sozialdaten bestraft die »Doppelzange« des § 203 StGB und des § 85 SGB X mit Kriminalstrafe, zumindest aber mit Geldbuße gem. § 85 a SGB X.

Noch weiter kompliziert wird der Datenschutz dadurch, dass für einzelne Bereiche der Jugendhilfe ein »Hausdatenschutz« gilt. Für die Amtsbeistandschaft/Amtspflegschaft/Amtsvormundschaft gilt nämlich nur § 68 SGB VIII); für die Adoptionsvermittlung gelten SGB I und X sowie das Adoptionsvermittlungsgesetz (vgl. zum Ganzen: *Kunkel, Jugendhilferecht, Übersicht bei Rn. 361*).

Für die *Träger der freien Jugendhilfe* gilt, was ihre Bezeichnung verheißt – sie sind frei von der Bindung an o.g. Normen. Sie sind allerdings »abgeleitete« Normadressaten, wenn der Träger der öffentlichen Jugendhilfe sich ihrer bedient (z.B. mit ihren Beratungsstellen oder ihren Heimen). Dann trifft den Träger der öffentlichen Jugendhilfe eine Gewährleistungspflicht für die Einhaltung der unmittelbar nur für ihn geltenden Datenschutzbestimmungen auch beim Träger der freien Jugendhilfe (§ 61 Abs. 3 SGB VIII). Abgeleitete Normadressaten sind sie ferner, wenn sie von Trägern der öffentlichen Jugendhilfe Daten übermittelt bekommen haben (§ 78 SGB X). In diesen beiden Fällen gelten § 35 SGB I und §§ 67–78 SGB X sowie §§ 61–67 SGB VIII auch für sie entsprechend *(siehe Prüfschema in Kunkel, Jugendhilferecht, Rn. 356)*

Seit 25.5.2018 ist die EU-Datenschutzgrundverordnung (EU-DSGVO) unmittelbar anzuwenden. § 35 SGB I und §§ 67 ff. SGB X sowie §§ 61 bis 68 SGB VIII sind entsprechend geändert worden. Das Bundesdatenschutzgesetz und das Landesdatenschutzgesetz hat in der Jugendhilfe keinen Anwendungsbereich (näher *Kunkel*, ZFSH/SGB 2017, 194), ist aber in einzelnen Fällen entsprechend anzuwenden, wenn Öffnungsklauseln im SGB dies zulassen (z.B. für den Landesdatenschutzbeauftragten). Die DSGVO gilt unmittelbar im Jugendhilferecht in Verbindung mit dem SGB nach Art eines Reißverschlusssystems. Dabei ist Art. 6 DSGVO von besonderer Bedeutung für die Rechtmäßigkeit einer Datenverarbeitung, ferner Art. 13 DSGVO, der eine Informationspflicht begründet.

Für die *Akteneinsicht* gilt: Im Rahmen eines Verwaltungsverfahrens gem. § 8 SGB X besteht ein Rechtsanspruch auf Akteneinsicht nach § 25 Abs. 1 SGB X. Außerhalb eines Verwaltungsverfahrens kann Akteneinsicht nach Ermessen gewährt werden. In beiden Fällen aber wird die Akteneinsicht durch § 25 Abs. 3 SGB X begrenzt. Die Grenze besteht darin, dass die in den Akten enthaltenen Informationen dem Sozialgeheimnis nach § 35 SGB I unterliegen und (zusätzlich) berechtigte Interessen des Betroffenen (das ist der durch das Sozialgeheimnis geschützte Dateninhaber) die Akteneinsicht verbieten. Das Sozialgeheimnis für sich allein begrenzt die Akteneinsicht also noch nicht. In der Jugendhilfe gibt § 65 SGB VIII einen über § 35 SGB I hinausreichenden Datenschutz. Er gilt aber nur für besonders anvertraute Daten, die im Rahmen erzieherischer oder persönlicher Hilfe einem Mitarbeiter des Jugendamts *anvertraut* worden sind. Dies übersieht die Rechtsprechung (z.B. *VG Regensburg*, Urt. v. 27.5.2014 – RO 4 K 14.423, ZFSH/SGB 2015, 499), wenn sie alle Daten, die das Jugendamt von Außenstehenden erlangt hat (z.B. von Behördeninformanten) unter die Geheimhaltungspflicht des § 65 SGB VIII fallen lässt. Im Ergebnis muss die Akteneinsicht aber dennoch unterbleiben, weil sich aus §§ 68, 69, 73 SGB X keine Übermittlungsbefugnis ergibt.

Sind Sozialdaten unter Verletzung der Vorschriften erhoben worden, setzt sich die Rechtswidrigkeit der Erhebung auf allen Ebenen der Verarbeitung (insbesondere Speicherung und Übermittlung) fort *("Dominoeffekt")*. Es besteht ein Anspruch des Betroffenen auf Löschung der unrechtmäßig erhobenen und gespeicherten Sozialdaten, die sich im Falle der Übermittlung dieser Daten an eine andere Stelle der öffentlichen Verwaltung und dortige Speicherung auch gegen diese richten kann. Dieser Löschungsanspruch kann im Wege der allgemeinen Leistungsklage geltend gemacht werden (so z.B. *Hess. VGH,* Urt. v. 16.9.2014 – 10 A 500/13, ZKJ 2014, 493).

Bei dieser verwirrenden Rechtslage werden Sie nach weiterführender Literatur dürsten: Einige *Literaturhinweise: Krahmer*, U., Sozialdatenschutz nach SGB I und X, Köln u.a. 1996; *Proksch*, R., Sozialdatenschutz in der Jugendhilfe – Institut für soziale Arbeit e.V. (Hg.), Soziale Praxis Heft 13, Münster 1996; *AFET-Schrift* (Arbeitsgemeinschaft für Erziehungshilfe), Datenschutz in Einrichtungen und Diensten freier Träger der Jugendhilfe; *Kunkel*, P.-Chr., Der Datenschutz in der Jugendhilfe nach der Änderung des Sozialgesetzbuchs, ZfJ 1995, 354 ff.; zum Sozialdatenschutz in Jugendhilfe und Sozialhilfe ferner *Maas*, U. in: Soziale Arbeit als Verwaltungshandeln, Weinheim, 2. Aufl. 1996, 99 ff. Zum Datenschutz bei der Familiengerichtshilfe: *Kunkel*, FamRZ 1993, 505. Zum Datenschutz bei Straftaten an Kindern, zum Zeugnisverweigerungsrecht und zur Auskunfts- und Anzeigepflicht: *Kunkel*, Strafverteidiger 2002, 333; *Kunkel/Rosteck/Vetter*, StV 2017, 829.

Siehe auch Kommentierung der Datenschutzbestimmungen des SGB VIII und SGB I und X in den Kommentaren von *Wiesner* und *Kunkel/Kepert/Pattar*

Auch folgende Rechtsprechung kann den Wissensdurst stillen: VG Münster, Urt. v. 29.4.2014 – 6 K 1702/13, JAmt 2014, 581; LG Augsburg, Beschl. v. 24.2.2014 – 1 Qs 81/14, JAmt 2014, 533; Hess. VGH, Urt. v. 16.9.2014 – 10 A 500/13, ZKJ 2014, 493; VG München, Urt. v. 14.9.2016 – M 18 K 15.1759, JAmt 2017, 130; VG Augsburg, Beschl. v. 12.1.2016 – Au 3 K 15.402, JAmt 2016, 219.

Fälle

1. Fall: „Rechnungsprüfungsamt"

Das *kommunale* Rechnungs*prüfungsamt* will im Rahmen einer Rechnungsprüfung die Jugendhilfetätigkeit des Jugendamts überprüfen. Müssen dem Prüfungsamt neben den Kostenakten auch die Betreuungsakten zur Prüfung überlassen werden?

2. Fall: „Datenerhebung bei Schule"

Ein Heim, das im Auftrag des Jugendamts Hilfe zur Erziehung gem. §§ 27, 34 SGB VIII durchführt, bittet das Jugendamt, zu prüfen, ob für das Heimkind Cordula eine vorübergehende heiminterne Beschulung geeignet und notwendig ist. Zu diesem Zweck möchte das Jugendamt die Schule befragen, sieht sich daran aber durch das Eingreifen der Eltern gehindert, die es dem Jugendamt untersagen, Kontakt zur Schule aufzunehmen. Darf das Jugendamt gleichwohl die Schule befragen?

3. Fall: „Entwicklungsberichte"

Eine Erziehungsberatungsstelle fertigt im Rahmen ihrer Tätigkeit (Hilfe zur Erziehung, §§ 27, 28 SGB VIII) Entwicklungsberichte an. Entgegen der Aufforderung des Jugendamts werden die Entwicklungsberichte nicht zur Verfügung gestellt, sondern nur das Beratungsergebnis mitgeteilt. Mit Recht?

4. Fall: „Datenübermittlung an Pflegeeltern"

Darf das Jugendamt die künftigen Pflegeeltern, die in ihrer Familie Hilfe zur Erziehung gem. §§ 27, 33 SGB VIII durchführen sollen, über folgende Umstände informieren?:
1. Scheidung der Ehe der Eltern des Kindes;
2. Selbstmordversuch der leiblichen Mutter vor 5 Jahren;
3. Trunksucht des leiblichen Vaters;
4. Kaufhausdiebstähle des 13-jährigen Kindes;
5. Legasthenie des Kindes;
6. Verdacht der geistigen Behinderung des 2-jährigen Kindes;
7. Kind ist HIV-positiv;
8. leibliche Mutter ist Prostituierte und HIV-positiv;
9. das 9-jährige Pflegekind lügt häufig;
10. das 13-jährige Pflegekind wird verdächtigt, einer »Sprayerbande« anzugehören;
11. das Kind hat von seinen Großeltern zwei Mietshäuser geerbt.

5. Fall: „Anzeige bei Polizei"

Auszug aus ZfJ 93, 294 *(Umschau):* »Presseberichten zufolge ist es mittlerweile »gängige Praxis«, dass Sexualdelikte an Kindern und Jugendlichen nicht zur Anzeige kommen, wenn sich Täter einer freiwilligen Therapie unterziehen und das Kind aus der Familie kommt. »Ob der Täter vor Gericht kommt, ist nicht unser Bier« so ein Jugendamtsleiter. Aufgabe des Jugendamtes sei es, das Kind zu schützen und vor weiterem Missbrauch zu bewahren.« Ist die Auffassung des Jugendamtsleiters unter Berücksichtigung der Bestimmungen des Sozialdatenschutzes richtig?

6. Fall: „Datenübermittlung an Polizei"

Die Polizei erscheint im städtischen Jugendzentrum und befragt die dort tätigen Sozialarbeiter, ob der Jugendliche K. dort verkehre. K. habe vor drei Tagen einer alten Frau die Handtasche geraubt und sei jetzt auf der Flucht. Müssen die Sozialarbeiter die Polizei davon in Kenntnis setzen, dass K. sich regelmäßig im Jugendzentrum sehen lässt und erst gestern dort auftauchte? Müssen sie die Polizei informieren, wenn K. wiederum im Jugendzentrum erscheint?

7. Fall: „Datenübermittlung im Jugendamt"

Eine Fachkraft der Jugendgerichtshilfe holt sich während der Abwesenheit der Sachbearbeiterin in der Abteilung »Besondere Erziehungshilfen« die Betreuungsakte eines Jugendlichen, um sich Kenntnisse über die Entwicklung dieses Jugendlichen zu verschaffen. Ist sie hierzu berechtigt?

8. Fall: „Datenerhebung bei sexuellem Missbrauch"

Eine Sozialarbeiterin des Jugendamts wird von der Schule auf ein Kind aufmerksam gemacht, das Anzeichen für einen sexuellen Missbrauch und Misshandlungsspuren aufweist. Das Kind und seine Eltern erweisen sich als unzugänglich; sie verweigern jegliche Auskünfte. Die Sozialarbeiterin möchte weitere Daten erheben (Einsicht in Jugendamtsakten, Befragung bestimmter Personen aus dem weiteren Umfeld des Kindes). Sie möchte sich auch an den behandelnden Hausarzt der Familie mit der Bitte um Informationen wenden.
1. Ist die von der Sozialarbeiterin geplante Erhebung weiterer Daten statthaft?
2. Ist der Arzt an die ärztliche Schweigepflicht gebunden?

9. Fall: „Datenerhebung im Sorgerechtsverfahren"

Im streitigen Sorgerechtsverfahren im Verbund mit der Scheidung, in dem jeder Elternteil die Alleinsorge anstrebt, verbittet sich die Mutter, bei der das Kind lebt, Hausbesuche und sonstige Ermittlungen des Jugendamts und gestattet der Sozialarbeiterin auch nicht, Fühlung mit dem Kind aufzunehmen. Die Sozialarbeiterin unternimmt daher nichts weiter, sondern schildert diesen Sachverhalt dem Familiengericht. Verhält sie sich richtig, oder ist es ihre Pflicht, »hinter dem Rücken« der scheidungswilligen Eltern Ermittlungen anzustellen, um gem. § 50 SGB VIII, § 162 FamFG einen fundierten Vorschlag zum Sorgerecht unterbreiten zu können? (§ 62 Abs. 3 SGB VIII)

10. Fall: „Datenübermittlung im Verwaltungsgerichtsverfahren"

Im Verwaltungsgerichtsverfahren auf Gewährung einer Jugendhilfeleistung – Hilfe zur Erziehung für den Jugendlichen Michael – verlangt das Gericht die Vorlage der Betreuungsakte, die das Jugendamt über Michael führt. Mit Recht? (§ 35 SGB I, § 64 SGB VIII, § 69 Abs. 1 Nr. 2 SGB X)

11. Fall: „Datenerhebung bei Dritten"

Die Großmutter, Frau F., berichtet einer Fachkraft des Jugendamts, der Lebensgefährte ihrer Tochter, Berthold Claasen, misshandele ihr Enkelkind. Claasen zwinge den schreienden 8-Jährigen unter Gewaltanwendung häufig, seine Mahlzeiten aufzuessen, »zur Abhärtung« lange unter der kalten Dusche zu stehen, usw. Sie könne das nicht mehr mit ansehen. Ist das Jugendamt berechtigt, die Mutter des Kindes, den Lebensgefährten und das Kind selbst zu diesen Vorfällen zu befragen? Dürften auch bei Nachbarn Erkundigungen über die Erziehung des Kindes in der Familie eingeholt werden?

12. Fall: „Datenübermittlung an Jobcenter"

Frau X erhält für sich und für ihr Kind Lena Hilfe nach SGB II vom Jobcenter und vom Jugendamt Hilfe zur Erziehung (§§ 27, 34 SGB VIII). Der im Jugendamt in O. angestellte Sozialarbeiter S. will das Jobcenter über die gewährte Jugendhilfeleistung informieren, um zu verhindern, dass Frau X einen Betrug begeht und weiterhin Leistungen im bisherigen Umfang bezieht. Ist S. zu dieser Mitteilung an das Jobcenter berechtigt?

13. Fall: „Behördeninformant"

Das Jugendamt erhält von einem Informanten einen Hinweis auf eine Kindesmisshandlung.

13.1
Die beschuldigten Eltern wollen Akteneinsicht.

13.2
Die beschuldigten Eltern erstatten Anzeige gegen Unbekannt wegen Beleidigung, übler Nachrede und Verleumdung. Die Polizei will vom Jugendamt Auskunft über die Person des Informanten.

13.3
Die Akte wird beschlagnahmt.

13.4
Der Strafrichter ordnet Aktenvorlage an.

Wie ist die Rechtslage?

Lösungen zu Übungsblatt 13

Zur Lösung sollten Sie die Prüfungsschemata aus *Kunkel, Jugendhilferecht*, Anhang 2 Anlagen 6–19 verwenden.

1. Fall: „Rechnungsprüfungsamt"

Die Überlassung der Akten ist ein Eingriff in den Schutzbereich des § 35 SGB I i.V.m. § 61 SGB VIII. Der Eingriff besteht in der Übermittlung von Daten (§ 67 Abs. 6 Nr. 3 i.V.m. Abs. 9 und 10 SGB X; ab 25.5.2018 unmittelbar aus Art. 4 Abs. 2 EU-DSGVO), da das kommunale Rechnungsprüfungsamt Dritter ist, wie sich auch aus § 69 Abs. 5 SGB X ergibt. Der Eingriff ist gerechtfertigt, wenn eine Übermittlungsbefugnis besteht (§ 35 Abs. 2 SGB I i.V.m § 61 SGB VIII). Die Übermittlungsbefugnis könnte sich ergeben aus § 69 Abs. 5 SGB X i.V.m. § 67 c Abs. 3 SGB X i.V.m. § 61 SGB VIII. Für die Prüfungstätigkeit erforderlich ist allerdings nur die Übersendung der Kostenakten, nicht dagegen der Betreuungsakten. Auch wegen § 64 Abs. 2 SGB VIII ist die Übersendung der Betreuungsakten ausgeschlossen. Zudem steht § 65 SGB VIII der Übersendung der Betreuungsakten entgegen.

Ergebnis: Dem Rechnungsprüfungsamt *müssen* die Betreuungsakten nicht überlassen werden; wegen § 35 Abs. 3 SGB I i.V.m. § 61 SGB VIII *dürfen* sie auch nicht überlassen werden.

Dasselbe würde für die Prüfung durch die Gemeindeprüfungsanstalt gelten.

Vertiefend: *Kunkel* in Kunkel/Kepert/Pattar, LPK-SGB VIII, § 61 Rn. 134. Zur Prüfungsbefugnis einer kommunalen Rechnungsprüfungsbehörde DIV-Gutachten v. 31.7.1997, DAV (Der Amtsvormund) 1997 Sp. 741 ff. und *Kunkel* in *Oberloskamp*, Vormundschaft, § 16 Rn 99 ff.

2. Fall: „Datenerhebung bei Schule"

Die Daten sollen vom Jugendamt erhoben werden, also nicht vom freien Träger (Heim), so dass § 35 Abs. 2 SGB I i.V.m. § 62 SGB VIII einschlägig ist (ein Sonderproblem ist das Verhältnis von § 62 SGB VIII zu § 67 a SGB X, das durch § 37 S. 2 SGB I geregelt ist; vgl. hierzu *Kunkel*, LPK-SGB VIII, § 61 Rn. 7 und § 62 Rn. 1). Zur Informationspflicht Art. 13 bzw. Art. 14 EU-DSGVO. § 62 Abs. 1 SGB VIII verlangt zunächst, dass die zu erhebenden Daten *erforderlich* sind. Im vorliegenden Fall sind die Daten erforderlich, um Hilfe zur Erziehung gem. § 27 SGB VIII in der geeigneten und notwendigen Form und Art (§ 34 SGB VIII) gewähren zu können; die Vorlage eines Schulzeugnisses reicht hierfür nicht aus. Sodann muss die Datenerhebung grundsätzlich (§ 62 Abs. 2 SGB VIII) beim Betroffenen selbst oder mit seiner Einwilligung bei Dritten (*Betroffenenerhebung*) erfolgen. Betroffener ist gem. § 67 Abs. 1 S. 1 SGB X das Heimkind Cordula selbst, da sich die Einzelangaben (Schulleistungen, schulisches Verhalten) auf das Kind beziehen. Cordula ist aber noch zu jung, um allein über ihre Daten entscheiden zu können; sie unterliegt der elterlichen Sorge und hat altersbedingt noch nicht die notwendige Einsicht, um selbst wirksam in die Datenerhebung bei Dritten einwilligen zu können. (Zum Entscheidungsrecht einsichtsfähiger Minderjähriger in Datenschutzangelegenheiten vgl. *Proksch*, a.a.O. S. 138.) Daran ändert auch der Umstand nichts, dass Cordula neben dem Personensorgeberechtigten (den Eltern) bei der Ausgestaltung der Hilfe gem. § 36 Abs. 2 SGB VIII mitwirkt. die Datenerhebung muss daher grundsätzlich mit Einwilligung der Eltern erfolgen.

Nicht einschlägig ist § 62 Abs. 4 SGB VIII, da Cordula als Betroffene zwar nicht Leistungsberechtigte ist (dies sind bei Hilfe zur Erziehung die Eltern), aber an der Leistung beteiligt ist (sie ist Leistungsadressat, aber nicht Anspruchsadressat; anders aber wohl *Wiesner/Mörsberger*, SGB VIII, § 62 Rn. 29).

Da die Einwilligung der Eltern fehlt, ist eine Datenerhebung nur unter den Voraussetzungen des § 62 Abs. 3 SGB VIII (»*Fremderhebung*«) möglich. Hier kommt die Ermächtigung in § 62 Abs. 3 Nr. 2 a SGB VIII in Betracht, da die Voraussetzungen einer Leistung festgestellt werden sollen. Nr. 2 verlangt aber zunächst, dass die Datenerhebung beim Betroffenen nicht möglich ist. Dies ist dann der Fall, wenn der Betroffene keine Auskunft geben will (subjektive Unmöglichkeit) oder nicht geben kann (objektive Unmöglichkeit) (vgl. hierzu *Proksch* a.a.O. S. 139 und *Kunkel*, LPK-

SGB VIII, § 62 Rn. 13). Dies ist hier der Fall, da die Eltern keine Auskünfte zu den schulischen Belangen ihres Kindes geben.

Nicht einschlägig ist die zweite Alternative des § 62 Abs. 3 Nr. 2 SGB VIII, da die Hilfe zur Erziehung ihrer Art nach keine Ermittlung bei Dritten erfordert (strittig; vgl. hierzu *Wiesner/Mörsberger*, SGB VIII § 62 Rn. 8, *Kunkel*, LPK-SGB VIII, § 62 Rn. 14; *Krahmer a.a.O.*, SGB X § 67 a Rn. 6).

Der Wortlaut des § 62 Abs. 3 SGB VIII ermöglicht also eine Datenerhebung bei der Schule. Zweckmäßig erscheint es allerdings nicht, gegen den Willen der Eltern diese Daten zu erheben, da die Eltern die Hilfe zur Erziehung jederzeit beenden können (§ 36 Abs. 1 S. 1 SGB VIII), wozu sie ein derartiges Vorgehen wohl veranlassen würde (im Ergebnis ebenso *Proksch a.a.O.* S. 139).

Lediglich dann, wenn die Eltern durch ihr Verhalten (verweigerte Mitwirkung) das Kindeswohl gefährden, kann und muss (§ 8 a Abs. 2 SGB VIII) der Träger der öffentlichen Jugendhilfe durch eine Einschaltung des Familiengerichts weitere Maßnahmen gegen den Elternwillen durchsetzen. Eine Einschaltung des Familiengerichts ist gem. 1666 BGB möglich, unter Umständen auch nach § 1631 a Abs. 2 BGB, wenn die Eltern durch ihr Verhalten sich in Ausbildungsangelegenheiten über Eignung und Neigung des Kindes hinwegsetzen und eine nachhaltige und schwere Beeinträchtigung der Entwicklung des Kindes droht.

Ergebnis: Das Jugendamt wird die Schule nicht befragen.

3. Fall: „Entwicklungsberichte"

Sofern die Erziehungsberatungsstelle als Teil des Jugendamts in öffentlicher Trägerschaft tätig ist, darf eine Datenweitergabe gem. § 65 SGB VIII nicht erfolgen. Mangels näherer Angaben ist anzunehmen, dass es sich um eine Erziehungsberatungsstelle in freier Trägerschaft handelt. Eine unmittelbare Geltung des § 35 SGB I i.V.m. § 61 SGB VIII besteht daher nicht. Da der Träger der freien Jugendhilfe aber Hilfe zur Erziehung in der Hilfeart der Erziehungsberatung für den Träger der öffentlichen Jugendhilfe leistet, ist der Träger der freien Jugendhilfe »abgeleiteter Normadressat« (§ 61 Abs. 3 SGB VIII), so dass er § 35 SGB I i.V.m. § 61 SGB VIII beachten muss. Die Entwicklungsberichte enthalten Sozialdaten (§ 67 Abs. 2 SGB X). Die Mitteilung dieser Daten wäre ein Eingriff in das Sozialgeheimnis durch Übermittlung (Art. 4 Nr. 2 EU-DSGVO „Verarbeitung"). Der Eingriff wäre nur zulässig, wenn eine Übermittlungsbefugnis vorläge (§ 35 Abs. 2 SGB I). Eine gesetzliche Übermittlungsbefugnis könnte sich aus § 69 Abs. 1 Nr. 1 SGB X i.V.m. § 61 Abs. 1 SGB VIII ergeben. Voraussetzung hierfür ist, dass die Kenntnis der Entwicklungsberichte für das Jugendamt erforderlich ist. Da das Jugendamt verantwortlich ist für die rechtmäßige Aufgabenerfüllung (§§ 3 Abs. 2 S. 2, 79 Abs. 1 SGB VIII), muss es sich ein Bild machen können, ob die Hilfe zur Erziehung in der Hilfeart der Erziehungsberatung (weiterhin) die richtige Hilfe ist. Es wäre aber auch vertretbar, unter Hinweis auf die Selbstständigkeit des freien Trägers bei der Aufgabenerfüllung (§ 4 Abs. 1 S. 2 SGB VIII) die Erforderlichkeit der Kenntnis zu verneinen.

Eine Einschränkung der Übermittlungsbefugnis gem. § 69 SGB X ergibt sich aus § 64 Abs. 2 SGB VIII. Dass die Weiterleitung der Entwicklungsberichte an das Jugendamt aber zu einer Gefährdung des Beratungserfolges führen könnte, ist dem Fall nicht zu entnehmen.

Eine weitere Einschränkung der Übermittlungsbefugnis könnte sich aus § 65 SGB VIII ergeben. Auch diese Regelung ist für den freien Träger entsprechend anwendbar. In der Beratungsstelle wird persönliche und erzieherische Hilfe geleistet, so dass eine Weitergabe der Daten an das Jugendamt nur mit Einwilligung der zu beratenden Personen erfolgen kann (§ 65 Abs. 1 S. 1 Nr. 1 SGB VIII). Das Jugendamt kann von den zu beratenden Personen verlangen, dass sie im Rahmen ihrer Mitwirkungspflicht nach § 60 Abs. 1 S. 1 Nr. 1 SGB I die erforderliche Einwilligung geben. Andernfalls könnte die Hilfe versagt werden (§ 66 Abs. 1 S. 1, Abs. 3 SGB I). Vertretbar ist aber auch hier die gegenteilige Ansicht mit dem Hinweis auf die Selbstständigkeit des freien Trägers bei der Aufgabenerfüllung.

Zu beachten ist ferner, dass sich die Fachkraft des freien Trägers strafbar macht gem. § 203 Abs. 1 Nr. 4 StGB, wenn die Daten ohne die Einwilligung (es genügt eine stillschweigende) weitergegeben werden.

Ergebnis: Ohne Einwilligung können die Entwicklungsberichte nicht weitergegeben werden.

4. Fall: „Datenübermittlung an Pflegeeltern"

Die Weitergabe der Daten vom Jugendamt an die künftigen Pflegeeltern ist ein Eingriff in das Sozialgeheimnis (§ 35 Abs. 1 SGB I i.V.m. § 61 Abs. 1 SGB VIII) und zwar durch Übermitteln (Art. 4 Nr.. 2 EU-DSGVO). Dieser Eingriff bedarf einer Übermittlungsbefugnis (§ 35 Abs. 2 SGB I). Diese könnte sich aus § 69 Abs. 1 Nr. 1 SGB X i.V.m. § 61 Abs. 1 SGB VIII ergeben. Die genannten Daten müssten erforderlich sein, um Hilfe zur Erziehung bei den Pflegeeltern durchführen zu können. Da die Pflegeeltern die tatsächliche Erziehung des Kindes übernehmen, müssen sie sein Verhalten richtig einordnen können. Dazu ist die Kenntnis der genannten Daten – mit Ausnahme von Nr. 11 – erforderlich. Bei Nr. 2, Nr. 3 und Nr. 8 ist darauf abzustellen, ob die Umstände auf der Elternebene längerfristige Auswirkungen auf die Erziehung des Kindes haben. Davon ist in der Regel auszugehen, daher sind die Pflegeeltern auch auf diese Umstände, ggf. in allgemeiner, »abgeschwächter« Form, hinzuweisen. Beispiel Nr. 2 (Selbstmordversuch der Mutter vor 5 Jahren): Bei der Mutter könnte eine psychische Labilität vorliegen, die möglicherweise ihre erzieherische Eignung beeinträchtigt hat und über welche die Pflegeeltern daher informiert werden sollten. Nr. 3 (Trunksucht des leiblichen Vaters): Eine Datenübermittlung dürfte im Hinblick auf zukünftige Besuchskontakte des Kindes mit seinen Eltern erforderlich sein. Ohne Kenntnis dieser Daten könnten die Pflegeeltern die geistige, seelische und körperliche Entwicklung des Kindes nicht ausreichend fördern.

§ 64 Abs. 2 SGB VIII steht der Übermittlung nicht entgegen, da die Datenübermittlung die Leistung der Hilfe zur Erziehung erst ermöglicht.

Eine Einschränkung der Übermittlungsbefugnis ergibt sich aber bei solchen Daten, die einer Fachkraft des Jugendamts im Rahmen des § 65 SGB VIII oder dem Jugendamt von einer Person nach § 203 Abs. 1 StGB i.V.m. § 76 SGB X übermittelt worden sind. Solche Daten können nur mit Einwilligung der Betroffenen an die Pflegefamilie weitergegeben werden.

Ergebnis: Die Daten nach Nr. 1, 4, 5, 6, 7, 9 und 10 können den Pflegeeltern mitgeteilt werden, möglicherweise aber erst nach Einwilligung der Betroffenen.

Kunkel

5. Fall: „Anzeige bei Polizei"

Eine Anzeige wäre ein Eingriff in das Sozialgeheimnis (§ 35 Abs. 1 SGB I i.V.m. § 61 Abs. 1 SGB VIII) durch Übermittlung eines Sozialdatums (§ 67 Abs. 2, Art. 4 Nr.. 2 EU-DSGVO). Dieser Eingriff wäre nur dann zulässig, wenn eine gesetzliche Übermittlungsbefugnis bestünde (§ 35 Abs. 2 SGB I). Eine solche könnte sich aus §§ 68, 69, 71, 73 SGB X ergeben.

§ 68 SGB X scheidet aus, da er nur einen ganz beschränkten Datensatz zur Übermittlung zulässt, also nicht die Tatsache des sexuellen Missbrauchs.

§ 69 Abs. 1 Nr. 1 SGB X scheidet aus, da Strafverfolgung keine Aufgabe nach dem SGB ist. § 69 Abs. 1 Nr. 2 SGB X käme dagegen als Übermittlungsbefugnis in Betracht, da ein Strafverfahren wegen sexuellen Missbrauchs in Zusammenhang steht mit der Leistung einer Hilfe zur Erziehung, die gerade wegen dieser Tat eingeleitet worden ist (vgl. hierzu *Kunkel*, LPK-SGB VIII, § 61 Rn. 124).

§ 71 Abs. 1 S. 1 Nr. 1 SGB X scheidet als Übermittlungsbefugnis aus, da danach nur eine geplante Straftat, und zwar nur eine solche, die in § 138 StGB genannt ist, gemeldet werden kann.

§ 73 SGB X scheidet ebenfalls aus, da die Entscheidungskompetenz zur Übermittlung von Sozialdaten nur beim Richter liegt (§ 73 Abs. 3 SGB X, also nicht beim Jugendamtsleiter (vgl. *Kunkel*, LPK-SGB VIII, § 61 Rn. 173).

Eine Einschränkung der nach § 69 Abs. 1 Nr. 2 SGB X möglichen Datenübermittlung könnte sich aus § 64 Abs. 2 SGB VIII ergeben. Würde durch die Anzeige die Leistung der Hilfe zur Erziehung gefährdet, wäre eine Anzeige nicht zulässig. In manchen Fällen kann sie aber auch ein Druckmittel sein, Hilfe zur Erziehung anzunehmen.

Ist die Tatsache des sexuellen Missbrauchs einer Fachkraft des Jugendamts im Verlauf eines Beratungsgesprächs im Rahmen des § 65 SGB VIII bekannt geworden, ist zusätzlich (vgl. hierzu *Kunkel*, LPK-SGB VIII, § 65 Rn. 11) zur Übermittlungsbefugnis nach § 69 SGB X eine Weitergabebefugnis nach § 65 Abs. 1 S. 1 Nr. 1 oder Nr. 5 SGB VIII notwendig. Nach Nr. 1 ist die Einwilligung der Person erforderlich, die die Tatsache des sexuellen Missbrauchs im Beratungsgespräch mitgeteilt hat. Nach Nr. 3 ist auch ohne eine solche Einwilligung die Übermittlung möglich, wenn ein übergesetzlicher Notstand anzunehmen ist (vgl. hierzu *Kunkel*, LPK-SGB VIII, § 61 Rn. 193 und in: Strafverteidiger 2002, 333).

Ergebnis: Die Aussage des Jugendamtsleiters ist nicht uneingeschränkt richtig. Auch eine Strafanzeige kann dazu dienen, das Kind vor weiterem Missbrauch zu bewahren; sie wäre dann zulässig.

6. Fall: „Datenübermittlung an Polizei"

Die angesprochenen Informationen sind als Sozialgeheimnis geschützt (§ 35 Abs. 1 SGB I i.V.m. § 67 Abs. 2 SGB X i.V.m. § 61 Abs. 1 SGB VIII). Die Information der Polizei wäre ein Eingriff in das Sozialgeheimnis durch Übermittlung (Art. 4 Nr. 2 DSGVO „Verarbeitung"). Dieser wäre nur zulässig, wenn eine Übermittlungsbefugnis bestünde (§ 35 Abs. 2 SGB I).

Eine Übermittlungsbefugnis könnte sich aus § 68 SGB X i.V.m. § 61 Abs. 1 SGB VIII ergeben. Voraussetzung ist ein Ersuchen der Polizei. Ferner darf nur ein bestimmter Datensatz mitgeteilt werden. Zu diesem gehört nicht nur die Anschrift, sondern auch der gegenwärtige Aufenthaltsort. Schutzwürdige Interessen des Jugendlichen sind durch die Übermittlung nicht berührt, da der Schutz vor Strafverfolgung zwar im Interesse des Betroffenen liegt, aber nicht schutzwürdig ist.

Zu beachten ist, dass über das polizeiliche Ersuchen nicht Sozialarbeiter entscheiden können, sondern nur der Sozialdezernent, allenfalls der Jugendamtsleiter (vgl. hierzu *Kunkel*, LPK-SGB VIII, § 61 Rn. 109).

Aus § 73 SGB X ergibt sich keine Übermittlungsbefugnis, da die Übermittlung der Daten durch den Richter angeordnet werden müsste (§ 73 Abs. 3 SGB X). Außerdem handelt es sich nicht um ein Verbrechen (§ 12 Abs. 1 StGB) und auch nicht um eine Straftat von erheblicher Bedeutung, sondern um ein einfaches Vergehen (§ 12 Abs. 2 StGB). Daher ist nur der in § 73 Abs. 2 SGB X genannte Datensatz übermittlungsfähig; dazu gehört aber der gegenwärtige Aufenthaltsort nicht.

Eine Einschränkung der Übermittlungsbefugnis aus § 64 Abs. 2 SGB VIII ergibt sich für die Übermittlung nach § 68 SGB X nicht.

Ergebnis: Der Polizei muss zwar nicht mitgeteilt werden, dass K. gestern im Jugendzentrum aufgetaucht ist, aber sein gegenwärtiger Aufenthalt im Jugendzentrum muss gemeldet werden. Die Sozialarbeiter sind für diese Meldung aber nicht zuständig.

Eine andere Frage ist, ob die Sozialarbeiter dem Vorgesetzten das Auftauchen des K. mitteilen dürfen oder ob sie daran gem. § 203 Abs. 1 Nr. 5 StGB gehindert sind (nicht anwendbar ist § 203 Abs. 2 StGB, obwohl die Sozialarbeiter Amtsträger i.S.v. § 11 Abs. 1 Nr. 2 StGB sind; vgl. hierzu *Kunkel*, LPK-SGB VIII, § 61 Rn. 13). Der Aufenthalt im Jugendzentrum könnte ein »sonst bekannt gewordenes Geheimnis« i.S.d. § 203 Abs. 1 StGB sein. Eine Offenbarungsbefugnis könnte sich dann nur aus einer höherrangigen gesetzlichen Mitteilungspflicht ergeben; dazu gehört die dienstrechtliche Gehorsamspflicht nach den Landesbeamtengesetzen aber nicht (vgl. *Kunkel*, LPK-SGB VIII, § 61 Rn. 211).

7. Fall: „Datenübermittlung im Jugendamt"

Es handelt sich um einen Eingriff in den Schutzbereich des Sozialgeheimnisses (§ 35 SGB I i.V.m. § 61 Abs. 1 SGB VIII). Der Eingriff besteht nicht in einem Übermitteln von Daten, da die Daten weder weitergegeben worden noch zur Einsicht bereitgehalten worden sind. Vielmehr liegt ein Eingriff durch Erheben von Daten vor (Art. 4 Nr. 2 EU-DSGVO).

Dieser Eingriff bedarf einer Befugnisnorm (§ 35 Abs. 2 SGB I). In Betracht käme § 62 SGB VIII (zum Verhältnis zwischen § 62 SGB VIII einerseits und § 67 a SGB X andererseits; *vgl. Fall 2*). Daraus ergibt sich die Zulässigkeit der Datenerhebung, da die Kenntnis von der Entwicklung des Jugendlichen erforderlich ist, um die Aufgabe der Jugendgerichtshilfe nach § 38 JGG erfüllen zu können. Diese Aufgabe ist zugleich eine nach dem Sozialgesetzbuch (§ 52 Abs. 1 SGB VIII). Die Daten dürfen auch ohne Mitwirkung des Betroffenen erhoben werden, weil § 62 Abs. 3 Nr. 2 c) SGB VIII dies zulässt.

Zur »innerbehördlichen Schweigepflicht« vgl. auch *Hassemer,* ZfJ 1993, 12 ff; *Walther,* ZKJ 2021, 297.

8. Fall: „Datenerhebung bei sexuellem Missbrauch"

Frage 1:

Die Befragung und die Heranziehung weiterer Akten sind Eingriffe in das Sozialgeheimnis durch Erheben von Sozialdaten über Kind und Eltern (§ 35 Abs. 1 SGB I i.V.m. § 67 Abs. 2 SGB X ‚Art. 4 Nr.. 2 EU-DSGVO – i.V.m. § 61 Abs. 1 SGB VIII).

Dieser Eingriff ist nur gerechtfertigt, wenn eine gesetzliche Ermächtigung hierfür besteht (§ 35 Abs. 2 SGB I). Diese könnte § 62 SGB VIII sein (zum Verhältnis von § 62 SGB VIII zur Regelung der Datenerhebung in § 67a SGB X *vgl. Fall 2*). Die Datenerhebung muss erforderlich sein zur Erfüllung einer konkreten Aufgabe (§ 62 Abs. 1 SGB VIII). Diese Aufgabe besteht hier darin, Hilfe zur Erziehung nach § 27 SGB VIII zu leisten oder das Familiengericht gem. § 8a Abs. 2 SGB VIII anzurufen. Zur Erfüllung jeder dieser beiden Aufgaben ist es notwendig, die Tatbestandsvoraussetzungen der Aufgabennorm (bei § 27: Erziehungsdefizit, bei § 8a Abs. 2: Gefährdung des Wohls des Kindes) zu prüfen. Dazu ist die Feststellung des sexuellen Missbrauchs notwendig. § 62 Abs. 2 S. 1 SGB VIII verlangt, dass diese Sozialdaten beim Betroffenen erhoben werden. Betroffene sind Eltern und Kind. Da sie weder selbst Angaben machen noch damit einverstanden sind, dass Dritte Auskünfte über sie geben, ist eine Erhebung bei ihnen nicht möglich. Dabei kommt es nur auf die subjektive Unmöglichkeit an, nicht dagegen auf die objektive (vgl. hierzu *Kunkel*, LPK-SGB VIII, § 62 Rn. 13). Eine Datenerhebung bei Dritten ist dann nach § 62 Abs. 3 Nr. 2 1. Alternative Buchst. a) (für Hilfe zur Erziehung) und Buchst. d) (für Anrufung des Familiengerichts) möglich. Buchst. c) kommt in Betracht, da die Herausnahme aus der eigenen Familie nach § 42 Abs. 1 Nr. 2 SGB VIII möglich ist

Ergebnis: Die geplante Erhebung weiterer Daten ist statthaft (die geplante Akteneinsicht richtet sich nicht nach § 25 SGB X, da diese Regelung nur für Beteiligte i.S.v. § 12 SGB X gilt).

Frage 2:

§ 62 SGB VIII ermöglicht dem Jugendamt lediglich, Fragen an den Arzt zu stellen. Dagegen verpflichtet § 62 SGB VIII nicht dazu, die Fragen zu beantworten. Der Arzt könnte durch die ärztliche Schweigepflicht an einer Beantwortung gehindert sein. § 203 Abs. 1 Nr. 1 StGB erlegt ihm eine Schweigepflicht auf. Eine Befugnis zum Offenbaren (beachte: bei § 203 StGB spricht man von »Offenbaren«, beim Sozialdatenschutz dagegen vom »Übermitteln«) der Untersuchungsdaten ergibt sich aber aus dem Rechtfertigungsgrund des übergesetzlichen Notstands (§ 34 StGB). Dieser ist für Ärzte speziell geregelt in der ärztlichen Berufsordnung (vgl. hierzu *Kunkel*, LPK-SGB VIII, § 61 Rn. 194). Der Arzt hat auch eine Offenbarungsbefugnis gegenüber dem *Jugendamt*, wenn er das (dreistufige)Verfahren nach § 4 KKG beachtet.

Ergebnis: Der Arzt ist nicht an die Schweigepflicht gebunden.

Hinweis:

Zu Frage 1: Zum Missbrauchsverdacht *Ollmann*, R., Schadensersatz wegen Missbrauchsverdächtigung? in ZfJ 1996, 486 ff. Derselbe auch in FamRZ 1997, 321. *Vgl. auch Übungsblatt 10 Fall 3.*

Zu Frage 2: Dickmeis, F., Keine Schweigepflicht der Ärzteschaft bei Gewalttaten an Frauen und Kindern, ZfJ 1995, 474 ff.

9. Fall: „Datenerhebung im Sorgerechtsverfahren"

Die Ermittlung »hinter dem Rücken« (zumindest der scheidungswilligen Mutter) wäre ein Eingriff in deren Sozialgeheimnis durch Erheben von Sozialdaten (§ 35 Abs. 1 SGB I i.V.m. Art. 4 Nr.. 2 EU-DSGVO – i.V.m. § 61 Abs. 1 SGB VIII).

Dieser Eingriff bedarf einer gesetzlichen Ermächtigungsgrundlage (§ 35 Abs. 2 SGB I). Diese könnte § 62 SGB VIII sein (zum Verhältnis zu § 67a SGB X vgl. *Fall 2*). § 62 Abs. 1 SGB VIII verlangt, dass eine Datenerhebung erforderlich ist für eine konkrete Aufgabenerfüllung nach dem SGB VIII. Die Aufgabe des Jugendamts ist in § 50 SGB VIII beschrieben. Sie besteht darin, dem Familiengericht »sachverständige Amtshilfe« zu leisten. Nach anderer Ansicht (zum Streitstand vgl. *Diehl/Berneiser*, LPK-SGB VIII, § 50 Rn. 80 f.) muss das Jugendamt keine gutachtliche Stellungnahme abgeben; die Datenerhebung wäre dann schon nicht erforderlich. Nach der hier vertretenen Auffassung dagegen ist die Datenerhebung erforderlich, weil die gutachtliche Stellungnahme es ist.

Die Datenerhebung muss grundsätzlich beim Betroffenen erfolgen (§ 62 Abs. 2 S. 1 SGB VIII); dies sind hier Vater, Mutter und Kind. Zumindest bei Mutter und Kind ist die Erhebung aber nicht möglich (zur Unmöglichkeit vgl. *Fall 8*). Dennoch gestattet § 62 Abs. 3 SGB VIII nicht die Datenerhebung bei Dritten, weil keine der Voraussetzungen nach Buchst. a) bis d) vorliegt. Auch Nr. 1 liegt nicht vor, da keine gesetzliche Bestimmung die Datenerhebung bei Dritten in diesem Falle vorschreibt oder erlaubt. § 50 SGB VIII ist dies nicht, weil er lediglich die Mitwirkung des Jugendamts im familiengerichtlichen Verfahren vorschreibt, aber nicht die Datenerhebung; § 60 SGB I ist es nicht, weil er eine Mitwirkung des Betroffenen lediglich für Sozialleistungen vorsieht, also nicht für die Erfüllung einer Aufgabe nach § 2 Abs. 3 SGB VIII.

Als Ermächtigungsgrundlage für die Datenerhebung kommt daher lediglich § 62 Abs. 4 SGB VIII in Betracht. Da es sich bei der Aufgabe nach § 50 SGB VIII nicht um eine Leistung handelt, ist Absatz 4 Satz 2 einschlägig. Die zu erhebenden Daten von Eltern und Kind sind Daten der an der Aufgabenerfüllung beteiligten Personen, so dass die Voraussetzungen von Absatz 4 Satz 2 nicht vorliegen.

Ergebnis: Die Sozialarbeiterin verhält sich richtig; sie hat zwar die Pflicht, einen fundierten Vorschlag zum Sorgerecht zu unterbreiten, kann diese Pflicht aber nicht erfüllen, da eine Erhebungsgrundlage hierfür fehlt.

Hinweis: Zur Mitwirkung in familiengerichtlichen Verfahren und Datenschutz *Hoffmann*, JAmt 2020, 47 *Proksch* a.a.O., S. 264 f.; *Kunkel* FamRZ 97, 195 f., 201. *S.a. Einf. Übungsbl. 10*.

10. Fall: „Datenübermittlung im verwaltungsgerichtlichen Verfahren"

Das Verwaltungsgericht stützt sein Vorlageverlangen auf § 99 VwGO. Die Pflicht zur Vorlage von Akten ist auch gegenüber dem Gericht begrenzt durch § 35 Abs. 3 SGB I i.V.m. § 61 SGB VIII. Danach besteht eine Vorlagepflicht nur dann, wenn die Übermittlung der in der Akte enthaltenen Daten zulässig wäre. Die Übermittlung ist ein Eingriff in das Sozialgeheimnis (§ 35 Abs. 1 SGB I). Er bedarf einer gesetzlichen Ermächtigung (§ 35 Abs. 2 SGB I). Die gesetzliche Übermittlungsbefugnis ergibt sich aus §§ 67 b Abs. 1, 67 d Abs. 1, 69 Abs. 1 Nr. 2 SGB X i.V.m. § 61 Abs. 1 SGB VIII. Die Übermittlungsbefugnis aber ist eingeschränkt durch § 64 Abs. 2 SGB VIII. Danach darf die Übermittlung nicht den Erfolg einer Leistung gefährden. Die Übermittlung der Betreuungsakte gefährdet nicht den Erfolg der Hilfe zur Erziehung, sondern ermöglicht sie erst, indem das Gericht feststellt, dass die tatbestandsmäßigen Voraussetzungen der Hilfe vorliegen.

Eine weitere Begrenzung der Übermittlungsbefugnis nach § 69 Abs. 1 Nr. 2 SGB X ergibt sich aus § 65 SGB VIII. Die Daten in der Betreuungsakte sind im Rahmen persönlicher und erzieherischer Hilfe anvertraut worden. Die Weitergabe dieser Daten ist gem. § 65 Abs. 1 S. 1 Nr. 1 SGB VIII nur möglich mit Einwilligung. Dabei muss es sich – im Unterschied zur Einwilligung nach § 67 b Abs. 2 SGB X – nicht um eine schriftliche handeln, es genügt auch eine stillschweigende. Diese liegt hier (konkludent) in der Klageerhebung.

Mit Vorlage der Akten ist das Gericht aber darauf hinzuweisen, dass es nun seinerseits das Sozialgeheimnis zu wahren hat (§ 78 Abs. 1 S. 2 SGB X i.V.m. § 61 Abs. 1 SGB VIII).

Ergebnis: Das Gericht verlangt zu Recht die Vorlage der Betreuungsakte.

Eine ausführliche Behandlung der Problematik finden Sie bei *Proksch* a.a.O. S. 218 f.

11. Fall: „Datenerhebung bei Dritten"

Die Erkundigungen wären Eingriffe in das Sozialgeheimnis (§ 35 Abs. 1 SGB I i.V.m. § 61 Abs. 1 SGB VIII) durch Datenerhebung (Art. 4 Nr.. 2 EU-DSGVO). Betroffen durch diesen Eingriff ist sowohl Berthold Claasen als auch das Enkelkind, weil es um tatsächliche Angaben zu ihrer Person geht (§ 67 Abs. 2 SGB X). Wenn die Dritten Angaben gemacht haben, werden auch sie zu Betroffenen, so dass dann auch ihre Daten als Sozialdaten geschützt sind (zu Sozialdaten mit Doppelbezug vgl. *Kunkel*, LPK-SGB VIII, § 61 Rn. 22). Die Datenerhebung ist nur zulässig, wenn eine gesetzliche Ermächtigung vorliegt (§ 35 Abs. 2 SGB I). Diese könnte § 62 SGB VIII sein (zum Verhältnis zwischen § 62 SGB VIII und § 67 a SGB X *siehe Fall 2).* Zur Informationspflicht Art. 14 EU-DSGVO. Die Datenerhebung muss erforderlich sein zur Erfüllung einer Aufgabe nach dem SGB VIII (§ 62 Abs. 1 SGB VIII). Die konkrete Aufgabe ist hier, Hilfe zur Erziehung (§ 27 SGB VIII) zu leisten oder Anzeige beim Familiengericht zu machen (§ 8 a Abs. 2 SGB VIII). Ob der Lebensgefährte auch Vater des Kindes ist, ist hierfür unerheblich. Eine Aufgabenerfüllung nach § 42 SGB VIII kommt ebenfalls in Betracht *(vgl. hierzu Fall 8).* Zur Erfüllung der Aufgabe ist es notwendig, die tatsächlichen Voraussetzungen der Aufgabennorm zu prüfen. Die Angaben der Großmutter – ihre Richtigkeit unterstellt – sind geeignet, die Tatbestandsvoraussetzungen sowohl des § 27 SGB VIII als auch die des § 8 a Abs. 2 und des § 42 SGB VIII zu erfüllen.

§ 62 Abs. 2 SGB VIII verlangt die Datenerhebung beim Betroffenen, also bei Lebensgefährte und Kind. Bei der Befragung dieser Betroffenen müssen die formellen Voraussetzungen des § 62 Abs. 2 S. 2 SGB VIII beachtet werden. Sind Lebensgefährte und Kind damit einverstanden, können weitere Daten auch bei der Mutter des Kindes und den Nachbarn erfragt werden. Sind sie mit diesen weiteren Befragungen aber nicht einverstanden, ist die sog. Dritterhebung nur zulässig unter den Voraussetzungen des § 62 Abs. 3 SGB VIII. Nach dessen Nr. 2 1. Alternative Buchst. a) kann die Datenerhebung erfolgen, um festzustellen, ob ein Erziehungsdefizit vorliegt und damit die Voraussetzungen des § 27 SGB VIII gegeben sind. Nach Buchst. d) kann die Datenerhebung erfolgen, um eine Gefährdung des Kindeswohls durch die Mutter (durch Duldung des Verhaltens des Lebensgefährten) festzustellen, um dann einen Eingriff in ihr Sorgerecht durch das Familiengericht zu veranlassen (§ 8 a Abs. 2

SGB VIII). Dagegen kommt eine Datenerhebung bei der Mutter nach § 62 Abs. 4 S. 1 SGB VIII nicht in Betracht, da sie für die Hilfe zur Erziehung zugleich Leistungsberechtigte und für die Anrufung des Familiengerichts zugleich Aufgabenbeteiligte wäre.

Ergebnis: Das Jugendamt ist berechtigt, die Mutter des Kindes, den Lebensgefährten und das Kind selbst zu den Vorfällen zu befragen. Auch bei den Nachbarn dürfen Erkundigungen eingeholt werden.

12. Fall: „Datenübermittlung an Jobcenter"

Die Mitteilung an das Jobcenter wäre ein Eingriff in das Sozialgeheimnis (§ 35 Abs. 1 SGB I i.V.m. § 61 Abs. 1 SGB VIII) und zwar durch Übermitteln (§ 67 Abs. 1 S. 2 Nr. 3 a SGB X). Ein Übermitteln liegt dann vor, wenn die Daten an einen Dritten weitergegeben werden. Fraglich könnte sein, ob die Weitergabe zwischen verschiedenen Stellen desselben Trägers (hier die Stadt O.) als Weitergabe an einen Dritten bezeichnet werden kann. »Dritter« ist jede Stelle außerhalb der verantwortlichen Stelle (§ 67 Abs. 10 SGB X; ab 25.5.2018 Art. 4 Abs. 7 EU-DSGVO unmittelbar). Der Begriff der »verantwortlichen Stelle« ist dort definiert. Für Jugend- und Sozialhilfe anwendbar ist dessen Satz 3, da Leistungsträger für beide Sozialleistungsbereiche eine Gebietskörperschaft (Stadtkreis oder Landkreis) ist. In der Gebietskörperschaft ist nicht die Behörde im organisationsrechtlichen Sinn (das Landratsamt bzw. das Bürgermeisteramt) verantwortliche Stelle, sondern eine enger gefasste Organisationseinheit, die – juristisch unscharf – näher beschrieben wird als eine solche, »die eine Aufgabe... funktional« durchführt. Es ist jedenfalls das Jugendamt, das eine Aufgabe nach dem SGB VIII als einem besonderen Teil des SGB durchführt; ebenso das Jobcenter, das eine Aufgabe nach dem SGB II durchführt. Fraglich bleibt aber, ob auch kleinere Organisationseinheiten innerhalb dieser Ämter verantwortliche Stelle sind (so *Kunkel*, LPK-SGB VIII, § 61 Rn. 63). Darauf kommt es im vorliegenden Fall aber nicht an.

Das Übermitteln ist nur zulässig, wenn eine gesetzliche Übermittlungsbefugnis besteht (§ 35 Abs. 2 SGB I). Diese könnte sich aus § 69 Abs. 1 SGB X ergeben (zu §§ 68, 71, 73 *vgl. Fall 5).* § 69 Abs. 1 Nr. 2 SGB X liegt nicht vor, da es gerade um die Verhinderung eines Strafverfahrens geht. § 69 Abs. 1 Nr. 1 SGB X liegt weder in der ersten noch in der zweiten Variante vor, da die Übermittlung weder dem Erhebungszweck dient noch der Erfüllung einer Aufgabe des Jugendamtes. Die dritte Variante (vgl. zu § 69 SGB X die Übersicht bei *Kunkel, Jugendhilferecht Anhang 2 Anlage 9*) liegt vor, wenn das Übermitteln erforderlich ist zur Erfüllung einer Aufgabe des Empfängers, hier also des Jobcenters. Die Übermittlung verfolgt den Zweck, den Nachrang der Sozialhilfe gegenüber der Jugendhilfe zu sichern (§ 10 Abs. 4 S. 1 SGB VIII). Erforderlich aber ist das Übermitteln nur dann, wenn Frau X. nicht von sich aus das Jobcenter über die gewährte Jugendhilfeleistung informiert oder wenigstens zu erkennen gegeben hat, dass sie diese Information unterlassen will. Wenn der Sozialarbeiter einen Betrug verhindern will, könnte er Frau X. allenfalls auf ihre Pflicht aus § 60 Abs. 1 Nr. 1 SGB I hinweisen, das Jobcenter zu informieren (ebenso der *Niedersächsische Datenschutzbeauftragte* in seinem *Tätigkeitsbericht für die Jahre 1997/1998*, S. 13).

Da die Übermittlungsbefugnis schon an der Erforderlichkeit scheitert, ist auf § 64 SGB VIII als Einschränkung der Übermittlungsbefugnis nicht weiter einzugehen. Ausführungen hierzu deshalb lediglich als Exkurs: § 64 Abs. 1 SGB VIII wäre keine Einschränkung der Datenübermittlung, da er lediglich den Zweckbindungsgrundsatz aus dem Volkszählungsurteil formuliert, aber nicht dahin missverstanden werden darf, dass eine Datenübermittlung nur zulässig sei, wenn sie dem Erhebungszweck dient. Dass die Übermittlung auch zu anderen Zwecken als dem Erhebungszweck zulässig ist, ergibt sich schon aus § 64 Abs. 2 SGB VIII. Auch er stünde einer Übermittlung hier nicht entgegen, da der Erfolg der Hilfe zur Erziehung durch die Übermittlung an das Sozialamt wohl kaum gefährdet wäre.

Ergebnis: S. wäre zur Mitteilung an das Jobcenter – jedenfalls zu diesem Zeitpunkt – nicht berechtigt.

Bearbeitungshinweis: Gemäß § 61 Abs. 1 S. 2 SGB VIII gilt der Sozialdatenschutz für »alle Stellen des Trägers der öffentlichen Jugendhilfe, soweit sie Aufgaben nach diesem Buch wahrnehmen«. Was ist unter »Stelle« zu verstehen? – Zum »funktionalen Stellenbegriff« vgl. *Proksch* a.a.O. S. 135.

Zur Übermittlungsbefugnis bei »sonstigen Straftaten von erheblicher Bedeutung« gem. § 73 SGB X bei »strafrechtlich relevantem Missbrauch und Betrug im Sozialbereich« vgl. *Wiesner/Mörsberger*, SGB VIII, Anhang 4 § 73 SGB X Rn. 11.

13. Fall: „Behördeninformant"

13.1

Ein Rechtsanspruch auf Akteneinsicht ergibt sich aus § 25 SGB X nur in einem laufenden *Verwaltungsverfahren*. Durch die Information wird aber nur ein Verfahren zur Gefährdungseinschätzung nach § 8a SGB VIII ausgelöst, Diese ist kein Verwaltungsakt nach § 31 SGB X; also handelt es sich nicht um ein Verwaltungsverfahren nach § 8 SGB X. Außerhalb eines Verwaltungsverfahrens steht es im Ermessen des Jugendamts, Akteneinsicht zu gewähren *(lies Schema zur Akteneinsicht in Kunkel, Jugendhilferecht, Rn. 349)*. Das Jugendamt kann die Akteneinsicht ermessensfehlerfrei (§ 39 SGB I analog) verwehren, um Informanten zu schützen, weil es sonst kaum mehr Informationen über Kindeswohlgefährdungen erhalten würde. Wenn es sich bei dem Informanten aber erkennbar um einen Denunzianten handelt, könnte das Jugendamt sein Ermessen so ausüben, dass es die Akteneinsicht gewährt. Dann muss es aber die Grenze des *Datenschutzes* aus § 25 Abs. 3 SGB X beachten. Die Information ist ein personenbezogenes Sozialdatum, das nach § 35 SGB I i.V.m. § 61 SGB VIII als Sozialgeheimnis geschützt ist. Die Akteneinsicht zu gewähren, ist ein Eingriff durch Übermitteln (§ 67 Abs. 6 Nr. 3 SGB X). Dieser ist nur zulässig, wenn eine Übermittlungsbefugnis aus den §§ 68 -75 SGB X besteht (§ 35 Abs. 2 SGB I). Eine solche ergibt sich aus diesen Vorschriften gegenüber den beschuldigten Eltern aber nicht.

Ergebnis: Die Akteneinsicht kann nicht gewährt werden.

Wenn das Jugendamt einen Denunzianten aber unbedingt zur Strecke bringen wollte, könnte es Akteneinsicht gewähren, weil § 25 Abs. 3 SGB X nur dann Geheimhaltung fordert, wenn berechtigte Interessen dies gebieten. Das ist bei einem Denunzianten nicht der Fall.

13.2.

Staatsanwalt und Polizei können vom Jugendamt zur Ermittlung der Straftaten (Beleidigung nach § 185 StGB, Üble Nachrede nach § 186 StGB, Verleumdung nach § 187 StGB) Auskunft verlangen nach §§ 161, 163 StPO, auch Auskunft aus Akten und Akteneinsicht (§ 474 StPO). Auskunftspflichten bestehen aber nicht, wenn keine Übermittlungsbefugnisse bestehen (§ 35 Abs. 3 SGB I und § 477 Abs. 2 StPO i.V.m. § 35 SGB I). § 68 SGB X scheidet als Übermittlungsbefugnis aus, weil nicht nur Namen und Adresse des Informanten mitgeteilt würden, sondern auch die Angaben zur Kindesmisshandlung. Zudem würden damit auch schutzwürdige Interessen des Informanten betroffen (§ 68 Abs. 1 S. 1 SGB X). Schließlich dürfte die Auskunft auch nur vom Sozialdezernenten gegeben werden (siehe *Kunkel, LPK – SGB VIII, § 61 Rn. 109*).

§ 73 SGB X kommt als Übermittlungsbefugnis schon deshalb nicht in Betracht, weil eine richterliche Anordnung nach § 73 Abs. 3 SGB X fehlt. Diese könnte auch gar nicht ausgesprochen werden, weil es sich bei den Delikten nach §§ 185 -187 StGB nicht um Verbrechen oder gleichgestellte erhebliche Straftaten handelt (§ 73 Abs. 1 SGB X). Mit dem Gesetz zur Bekämpfung sexualisierter Gewalt vom 25.3.2021 wurde der sexuelle Missbrauch als Verbrechen „hochgestuft".

§ 69 SGB X scheidet ebenfalls aus.

Ergebnis: Der Polizei kann keine Auskunft erteilt werden.

Zu demselben Ergebnis kommt auch die Rechtsprechung (z.B. VG Regensburg mit Urteil v. 27.5.2014 – RO 4 K 14.423, juris und LG Augsburg mit Beschl. v. 24.2.2014 – 1 Qs 81/14, JAmt 2014, 533 -534 m.Anm. Hoffmann S. 534 -535), allerdings auf einem falschen Weg. Sie wendet in diesen Fällen § 65 SGB VIII an, der aber nicht einschlägig ist, weil der Informant die Daten nicht im Rahmen einer persönlichen oder erzieherischen Hilfe mitgeteilt hat.

13.3.

Eine Beschlagnahme der Akte erfolgt durch Gericht oder (nur bei Gefahr im Verzuge) Staatsanwalt (§ 98 StPO). Sie ist nur zulässig, wenn eine Übermittlungsbefugnis vorliegt (§ 35 Abs. 3 SGB I. V. m. § 61 Abs. 1 SGB VIII). Dies ist nicht der Fall, wie oben unter 13.2. dargelegt wurde.

Ergebnis: Eine Beschlagnahme ist rechtswidrig.

Gegen die Beschlagnahme könnte Beschwerde beim Landgericht eingelegt werden (304 StPO).

Vom Beschlagnahmeverbot aus § 35 Abs. 3 SGB I zu unterscheiden ist die Erklärung der obersten Dienstbehörde zur Abwendung der Beschlagnahme von Behördenakten nach § 96 StPO, die unabhängig vom Datenschutz erfolgen könnte.

13.4.

Die Übermittlung der Daten ist nur zulässig, wenn der Strafrichter die Übermittlung angeordnet hat (§ 73 Abs. 3 i.V.m. Abs. 2 SGB X). In der Anordnung müssen die Straftat und diese Übermittlungsbefugnis ausdrücklich genannt sein. Damit ist aber nicht ein „Zwangsouting" des Informanten durch das Jugendamt zu befürchten, weil die richterliche Anordnung nur bei hinreichendem Tatverdacht erfolgen darf. Nur ein Denunziant könnte also wegen Beleidigung, Übler Nachrede oder Verleumdung verfolgt werden.

Ergebnis: Die Datenübermittlung ist nur auf richterliche Anordnung zur Verfolgung eines Denunzianten zulässig.

Das Gericht muss die Daten dann nach § 78 SGB X geheim halten, worauf das Jugendamt das Gericht hinweisen muss (*siehe Kunkel, LPK-SGB VIII, § 61 Rn. 231*).

Folgte man der oben unter 13.2. genannten Rechtsprechung, würde § 65 SGB VIII die Übermittlung auch an das Gericht verbieten.

Unabhängig von dieser Fallgestaltung ist darauf hinzuweisen, dass auch ein *Zeugnisverweigerungsrecht* besteht (§ 35 Abs. 3 SGB I), wenn es nicht durch die richterliche Anordnung nach § 73 Abs. 3 SGB X „ausgehebelt" wird (*Kunkel/Rosteck/Vetter,* StV 2017, 892).

ÜBUNGSBLATT 14

Das Kapitel enthält u.a. Regelungen über die **örtliche Zuständigkeit (§§ 86–88 SGB VIII)**.

Außerdem werden hier die **sachliche** Zuständigkeit (§ 85 SGB VIII) sowie die **Kostenerstattung** zwischen Trägern der öffentlichen Jugendhilfe (§§ 89–89 h SGB VIII) behandelt.

Einführung

1. Zuständigkeit

Vor Prüfung der örtlichen Zuständigkeit ist immer die sachliche Zuständigkeit (§ 85 SGB VIII) zu prüfen. Die Grundnorm für die daraufhin erfolgende Prüfung der örtlichen Zuständigkeit ist für **Leistungen § 86 SGB VIII**. Wenn in dieser Vorschrift von *Eltern* bzw. *Elternteilen* die Rede ist, kommt es auf die biologische Elternschaft (oder Adoptivelternschaft) an, nicht auf das Sorgerecht! Auch hier sind also wiederum *Eltern* und *Personensorgeberechtigte* voneinander zu unterscheiden. Sind die Eltern eines Kindes nicht miteinander verheiratet, muss die Vaterschaft gem. § 1592 BGB durch Anerkennung oder Gerichtsentscheidung feststehen.

Werden Leistungen an **junge Volljährige** erbracht (z.B. nach § 41 SGB VIII), gilt **§ 86 a SGB VIII**.

Erhalten Mütter (oder Väter) Leistungen in **gemeinsamen Wohnformen** nach § 19 SGB VIII, gilt **§ 86 b SGB VIII**.

Um bei einem Umzug lückenlose Leistungsgewährung zu ermöglichen, regelt **§ 86 c SGB VIII**, dass beim **Zuständigkeitswechsel** das bisher zuständige Jugendamt die Leistung so lange weiter gewähren muss, bis das neu zuständige Jugendamt die Leistung fortsetzt.

Bei Zweifeln über die Zuständigkeit oder bei Untätigkeit des zuständigen Trägers regelt **§ 86 d SGB VIII**, dass der Träger **vorläufig** tätig werden muss, in dessen Bereich der tatsächliche (im Unterschied zum gewöhnlichen) Aufenthalt besteht.

Geht es nicht um Leistungen, sondern um **andere Aufgaben,** sind die **§§ 87–87 e SGB VIII** zu prüfen.

Literaturhinweis (vertiefend): Kunkel, §§ 86, 87 c SGB VIII – die Leuchttürme der örtlichen Zuständigkeit, ZfJ 2001, 361 und 416.

2. Kostenerstattung

Im Dritten Abschnitt des SGB VIII geht es um die **Kostenerstattung zwischen den öffentlichen Trägern der Jugendhilfe (§§ 89–89 h SGB VIII).**

Genauer: In welchen Fällen ein **örtlicher Träger** (vulgo: das Jugendamt; genauer: Stadtkreis oder Landkreis) Kosten von einem **überörtlichen Träger** (vulgo: dem Landesjugendamt; genauer: Land/Landeswohlfahrtsverband/Landschaftsverband) erstattet verlangen kann, regelt **§ 89 SGB VIII.** Die Kostenerstattung zwischen **zwei örtlichen Trägern** regeln **§§ 89 a–89 c SGB VIII**. Vom **Land** kann der örtliche Träger Kostenerstattung gem. **§ 89 d SGB VIII** verlangen, wenn ein junger Mensch nach Deutschland eingereist ist.

Nach § 89 f Abs. 1 S. 1 SGB VIII sind die aufgewendeten Kosten zu erstatten, soweit die Erfüllung der Aufgaben den Vorschriften des SGB VIII entspricht (*Grundsatz der*

Gesetzeskonformität). Dabei sieht § 89 f Abs. 1 S. 2 SGB VIII vor, dass für die gesetzeskonforme Aufgabenerfüllung die Grundsätze gelten, die im Bereich des tätig gewordenen öffentlichen Trägers zur Zeit des Tätigwerdens angewandt werden. Maßgeblich sind die Regelungen und Verhältnisse, die beim hilfegewährenden Träger danach üblich sind, wenn sie sich im Rahmen rechtlich gezogener Grenzen bewegen. Der erstattungspflichtige Träger kann sich nicht darauf berufen, dass in seinem Bereich andere Bestimmungen bestehen oder bestimmte Dinge anders gehandhabt werden als im Bereich des erstattungsberechtigten Trägers. Der erstattungsberechtigte Träger ist insbesondere auch nicht verpflichtet, den erstattungspflichtigen Träger zu kostenrelevanten Entscheidungen zu konsultieren und dessen Meinung zu akzeptieren. Ferner ist der *Interessenwahrungsgrundsatz* als ungeschriebenes Tatbestandsmerkmal zu beachten, wonach der hilfegewährende Träger die Interessen des kostenerstattungspflichtigen Trägers nach besten Kräften wahrzunehmen hat, also alles tun muss, um den erstattungsfähigen Aufwand gering zu halten.

Lies Kunkel, Jugendhilferecht, Rn. 384 – 386; vertiefend Kepert/Kunkel, Handbuch, Kap. 13.

Fälle

Fall 1: „Umzug"

Familie Meyer wohnt in Augsburg. Herr Meyer hat seine Familie verlassen und ist aus der Moselstraße in die Rheinstraße in einen anderen Stadtbezirk gezogen. Für den gemeinsamen Sohn soll eine Erziehungsberatung des Jugendamts in Anspruch genommen werden (Hilfe zur Erziehung gem. §§ 27, 28 SGB VIII). Wie ist die örtliche Zuständigkeit des Jugendamts gem. § 86 SGB VIII geregelt?

Fall 2: „Sorgeerklärung"

Die dreijährige Britta (B), deren Eltern nicht miteinander verheiratet sind, lebt seit einem Jahr bei ihrem Vater (V) in Kassel; die Mutter (M) des Mädchens wohnt in Frankfurt/M. und besucht ihr Kind regelmäßig. Die Mutter möchte nunmehr Sozialpädagogische Familienhilfe gem. §§ 27, 31 SGB VIII beantragen. Welches Jugendamt ist örtlich zuständig, wenn

a) eine Sorgeerklärung gem. § 1626 a BGB abgegeben wurde?
b) keine Sorgeerklärung abgegeben wurde?

Fall 3: „Umzug und Sorgeerklärung"

Fall wie bei 2. mit folgender Abweichung: B, M und V lebten früher in Magdeburg zusammen. Das Jugendamt Magdeburg gewährte auf Antrag der Mutter Sozialpädagogische Familienhilfe. Nunmehr zieht der Vater mit dem Kind nach Kassel, die Mutter nimmt sich eine Wohnung in Frankfurt/M. Im Einverständnis aller Beteiligten soll weiterhin Sozialpädagogische Familienhilfe geleistet werden.

3.1

Welches Jugendamt ist jetzt zuständig für die Maßnahme?

3.2

Prüfen Sie bei einem Wechsel der örtlichen Zuständigkeit Kostenerstattungsansprüche!

Fall 4: „Stellungnahme für Familiengericht"

Zerstrittene Eltern aus Lübeck gaben ihr Kind vor vier Monaten zur Oma in Hamburg, um das Kind zur Ruhe kommen zu lassen. Nunmehr haben sie die Scheidung eingereicht. Das Jugendamt in Lübeck übersendet die Akten an das Jugendamt in Hamburg mit der Bitte, eine Stellungnahme für das Familiengericht in Lübeck zu erstellen. Die Sachbearbeiterin schickt die Akten an das Jugendamt in Lübeck zurück mit dem Bemerken, sie sei nicht zuständig. Hat sie Recht?

Fall 5: „Inobhutnahme"

Der fünfzehnjährige Carlo aus Berlin wird von der Bahnhofspolizei in Stuttgart aufgegriffen. Das Jugendamt wird eingeschaltet. Carlo soll nach Berlin zurückgebracht werden bzw. in einer Jugendhilfestelle untergebracht werden.

5.1

Welches Jugendamt ist zuständig?

5.2

Prüfen Sie auch Kostenerstattungsansprüche.

Fall 6: „Pflegeeltern in Celle"

Katharina aus Braunschweig lebt seit zwei Jahren bei Pflegeeltern in Celle. Es ist zu erwarten, dass das dreijährige Mädchen auf Dauer bei den Pflegeeltern verbleibt. Das Jugendamt Braunschweig weigerte sich zuletzt, weiterhin das Pflegegeld an die Pflegeeltern zu zahlen. Mit Recht?

Fall 7: „Pflegeeltern in München"

Wie Fall 6. mit folgender Abweichung: Katharinas Pflegeeltern verziehen mit dem Kind nach München.

7.1

Welches Jugendamt ist nun zuständig?

7.2

Wer zahlt das Pflegegeld?

7.3

Wie ist die Kostenerstattung geregelt? (Zur Kostenerstattung der Träger untereinander vgl. wiederum *§§ 89 ff. SGB VIII.*)

Fall 8: „Hilfe für junge Volljährige"

Der 19-jährige Jochen aus Mainz verbüßte zuletzt eine einjährige Jugendstrafe in Trier. 5 Monate später ist er immer noch in Trier. Er möchte eine Hilfe für junge Volljährige gem. § 41 SGB VIII beantragen.

8.1

Welches Jugendamt ist örtlich zuständig?

8.2

Wie ist zu entscheiden, wenn Jochen sofort nach der Haftentlassung Hilfe für junge Volljährige gem. § 41 SGB VIII beantragen möchte?

8.3

Prüfen Sie auch einen Anspruch auf Kostenerstattung.

Fall 9: „Mutter-Kind-Heim"

Die siebzehnjährige ledige Joana hat ein einjähriges Kind Nina. Joana lebt bei ihren Eltern in Braunschweig. Sie soll nun in einem Mutter-Kind-Heim gem. § 19 SGB VIII zusammen mit Nina untergebracht werden. Dieses Heim befindet sich in Celle. Welches Jugendamt ist zuständig für die Leistungsgewährung?

9.1 (Alternative):

Fall wie oben mit folgender Abweichung: Bis zu ihrem vierzehnten Lebensjahr lebte Joana zusammen mit ihren Eltern in Braunschweig. Dann wurde Hilfe zur Erziehung gem. §§ 27, 34 SGB VIII gewährt, und Joana kam für zwei Jahre in ein Heim in Hamburg. Als die inzwischen 16-jährige Joana dort ein Kind erwartet, soll für sie eine gemeinsame Wohnform gem. § 19 Abs. 1 S. 3 SGB VIII gefunden werden (Mutter-Kind-Heim in Celle). Welches Jugendamt ist für die Hilfe örtlich zuständig?

9.2 (Fortsetzung von 9.1):

Joanas Kind wird in Celle geboren. Es bleibt zunächst mit der Mutter im Mutter-Kind-Heim. Joana wird weiter sozialpädagogisch betreut. Sie versorgt ihr Kind selbst.

9.2.1

Wer trägt die Kosten für Joanas Betreuung und Unterbringung?

9.2.2

Wer kommt für die Unterbringung und für die medizinische Versorgung des Kindes auf?

Fall 10: „Pflegeerlaubnis"

Marie-Louise aus Rostock fährt nach Schwerin. Dort lässt sie ihr fünfjähriges Kind Henning (Eltern nicht miteinander verheiratet) bei ihrer Freundin Hannelore. Danach hat die Mutter des Kindes ständig wechselnde Aufenthalte. Sie besucht ihr Kind nicht, schickt aber regelmäßig Pflegegeld an Hannelore. Drei Monate vergehen.

10.1

Welches Jugendamt ist zuständig für die Erteilung einer Pflegeerlaubnis an Hannelore?

10.2

Bei welchem Jugendamt müsste die Mutter Hilfe zur Erziehung gem. §§ 27, 33 SGB VIII beantragen?

Fall 11: „Pflegeelternsuche"

Der kleine Dirk ist von seinen Eltern schwer misshandelt worden. Den in Münster lebenden Eltern ist daher gem. § 1666 BGB die Personensorge entzogen worden.

Als Pfleger wurde der Großvater A. des Kindes bestellt. Das Kind lebt nun bei seinem Großvater in Essen. Da diese Unterbringung nicht geeignet ist, das Wohl des Kindes zu gewährleisten, sollen für das Kind auf Antrag des Großvaters Pflegeeltern gesucht werden (Vollzeitpflege gem. §§ 27, 33 SGB VIII). Welches Jugendamt ist für die Hilfe zuständig?

Fall 12: „Grenzübertritt"

Harry, 14 Jahre alt, kam begleitet von seinen Großeltern aus dem Ausland (Bürgerkriegsgebiet) nach München. Seine Mutter ist verstorben, sein Vater lebt im Untergrund in der Heimat. Die Großeltern wurden vom Familiengericht auf ihren Antrag hin zu Pflegern mit dem Wirkungskreis Personensorge für Harry bestellt. Sie beantragten beim zuständigen Jugendamt Hilfe zur Erziehung. Diese wurde ihnen gewährt. Sie erhalten ein Pflegegeld des Jugendamts. All dies geschah binnen eines Monats nach dem Grenzübertritt.

12.1

Ist das Jugendamt München für die Hilfe zuständig?

12.2

Kann eine Kostenerstattung von einem anderen Träger begehrt werden?

Frage 13: „Beistandschaft"

Welches Jugendamt ist örtlich zuständig für eine Beistandschaft?

Fall 14: „UMA"

Der in der Türkei geborene Jugendliche Emin reiste am 23.3.2017 aus der Türkei und zwar in Hamburg ein, um dort Asyl zu beantragen. Vorläufig und endgültig wurde er in Hamburg in Obhut genommen. Er erhielt am 29.3.2017 eine Duldung, da die Voraussetzungen für eine Asylantragstellung noch nicht vorlagen. Die Duldung wurde mehrfach verlängert. Vom 1.4.2017 bis zum 26.10.2017 wurde der Jugendliche im S.-Haus in Hamburg untergebracht, da er ohne Betreuung, Versorgung und Unterkunft war. Bei dem S.-Haus handelt es sich nicht um eine Einrichtung der Jugendhilfe. Mehr als zwei Monate nach der Einreise, Anfang Juni 2017, beantragte das Jugendamt in Hamburg-Wandsbek eine gerichtliche Entscheidung über die erforderlichen Maßnahmen zum Wohle des Jugendlichen.

Hinweis: Die Unterbringung vom 1.4.2017 bis zum 26.10.2017 stellte eine Inobhutnahme gem. §§ 42, 42 a SGB VIII dar (sog. »andere Aufgabe« der Jugendhilfe, nicht »Leistung«; *vgl. hierzu § 2 SGB VIII und Einführung in Übungsblatt 1 Punkt 2),* allerdings wurden vom Jugendamt folgenreiche Fehler gemacht. Welche? Dazu müssen Sie sich intensiv mit dem Wortlaut des § 42 Abs. 3 und 2 SGB VIII auseinandersetzen! Zum Begriff »unverzüglich« in § 42 Abs. 2 und 3 SGB VIII lesen Sie § 121 Abs. 1 BGB.

Am 15.6.2017 wurde die Stadt Hamburg zum Vormund bestellt. Der Vormund beantragte am 13.7.2017 Hilfe zur Erziehung gem. §§ 27, 34 SGB VIII. Seit seiner Verlegung in eine sozialpädagogisch betreute Wohngruppe am 26.10.2017 erhält der Jugendliche diese Jugendhilfeleistung.

14.1

Sind die Kosten für die Unterbringung des Jugendlichen im S.-Haus vom 1.4.2017 bis zum 26.10.20017 gem. § 89 f. Abs. 1 SGB VIII i.V. m. § 89 d SGB VIII zu erstatten?

14.2

Sind der Stadt Hamburg die Kosten für die ab 26.10.2017 geleistete Jugendhilfe in Form der Unterbringung in einer betreuten Wohnform gem. §§ 27, 34 SGB VIII zu erstatten (§ 89 d Abs. 1 SGB VIII)? (Sachverhalt nach VG Münster v. 26.6.1997, abgedruckt in ZfJ 1997, S. 426 ff. und Urteil des BVerwG v. 24.6.1999, ZfJ 2000, 31. Lies ferner OVG Hamburg, JAmt 2011, 472; zu § 42 SGB VIII sehr instruktiv BayVGH vom 23.9.2014, JAmt 2014, 233.*Siehe auch Übungsblatt 1, Einführung Nr. 4 und Fall 8.2).*

Benutze zur Lösung aller Fälle das Prüfschema für den Erlass eines VA (Zuständigkeit dort unter II.1.), abgedruckt nach Übungsblatt 15.

Lösungen zu Übungsblatt 14

Fall 1: „Umzug"

Sachlich zuständig für die Hilfe zur Erziehung ist gem. § 85 Abs. 1 SGB VIII der örtliche Träger der Jugendhilfe, hier also der Stadtkreis Augsburg. Die örtliche Zuständigkeit des örtlichen Trägers (so muss es tatsächlich korrekt heißen) richtet sich nach § 86 SGB VIII, weil es um eine Leistung i.S.v. § 2 Abs. 2 SGB VIII geht. Für die Gewährung der Hilfe zur Erziehung ist gem. § 86 Abs. 1 S. 1 SGB VIII der örtliche Träger zuständig, in dessen Bereich die Eltern ihren gewöhnlichen Aufenthalt (g.A.) haben. Örtlicher Träger ist der Stadtkreis (§ 69 Abs. 1 S SGB VIII i.V.m. Landesrecht); dies ist hier die Stadt Augsburg. Auf den einzelnen Stadtbezirk kommt es dagegen für die Bestimmung der örtlichen Zuständigkeit nicht an. Die Aufteilung in einzelne Stadtbezirke hat lediglich Bedeutung für die (trägerinterne) Zuordnung der Aufgabenwahrnehmung.

Ergebnis: Zuständig ist die Stadt (Stadtjugendamt) Augsburg.

Fall 2: „Sorgeerklärung"

a) Sachlich zuständig ist der örtliche Träger (§ 85 Abs. 1 SGB VIII). Die örtliche Zuständigkeit des örtlichen Trägers richtet sich nach § 86 SGB VIII, weil eine Leistung beantragt wird. Hier ist § 86 Abs. 2 S. 2 einschlägig, da die Personensorge den Eltern gemeinsam zusteht, sie aber verschiedene gewöhnliche Aufenthalte haben. Dann ist der örtliche Träger zuständig, in dessen Bereich das Kind vor Beginn der Hilfe zur Erziehung seinen gewöhnlichen Aufenthalt hatte. Dies ist hier Kassel.

Kunkel

Da gemeinsame elterliche Sorge besteht, genügt der Antrag allein der Mutter nicht; der Vater muss zumindest auch mit der Gewährung der Hilfe zur Erziehung einverstanden sein (vgl. hierzu *Kunkel/Kepert/Pattar*, LPK-SGB VIII, § 36 Rn. 15).

Ergebnis: Örtlich zuständig ist die Stadt (Stadtjugendamt) Kassel.

b) Gem. § 86 Abs. 2 S. 1 SGB VIII ist die Stadt (das Stadtjugendamt) Frankfurt/M. örtlich zuständig, da die Mutter die alleinige elterliche Sorge hat (§ 1626 a Abs. 3 BGB).

Fall 3: „Umzug und Sorgeerklärung"

a) Bei gemeinsamer elterlicher Sorge gilt § 86 Abs. 5 S. 2 SGB VIII. Danach bleibt die Stadt (das Stadtjugendamt) Magdeburg – gleichsam virtuell – zuständig, auch wenn dies nicht sinnvoll erscheint.

b) Bei Alleinsorge der Mutter ist gem. § 86 Abs. 5 S. 1 SGB VIII die Stadt (das Stadtjugendamt) Frankfurt/M. zuständig. Magdeburg muss aber die Hilfe zur Erziehung solange weiter gewähren, bis Frankfurt die Leistung fortsetzt (§ 86 c S. 1 SGB VIII), damit das Kind nicht »zwischen die Stühle der Zuständigkeit fällt«.

Dann kann gem. § 89 c Abs. 1 S. 1 SGB VIII Magdeburg Kostenerstattung verlangen von Frankfurt bis zur Fortsetzung der Hilfe durch Frankfurt/M.

Fall 4: „Stellungnahme für Familiengericht"

Sachlich zuständig ist der örtliche Träger (§ 85 Abs. 1 SGB VIII). Fraglich ist, welcher örtliche Träger örtlich zuständig ist. Die örtliche Zuständigkeit richtet sich hier nach § 87 b SGB VIII, weil es um die Mitwirkung im familiengerichtlichen Verfahren gem. § 50 SGB VIII geht. Eine Stellungnahme für das Familiengericht ist allerdings nach Scheidung nur noch dann notwendig, wenn ein Elternteil beantragt, dass ihm das Familiengericht die elterliche Sorge allein überträgt (§ 1671 Abs. 1 BGB) oder im Fall des § 1626 a Abs. 2 BGB. Gem. 87 b Abs. 1 S. 1 SGB VIII gilt § 86 SGB VIII – also die Regelung für die Gewährung von Leistungen – entsprechend. Gem. § 86 Abs. 1 S. 1 SGB VIII ist der gewöhnliche Aufenthalt der Eltern maßgebend, hier also Lübeck. Da Lübeck als zuständiger örtlicher Träger aber nicht tätig wird, regelt § 87 b Abs. 3 SGB VIII, dass auch § 86 d entsprechend gilt. Danach müsste der (nicht zuständige) Träger Hamburg vorläufig tätig werden. Dies kann aber nur gelten, wenn das vorläufige Tätigwerden sinnvoll ist. Das ist nur bei solchen Maßnahmen der Fall, die sofort ergriffen werden müssen. Dies ist hier nicht der Fall, da das Kind bei seiner Oma in Hamburg gut aufgehoben ist, so dass das Jugendamt in Lübeck seine Stellungnahme in alleiniger Kompetenz von Anfang bis Ende abgeben kann.

Ergebnis: Die Sachbearbeiterin hat Recht.

Fall 5: „Inobhutnahme"

5.1 Sachlich zuständig ist der örtliche Träger (§ 85 Abs. 1 SGB VIII). Die örtliche Zuständigkeit des örtlichen Trägers richtet sich hier nach § 87 SGB VIII, da es um die Inobhutnahme des Jugendlichen gem. § 42 SGB VIII geht. Danach ist hier Stuttgart zuständig, da sich der Jugendliche hier *tatsächlich* aufhält – im Unterschied zum *gewöhnlichen* Aufenthalt (§ 30 Abs. 3 SGB I), den er weiterhin in Berlin hat.

5.2 Hier kann gem. § 89 b Abs. 1 SGB VIII Stuttgart von Berlin Kostenerstattung verlangen, weil Stuttgart gem. § 42 SGB VIII tätig geworden ist und in Berlin ein g.A. besteht, an den eine Leistung gem. § 86 SGB VIII – fiktiv – hätte anknüpfen können.

Fall 6: „Pflegeeltern in Celle"

Da es um eine Leistung geht (§§ 27, 33, 39 SGB VIII), ist § 86 SGB VIII einschlägig. Gem. § 86 Abs. 6 S. 1 SGB VIII ist die Stadt (das Stadtjugendamt) Celle örtlich zuständig (geworden), weil es nunmehr auf den gewöhnlichen Aufenthalt der *Pflegeeltern* (und nicht mehr auf den gewöhnlichen Aufenthalt der leiblichen Eltern) ankommt. Das Jugendamt in Celle muss gem. § 86 Abs. 6 S. 2 SGB VIII die Eltern (also nicht etwa das Jugendamt in Braunschweig) über den Zuständigkeitswechsel unterrichten. Damit die Pflegeeltern aber nicht Opfer eines Zuständigkeitsstreits werden, regelt § 86 c SGB VIII, dass beim Zuständigkeitswechsel der bisher zuständige Träger so lange die Leistung weiter gewähren muss, bis der neu zuständige Träger die Leistung fortsetzt. Solange Celle das Pflegegeld nicht bezahlt, muss deshalb Braunschweig weiter zahlen. Braunschweig muss allerdings Celle gem. § 86 c Abs. 2 S. 1 SGB VIII unverzüglich davon unterrichten, dass ein Zuständigkeitswechsel stattgefunden hat. Hier kann gem. § 89 a Abs. 1 S. 1 SGB VIII Celle von Braunschweig Kostenerstattung verlangen, weil Celle nach § 86 Abs. 6 SGB VIII zuständig geworden ist. Weil Braunschweig die Kosten tragen muss, hat Braunschweig keinen Erstattungsanspruch gem. § 89 c SGB VIII für die gem. § 86 c SGB VIII weiterhin zu gewährende Leistung.

Ergebnis: Braunschweig weigert sich zu Unrecht.

Fall 7: „Pflegeeltern in München"

7.1

Sachlich zuständig ist der örtliche Träger (§ 85 Abs. 1 SGB VIII). Dessen örtliche Zuständigkeit richtet sich nach § 86 SGB VIII, da es sich um eine Leistung handelt. Hier ist § 86 Abs. 6 S. 1 SGB VIII einschlägig; es kommt also auf den gewöhnlichen Aufenthalt der Pflegeeltern an. Dieser ist nunmehr in München. Örtlich zuständig ist deshalb die Stadt (das Stadtjugendamt) München.

7.2

Das Pflegegeld zahlt der für die Hilfe zur Erziehung sachlich und örtlich zuständige Träger, also München. Solange München das Pflegegeld nicht zahlt, muss gem. § 86 c SGB VIII Celle weiter zahlen.

7.3

Die Kostenerstattung zwischen öffentlichen Trägern ist bei fortdauernder Vollzeitpflege in § 89 a SGB VIII geregelt. Da Katharina bereits seit zwei Jahren bei den Pflegeeltern lebt und wir davon ausgehen können, dass ihr weiterer Verbleib dort zu erwarten ist, kann in diesem Fall gem. § 89 a Abs. 3 SGB VIII ab dem Zeitpunkt des Umzugs nach München die Stadt München Kostenerstattung von der Stadt Braunschweig verlangen.

Fall 8: „Hilfe für junge Volljährige"

8.1

Sachlich zuständig ist gem. § 89 Abs. 1 SGB VIII der örtliche Träger. Dessen örtliche Zuständigkeit richtet sich hier nach § 86a SGB VIII, weil es um eine Leistung an einen Volljährigen gem. § 41 SGB VIII geht. Gem. § 86a Abs. 1 SGB VIII ist hierfür der örtliche Träger zuständig, in dessen Bereich Jochen seinen gewöhnlichen Aufenthalt vor Beginn der Hilfe hat. Den gewöhnlichen Aufenthalt als Mittelpunkt der Lebensbeziehungen (§ 30 Abs. 3 SGB I) hat er möglicherweise in Trier begründet, weil er dort ein Jahr lang eine Jugendstrafe in einer Einrichtung verbüßt hatte. Ob in einer Strafanstalt überhaupt ein gewöhnlicher Aufenthalt begründet werden kann (es fehlt das subjektive Willensmoment; vgl. hierzu *Kunkel/Kepert/Pattar*, LPK-SGB VIII, § 86 Rn. 14), kann dahingestellt bleiben, weil § 86a Abs. 2 SGB VIII zum Schutz der Anstaltsorte ausschließt, dass an einen hier begründeten gewöhnlichen Aufenthalt sich die Rechtsfolge der Zuständigkeit für eine Leistung anschließt. Vielmehr kommt es dann auf den gewöhnlichen Aufenthalt an, den der junge Volljährige vor der Aufnahme in die Anstalt hatte. Dieser Ausschluss der örtlichen Zuständigkeit gilt aber nur solange, wie sich der junge Volljährige in einer Anstalt aufhält. Jochen beantragt die Hilfe erst nach Entlassung aus der Anstalt, so dass § 86a Abs. 2 SGB VIII nicht anwendbar ist. Es bleibt vielmehr bei der Regelung des § 86a Abs. 1 SGB VIII. Vor Beginn der Hilfe (und nach Entlassung aus der Anstalt) hat sich Jochen fünf Monate in Trier aufgehalten. Dies ist ein Zeitraum, der »nicht nur vorübergehend« (§ 30 Abs. 3 S. 2 SGB I) ist. Ob ein Zeitraum nicht nur vorübergehend ist, kann nicht allein durch die Anzahl der Tage, Wochen oder Monate bestimmt werden, sondern ergibt sich aus den Umständen, unter denen jemand an einem Ort verweilt. Solche Umstände liegen vor, wenn jemand von Anfang an einen Aufenthalt nur für kurze Zeit geplant hat, der Aufenthalt also nicht zukunftsoffen ist. Hier ist der Aufenthalt zukunftsoffen gewesen, so dass Jochen einen gewöhnlichen Aufenthalt in Trier begründet hat.

Ergebnis: Örtlich zuständig ist das Stadtjugendamt Trier.

8.2

Nunmehr hat Jochen noch keinen gewöhnlichen Aufenthalt in Trier begründet (der Aufenthalt in der Anstalt wirkt nicht zuständigkeitsbegründend; *siehe Frage 1*). Vielmehr hat er lediglich seinen tatsächlichen Aufenthalt in Trier (aber nicht mehr in der Anstalt, so dass § 86a Abs. 2 SGB VIII ausscheidet). Ob Jochen seinen gewöhnlichen Aufenthalt in Mainz aufgegeben hat, kann nicht entschieden werden, da Angaben darüber fehlen, ob Jochen noch Lebensbeziehungen zu Mainz aufrechterhält. Ist dies der Fall, ist gem. § 86a Abs. 1 SGB VIII Mainz zuständig; ist dies aber nicht der Fall, ist § 86a Abs. 3 SGB VIII einschlägig, wonach es auf seinen tatsächlichen Aufenthalt vor Beginn der Hilfe ankommt. Der tatsächliche Aufenthalt aber besteht nach Entlassung aus der Anstalt in Trier. Der Schutz der Anstaltsorte aus § 86a Abs. 2 SGB VIII gilt also nur für die Dauer des Aufenthalts in der Anstalt. Hätte Jochen während der Anstaltsdauer Hilfe beantragt und seinen gewöhnlichen Aufenthalt in

Mainz aufgegeben gehabt, würde § 86 a Abs. 3 SGB VIII den tatsächlichen Aufenthalt in Mainz vor Beginn des Anstaltsaufenthalts maßgeblich sein lassen.

Ergebnis: Hat Jochen seinen gewöhnlichen Aufenthalt in Mainz beibehalten, ist Mainz zuständig; hat er ihn aufgegeben, ist Trier zuständig. Kostenerstattung kann gem. § 89 SGB VIII Trier vom überörtlichen Träger verlangen, da Trier gem. § 86 a Abs. 3 SGB VIII zuständig war.

Fall 9: „Mutter-Kind-Heim"

Sachlich zuständig ist gem. § 85 Abs. 1 SGB VIII der örtliche Träger. Dessen örtliche Zuständigkeit richtet sich nach § 86 b SGB VIII, da es um eine Leistung in gemeinsamer Wohnform nach § 19 SGB VIII geht. Gem. § 86 b Abs. 1 S. 1 SGB VIII kommt es darauf an, wo Joana als Leistungsberechtigte ihren gewöhnlichen Aufenthalt vor Beginn der Leistung hat. Dieser bestand bei ihren Eltern in Braunschweig. Da der Begriff des gewöhnlichen Aufenthalts – im Unterschied zu dem des Wohnsitzes – keine Geschäftsfähigkeit voraussetzt, können auch Minderjährige einen gewöhnlichen Aufenthalt begründen. Er besteht in der Regel am Ort des gewöhnlichen Aufenthalts der Eltern (vgl. *Kunkel/Kepert/Pattar*, LPK-SGB VIII, § 86 Rn. 16).

Ergebnis: Zuständig ist Braunschweig.

9.1 (Alternative):

Joana hat als Minderjährige zwar in der Regel ihren gewöhnlichen Aufenthalt am Ort der Eltern (*siehe Fall 9*), kann aber ausnahmsweise auch unabhängig von den Eltern einen gewöhnlichen Aufenthalt begründen. Dies wäre hier Hamburg. Da Joana sich aber in Hamburg in einer Einrichtung aufhält und gem. § 86 b Abs. 1 S. 2 SGB VIII § 86 a Abs. 2 SGB VIII entsprechend gilt, könnte sich daran die örtliche Zuständigkeit nicht anknüpfen. § 86 b Abs. 3 S. 1 SGB VIII trifft aber eine spezielle Regelung für den Fall, dass der Leistung nach § 19 eine Hilfe zur Erziehung vorausging. Dann soll der Träger zuständig bleiben, der für die Hilfe zur Erziehung zuständig war. Damit soll die Kontinuität des Hilfeprozesses gesichert werden. Für die Hilfe zur Erziehung zuständig war gem. § 86 Abs. 1 S. 1 SGB VIII Braunschweig, da die Eltern dort ihren gewöhnlichen Aufenthalt haben.

Ergebnis: Zuständig ist Braunschweig. **9.2 (Fortsetzung)**

9.2

9.2.1

Betreuung und Unterbringung der Mutter sind Teil der Leistung nach § 19 SGB VIII, wie sich aus Abs. 1 und 3 ergibt. Die Kosten hierfür trägt der für diese Leistung sachlich und örtlich zuständige Träger der Jugendhilfe (§ 92 Abs. 1 SGB VIII). Sachlich zuständig ist der örtliche Träger (§ 85 Abs. 1 SGB VIII); örtlich zuständig ist Braunschweig (*siehe Fall 10.1*).

9.2.2

Auch die Unterbringung des Kindes und seine medizinische Versorgung sind Teil der Leistung nach § 19 SGB VIII (Abs. 3). Über die Kosten ist deshalb wie bei Frage 1 zu entscheiden.

Ergebnis: Die Kosten für Betreuung, Unterbringung und medizinische Versorgung von Mutter und Kind trägt die Stadt Braunschweig.

Fall 10: „Pflegeerlaubnis":

10.1

Sachlich zuständig ist der örtliche Träger (§ 85 Abs. 1 SGB VIII). Dessen örtliche Zuständigkeit richtet sich nach § 87a SGB VIII, da es um eine Pflegeerlaubnis gem. § 44 SGB VIII geht. Örtlich zuständig ist der Träger, in dessen Bereich die Pflegeperson ihren gewöhnlichen Aufenthalt hat. Die Pflegeperson Hannelore hat ihren gewöhnlichen Aufenthalt in Schwerin, also ist Schwerin örtlich zuständig.

10.2

Sachlich zuständig ist der örtliche Träger (§ 85 Abs. 1 SGB VIII). Dessen örtliche Zuständigkeit richtet sich nach § 86 SGB VIII, weil es um eine Hilfe zur Erziehung gem. § 27 SGB VIII geht. Nach § 86 Abs. 1 S. 2 SGB VIII ist der gewöhnliche Aufenthalt der Mutter maßgeblich. Ein solcher besteht hier nicht, da die Mutter ihren früheren g.A. in Rostock durch die ständig wechselnden Aufenthalte aufgegeben hat. Daher ist nunmehr § 86 Abs. 4 S. 1 SGB VIII einschlägig. Danach ist der gewöhnliche Aufenthalt des Kindes maßgeblich. Das Kind war 3 Monate bei der Pflegeperson. Da das Kind dort auch bleiben soll, handelt es sich nicht bloß um einen vorübergehenden Aufenthalt, sondern um einen gewöhnlichen Aufenthalt i.S.v. § 30 Abs. 3 S. 2 SGB I. Aus § 86 Abs. 4 S. 2 SGB VIII kann nicht etwa gefolgert werden, dass ein gewöhnlicher Aufenthalt erst nach 6 Monaten begründet werden könne, sondern Satz 2 kann im Gegenteil entnommen werden, dass auch im Zeitraum bis zu 6 Monaten ein gewöhnlicher Aufenthalt begründet werden kann.

Ergebnis: Die Mutter muss die Hilfe zur Erziehung beim Jugendamt in Schwerin beantragen.

Fall 11: „Pflegeelternsuche":

Sachlich zuständig ist ein örtlicher Träger (§ 85 Abs. 1 SGB VIII). Die örtliche Zuständigkeit des örtlichen Trägers könnte sich hier aus § 86 SGB VIII ergeben, da eine Zuständigkeit für Leistungen gefragt ist. Maßgeblich ist gem. § 86 Abs. 1 S. 1 SGB VIII der gewöhnliche Aufenthalt der Eltern. Dies gilt auch dann, wenn ihnen das Personensorgerecht entzogen worden ist (*Kunkel/Kepert/Pattar*, LPK-SGB VIII, § 86 Rn. 12; *Busch/Ziegler*, GK-SGB VIII, § 86 Rn. 3). Diese Anknüpfung ist zwar unbefriedigend, weil in der Hilfe zur Erziehung die Mitwirkung des Personensorgeberechtigten entscheidend ist (§ 36 Abs. 1 S. 1 SGB VIII), aber nicht zu umgehen. Hier kommt es also lediglich auf den gewöhnlichen Aufenthalt der Eltern in Münster an.

Ergebnis: Sachlich und örtlich zuständig ist die Stadt Münster, für die das Stadtjugendamt handelt.

Fall 12: „Grenzübertritt":

Sachlich zuständig ist gem. § 85 Abs. 1 SGB VIII der örtliche Träger. Die örtliche Zuständigkeit des örtlichen Trägers könnte sich aus § 86 SGB VIII ergeben, da es um Hilfe zur Erziehung (einschl. der wirtschaftlichen Hilfe), also um eine Leistung geht. Vorrangig zu prüfen ist § 86 Abs. 7 SGB VIII, da er eine spezielle Regelung für Leistungen an Asylbewerber ist. Harry hat weder um Asyl nachgesucht noch einen (förmlichen) Asylantrag gestellt, so dass Abs. 7 nicht einschlägig ist (*Beachte:* Unter das Asylbewerberleistungsgesetz fallen – entgegen der Bezeichnung – allerdings auch Bürgerkriegsflüchtlinge, wie sich aus § 1 Abs. 1 Nr. 2 AsylbLG ergibt.)

Da es auf den gewöhnlichen Aufenthalt der Eltern, nicht aber den des Personensorgeberechtigten ankommt (*vgl. Fall 12*), ist § 86 Abs. 4 SGB VIII einschlägig. Der nach § 86 Abs. 1 S. 3 i.V.m. Abs. 4 S. 1 maßgebliche Elternteil – nämlich der Vater – hat in Deutschland keinen gewöhnlichen Aufenthalt; daher richtet sich die örtliche Zuständigkeit nach dem g.A. des Jugendlichen Harry vor Beginn der Hilfe zur Erziehung (§ 86 Abs. 4 S. 1 SGB VIII). Fraglich ist, ob Harry innerhalb eines Monats einen g.A. in München begründen konnte oder ob er hier lediglich seinen tatsächlichen Aufenthalt (§ 86 Abs. 4 S. 2 SGB VIII) hatte. Zwar ist in beiden Fällen München örtlich zuständig; eine Entscheidung, ob nach Abs. 4 S. 1 oder S. 2, ist aber dennoch notwendig, weil nur im Fall eines bloß tatsächlichen Aufenthalts die Kostenerstattung gem. § 89 d SGB VIII möglich ist.

Der gewöhnliche Aufenthalt eines Minderjährigen richtet sich im Regelfall nach dem seiner Eltern. Da der Vater von Harry im Untergrund in der Heimat lebt, ist ein solcher Regelfall aber nicht anzunehmen. Da die Großeltern das Personensorgerecht und damit auch das Aufenthaltsbestimmungsrecht haben, bestimmen sie den Aufenthalt von Harry. Solange der Minderjährige seinen (tatsächlichen) Willen, an einem anderen Ort zu leben, nicht manifestiert hat, gilt der vom Personensorgeberechtigten bestimmte Aufenthalt. Als gewöhnlicher Aufenthalt kann ein Aufenthalt aber nur bezeichnet werden, wenn er nicht nur vorübergehend ist, sondern den Mittelpunkt der Lebensbeziehungen bildet (§ 30 Abs. 3 S. 2 SGB I). Dabei ist zu prüfen, ob die Umstände der jeweiligen Lebenssituation den Schluss auf ein nicht nur vorübergehendes Verweilen zulassen (vgl. hierzu *Kepert* in Kunkel/*Kepert/Pattar*, LPK-SGB VIII, § 6 Rn. 10 ff und *Busch/Ziegler*, GK-SGB VIII, § 86 Rn. 5). Nicht nur vorübergehend, sondern von Dauer kann ein Aufenthalt nur sein, wenn und solange er nicht auf Beendigung angelegt, sondern zukunftsoffen ist. Hat ein Ausländer einen Aufenthaltstitel nur für einen vorübergehenden Zweck erhalten, fehlt es in der Regel an der Zukunftsoffenheit. Gleichgültig, ob Harry als Bürgerkriegsflüchtling eine Aufenthaltserlaubnis nach § 25 AufenthG oder lediglich eine Duldung, also eine zeitweise Aussetzung der Abschiebung (§ 60 a AufenthG) erhalten hat, ist wegen der ungewissen Dauer des Bürgerkriegs auch eine ungewisse Verweildauer anzunehmen, so dass ein g.A. begründet werden konnte und zwar von Anfang an (vgl. hierzu *Kepert*, ZKJ 2015, 248). Aus § 86 Abs. 4 S. 2 SGB VIII kann nicht etwa gefolgert werden, dass erst nach 6 Monaten Aufenthaltsdauer ein gewöhnlicher Aufenthalt begründet werden könnte (*vgl. hierzu Fall 11*). Auch aus § 89 d Abs. 1 S. 1 Nr. 2 SGB VIII folgt, dass auch innerhalb eines Monats schon ein gewöhnlicher Aufenthalt begründet werden kann, weil sonst die zusätzliche Voraussetzung des tatsächlichen Aufenthalts in Nr. 2 sinnlos wäre.

Ob dagegen ein gewöhnlicher Aufenthalt im Sinn des Minderjährigen-Schutzabkommens (MSA) oder des Haager Kinderschutzabkommens (KSÜ) begründet wurde, ist für die Bestimmung der örtlichen Zuständigkeit unerheblich (vgl. hierzu *Kepert,* LPK-SGB VIII, § 6 Rn. 21). *Vgl. auch Übungsblatt 1 unter 8.*

Eine Kostenerstattung kommt nach § 89 d SGB VIII in Betracht. Dabei sind vorrangig Erstattungsansprüche gegen das Land (nicht identisch mit dem überörtlichen Träger) zu prüfen (§ 89 d Abs. 5 SGB VIII). Solche liegen hier aber nicht vor, da die Voraussetzung des § 89 d Abs. 1 S. 1 Nr. 2 SGB VIII fehlt, weil Harry einen gewöhnlichen Aufenthalt in München begründet hatte.

Ein Kostenerstattungsanspruch gegen den überörtlichen Träger gem. § 89 SGB VIII scheidet ebenfalls aus, da für die örtliche Zuständigkeit des örtlichen Trägers nicht der tatsächliche Aufenthalt gem. § 86 Abs. 4 S. 2 SGB VIII maßgeblich war, sondern der gewöhnliche Aufenthalt von Harry nach § 86 Abs. 4 S. 1 SGB VIII.

Ergebnis: Sachlich und örtlich zuständig ist die Stadt München und damit das dortige Jugendamt. Ein Anspruch auf Kostenerstattung gegen einen anderen Träger besteht nicht.

Frage 13: „Beistandschaft":

Für eine Beistandschaft sachlich zuständig ist der örtliche Träger (§ 85 Abs. 1 SGB VIII). Die örtliche Zuständigkeit des örtlichen Trägers richtet sich nach § 87 c SGB VIII. Gem. § 87 c Abs. 5 SGB VIII i.V.m. der entsprechenden Anwendung des Abs. 1 S. 1 gilt, dass es auf den gewöhnlichen Aufenthalt des allein sorgeberechtigten Elternteils ankommt (eine Beistandschaft kann auch für den allein sorgeberechtigten Vater eingerichtet werden). Nur wenn der gewöhnliche Aufenthalt des allein sorgeberechtigten Elternteils nicht festzustellen ist, richtet sich die örtliche Zuständigkeit des örtlichen Trägers nach dem tatsächlichen Aufenthalt des Elternteils.

Fall 14: „UMA"

14.1

Das Land hätte die Kosten gem. § 89 d Abs. 1 SGB VIII zu erstatten, wenn dessen Voraussetzungen vorlägen. Die Voraussetzung nach Nr. 1 liegt vor, da innerhalb eines Monats nach Einreise eine Inobhutnahme gem. § 42 SGB VIII erfolgt ist. Auch die zusätzlich notwendige Voraussetzung nach Nr. 2 liegt vor, da sich die örtliche Zuständigkeit für die Inobhutnahme nach dem tatsächlichen Aufenthalt des Jugendlichen richtet (§ 87 SGB VIII). Ob der Jugendliche einem Verteilungsverfahren (§§ 44 ff. AsylG) unterliegt, kann hier dahingestellt bleiben.

Die Kosten sind aber nur zu erstatten, wenn die Aufgabenerfüllung durch das Jugendamt SGB VIII-konform erfolgt ist (§ 89 f SGB VIII). Dies ist nur der Fall, wenn das Handeln des Jugendamts formell und materiell rechtmäßig war. Dafür ist nicht Voraussetzung, dass die Inobhutnahme gem. § 42 SGB VIII in einer Einrichtung der Jugendhilfe stattfinden muss; § 42 Abs. 1 S. 2 SGB VIII lässt die Unterbringung in jeder Einrichtung zu. Die Inobhutnahme entsprach allerdings nicht den Vorschriften des § 42 Abs. 3 S. 4 i.V.m. Abs. 2 S. 2 SGB VIII. Danach hätte das Jugendamt den Personensorgeberechtigten unverzüglich von der Inobhutnahme unterrichten müssen. Dies hat das Jugendamt unterlassen, da es erst 2 Monate nach der Einreise, also nicht unverzüglich i.S.d. § 121 BGB, beantragt hat, einen Personensorgeberechtigten zu bestellen.

Ergebnis: Die Kosten sind daher nicht zu erstatten.

Kunkel

14.2

Nunmehr wurde Jugendhilfe gem. § 27 SGB VIII geleistet, für die die örtliche Zuständigkeit gem. § 86 Abs. 7 S. 1 SGB VIII begründet wird. Danach bleibt die gem. § 87 SGB VIII begründete Zuständigkeit bestehen. Jugendhilfe wurde innerhalb eines Monats nach Einreise gewährt – zunächst durch Inobhutnahme, dann durch HzE. Dass die Inobhutnahme nicht rechtmäßig erfolgt ist, ist für den Fortsetzungszusammenhang unerheblich. Allerdings war auch die Gewährung der HzE nicht rechtmäßig, da sie einen Verfahrensfehler hatte, nämlich § 36 SGB VIII verletzt hat (a.A. VG Münster, ZfJ 1997, 426, das die Verletzung des § 36 SGB VIII nicht als zur Rechtswidrigkeit führenden Fehler ansieht). Dieser Fehler kann nicht gem. § 41 SGB X geheilt werden; er ist auch nicht unbeachtlich gem. § 42 SGB X, da nicht ausgeschlossen werden kann, dass bei der Durchführung des Verfahrens eine andere Entscheidung – z.B. über die Hilfeart – getroffen worden wäre.

Ergebnis: Eine Erstattung scheidet auch hier aus.

ÜBUNGSBLATT 15

Kostenbeteiligung Heranziehung zu den Kosten, Überleitung von Ansprüchen, Erlass von Verwaltungsakten

Literaturhinweise: *Kunkel, Jugendhilferecht, Rn 373-383*
Münder/Wiesner/Meysen, Handbuch, Kap. 3.4
Kepert/Kunkel, Handbuch, Kap. 4.9

Einführung
Kostenbeteiligung:

Die Inanspruchnahme von Leistungen der Jugendhilfe ist teilweise für den Bürger kostenfrei, teilweise mit seiner Kostenbeteiligung verbunden. Eine Kostenbeteiligung setzt voraus, dass im SGB VIII für das Nutzen der Leistung ausdrücklich eine Kostenbeteiligung vorgesehen ist.

Generell sind die pauschalierte Kostenbeteiligung nach *§ 90 SGB* VIII (beachte Absatz 4 geändert durch Art. 2 Nr. 2 des „Gute Kita Gesetz" vom 19.12.2018) für die dort genannten Angebote und Kostenbeiträge nach *§ 91 SGB* VIII für die dort genannten stationären Hilfen zu unterscheiden. Nur bei wenigen Aufgaben deckt die Kostenbeteiligung einen wesentlichen Teil der Kosten des Trägers der öffentlichen Jugendhilfe ab.

Im Fall der pauschalierten Kostenbeteiligung nach § 90 SGB VIII kann diese auf Antrag erlassen werden, wenn eine Einkommensgrenze nicht überschritten wird, die nach dem SGB XII zu berechnen ist. Demgegenüber gilt für die Kostenbeteiligung nach § 91 SGB VIII der Einkommensbegriff nach § 93 SGB VIII – Regulierungswahn im Zeichen der Deregulierung!

Die Personen, die sich an den Kosten zu beteiligen zu haben (Kostenschuldner), sowie der Umfang, in dem diese zu den Kosten herangezogen werden können, ergeben sich für Kostenbeiträge aus den §§ 92–94 SGB VIII. Kostenbeiträge werden nach Einkommensgruppen gestaffelt als Pauschalbetrag entsprechend der Kostenbeitragsverordnung nach einer Tabelle erhoben (§ 94 Abs. 5 SGB VIII) und zwar (seltsames Familienbild!) nach Elternteilen getrennt (§ 92 Abs. 2 S. 2 SGB VIII).

Das Sachgebiet im Jugendamt, das die Höhe der Kostenbeteiligung festsetzt und das auch über die Höhe durch das Jugendamt zu erbringender Geldleistungen (§§ 19 Abs. 3, 21, 23 Abs. 2, 39, 40 SGB VIII) entscheidet, wird in der Regel als wirtschaftliche Jugendhilfe (WJH) bezeichnet. Der Verwaltungsakt, der die Höhe der Kostenbeteiligung festsetzt, wird Leistungsbescheid genannt (§ 92 Abs. 2 SGB VIII). Die Kostenbeteiligung des Leistungsadressaten, Leistungsberechtigten, seiner Eltern oder anderer ihm gegenüber zivil- und/oder sozialrechtlich zu Unterhalts- bzw. Unterstützungsleistungen Verpflichteter ist von der Kostentragung durch den öffentlichen Träger der Jugendhilfe (§ 91 Abs. 5 SGB VIII) zu unterscheiden. Wieder ein anderes Thema ist die *Kostenerstattung* zwischen öffentlichen Trägern der Jugendhilfe untereinander(§§ 89–89 h SGB VIII) bzw. zwischen einem öffentlichen Träger der Jugendhilfe und einem anderen Sozialleistungsträger (§§ 102–114 SGB X). Soweit die Höhe des Kostenbeitrags die Leistungsfähigkeit des Unterhaltspflichtigen mindert oder der Bedarf des jungen Menschen durch Leistungen und vorläufige Maßnahmen nach diesem Buch gedeckt ist, ist dies bei der Berechnung des Unterhalts zu berücksichtigen (§ 10 Abs. 2 SGB VIII). Darüber muss der unterhaltspflichtige Kostenschuldner aufgeklärt worden sein („aufgeklärte Information" nach § 92 Abs. 3 SGB VIII).

Erlass von Verwaltungsakten:

Die Heranziehung zu den Kosten geschieht durch einen Leistungsbescheid; dieser ist ein Verwaltungsakt (§ 31 SGB X; *vgl. Übungsblatt 1, S. 28*). Ebenso Verwaltungsakt ist die Überleitungsanzeige, die notwendig ist, um den Anspruch, den ein Hilfeempfänger gegen einen Dritten hat, auf das Jugendamt überzuleiten (§ 95 Abs. 3 SGB VIII). Weitere Verwaltungsakte erlässt das Jugendamt, wenn es Hilfe zur Erziehung gewährt (§ 27 SGB VIII), bei Inobhutnahme (§ 42 SGB VIII), bei Pflegeerlaubnis (§§ 43 u. 44 SGB VIII) und Betriebserlaubnis (§ 45 SGB VIII), bei Anerkennung eines freien Trägers (§ 75 SGB VIII) oder bei Entscheidung über Zuschüsse (§ 74 SGB VIII). In diesen Fällen führt das Jugendamt ein Verwaltungsverfahren durch (§ 8 SGB X) und muss daher Verfahrensvorschriften nach dem SGB X (nicht nach dem LVwVfG!) beachten. Siehe hierzu das allgemeine Prüfschema (nach Übungsblatt 15).

Fragen und Fälle

1.

Für welche Angebote des SGB VIII können Teilnahme- bzw. Kostenbeiträge erhoben werden?

2.

Für welche Leistungen und Maßnahmen des SGB VIII kann eine Heranziehung zu den Kosten erfolgen?

3.

Sind die Leistungsberechtigten an den Kosten für die in § 16 Abs. 2 Nr. 2 SGB VIII genannten Beratungsangeboten zu beteiligen?

4.

Sind die Leistungsberechtigten an den Kosten einer Sozialpädagogischen Familienhilfe nach § 31 SGB VIII zu beteiligen?

5.

Muss eine Staffelung der Teilnahme- bzw. Kostenbeiträge erfolgen oder kann sich der Satzungsgeber auch gegen eine Staffelung entscheiden?

Kunkel

6.

Kann eine Beitragssatzung so gestaffelt werden, dass einkommensstärkere Personen die Plätze der einkommensschwächeren Personen mitfinanzieren?

7.

Wer setzt die Kostenbeiträge für stationäre Maßnahmen fest?

8.

In welcher Höhe müssen Eltern zumindest einen Kostenbeitrag für stationäre Maßnahmen leisten?

9.

Gem. § 91 Abs. 4 SGB VIII kann keine Heranziehung zu den Verwaltungskosten erfolgen. Was sind Verwaltungskosten im Sinne dieser Vorschrift?

10. Fall: „Tagespflege"

Der 4-jährige Patrick ist in Tagespflege untergebracht. Das Jugendamt bezahlt der Tagespflegeperson monatlich 1370 Euro. Als pauschalen Kostenbeitrag erhebt das Jugendamt bei den Eltern 350 Euro nach satzungsrechtlicher Regelung. Die Eltern beantragen vollständigen, zumindest aber teilweisen Erlass des Kostenbeitrags. Sie haben ein Bruttoeinkommen (einschl. Kindergeld) von 2500 Euro. Sie bezahlen Steuer 280 Euro, Sozialversicherung 200 Euro, Haftpflichtversicherung (für Kfz 50 Euro und private 5 Euro) 55 Euro monatlich. Für die Fahrt zum Arbeitsplatz benötigt Patricks Vater einen Pkw; die Entfernung von der Wohnung zum Arbeitsplatz beträgt 10 km. Die Kaltmiete beträgt 280 Euro monatlich. Kommt ein Erlass in Betracht?

Für die Lösungen zunächst die Übersichten zur Kostenbeteiligung (aus Kunkel, Jugendhilferecht, Rn. 373 bis 383) heranziehen! Dann für die Berechnung im Fall unter 10. das Schema für einen Kostenbeitrag nach § 90 SGB VIII bei Rn. 377 benutzen. Vertiefend hierzu lesen: Kunkel, Wirtschaftliche Jugendhilfe in der Tagesbetreuung, ZfF 2013, 49–57.

11. Fall: „Vollzeitpflege"

Der Landkreis Ortenaukreis gewährt Eingliederungshilfe für die 17-jährige Sabine S. in Form der Vollzeitpflege seit September 2020. Mit Schreiben vom 4.10.2020 teilte der Ortenaukreis dem Vater von Sabine S. mit, dass für seine Tochter Jugendhilfe gewährt werde und er verpflichtet sei, zu den entstehenden Aufwendungen einen Kostenbeitrag – mindestens in Höhe des bezogenen Kindergeldes – zu leisten. Er wurde darauf hingewiesen, dass er – sofern er bisher schon Unterhalt für seine Tochter zahle – diesen ab sofort als Kostenbeitrag an den Ortenaukreis zu zahlen habe.

Mit Leistungsbescheid vom 26.5.2021 verpflichtete der Ortenaukreis Vater S., einen Kostenbeitrag von monatlich 50 Euro ab 1.6.2021zu zahlen.

Bei der Anhörung von Vater S. trug dieser vor:

Der Ortenaukreis habe das Bruttogehalt zur Berechnung des Kostenbeitrags herangezogen und auch das Kindergeld angerechnet, obwohl er dieses nicht erhalte. Zudem seien entstandene Kosten nicht ausreichend berücksichtigt worden, z.B. Zahnbehandlungskosten von 6.475 Euro und der Kauf eines PKW, der zu über 70 % für Fahrten zur Arbeit genutzt werde. Auch seine Abzüge vom Arbeitslohn seien nicht berücksichtigt worden. Darüber hinaus befinde sich seine Tochter bei einer nicht geeigneten Pflegefamilie. Bei den Auseinandersetzungen mit der Pflegefamilie seien Anwaltskosten von 1.388 Euro entstanden. Zudem legte Vater S. Nachweise über Versicherungen seiner Tochter sowie den Beitrag für einen Sportverein vor.

Der Ortenaukreis hat festgestellt, dass Vater S. über ein durchschnittliches Nettoeinkommen von 1.516 Euro verfügt. Belastungen aufgrund von Beiträgen zu Versicherungen, mit der Erzielung des Einkommens verbundene notwendige Ausgaben und Schuldverpflichtungen sind durch einen pauschalen Abzug von 25 % berücksichtigt worden. Die nachgewiesenen Versicherungsbeiträge von 70,37 Euro setzen sich wie folgt zusammen: Unfallversicherung 11,79 Euro und 27,38 Euro, Rechtschutzversicherung 19,44 Euro, Hausrat 10,34 Euro und Reisekrankenversicherung 1,42 Euro monatlich. Die vier Lebensversicherungen sind keine Altersvorsorge, sondern Kapitalansammlungen. Für die Fahrten zur Arbeit wurde ein Betrag von 88,40 Euro (5,20 Euro x 17 Kilometer) angesetzt. Die Kreditbelastung für den PKW beträgt 200,98 Euro. Nach Abzug der Pauschale ergibt sich ein Einkommen von 1.137,73 Euro. Dieses wurde nach der Kostenbeitragstabelle der Einkommensgruppe 2 zugeordnet. Vater S. leistet keiner weiteren Person Unterhalt.

Die Eignung der Pflegefamilie und damit Geeignetheit und Rechtmäßigkeit der Unterbringung von Sabine S. ist nach dem Hilfeplangespräch gegeben. Durch die Maßnahme entstehen dem Ortenaukreis Kosten von 2.500 Euro monatlich.

Der notwendige Selbstbehalt für einen erwerbstätigen Unterhaltspflichtigen gegenüber minderjährigen Kindern beträgt 1.160 Euro.

Prüfen Sie, ob der Leistungsbescheid rechtmäßig ist.

Fall 12: „Erlass des Kostenbeitrags":[1]

Die Eheleute A. haben 3 Kinder. Da beide Elternteile berufstätig sind, wird das 2-jährige Kind von einer Tagespflegemutter von montags bis freitags jeweils von 9 bis 16 Uhr betreut.

Das Jugendamt hat die Eltern gem. § 90 Abs. 1 SGB VIII aufgefordert, einen pauschalen Kostenbeitrag von mtl. 312 € zu zahlen. Die Eheleute A fühlen sich dazu nicht in der Lage. Sie beantragen, den Beitrag gem. § 90 Abs. 3 SGB VIII teilweise zu erlassen und sie nur in Höhe der zumutbaren Belastung heranzuziehen.

Ihre wirtschaftliche Situation stellen sie wie folgt dar, wobei sie das durch Jahresgehaltsbescheinigungen nachgewiesene Einkommen auf den Monat umrechnen:

---

[1] Der Fall ist dem Kommentar von *Jans/Happe/Saurbier/Degener* zum KJHG bei § 90 Rn. 33–35 entnommen und aktualisiert worden.

	Herr A	Frau A
Gehalt	3.500,00 €	1.700,00 €
Kindergeld[2]	618,00 €	
Lohnsteuer	409,50 €	441,66 €
Solidaritätszuschlag	22,52 €	24,29 €
Kirchensteuer	36,86 €	39,75 €
Kranken- u. Pflegeversicherung	280,00 €	136,00 €
Rentenversicherung	339,50 €	164,90 €
Arbeitslosenversicherung	113,75 €	55,25 €
Fahrtkosten	50 km	85,00 €
Gewerkschaftsbeitrag	35,00 €	17,00 €
Arbeitsmittel	44,00 €	15,00 €
private Altersvorsorge	65,00 €	35,00 €
diverse Versicherungen	87,50 €	
Miete ohne Heizung	700,00 €	
Kredit	300,00 €	

Herr A. weist nach, dass er für den Weg zur Arbeit auf ein Auto angewiesen ist, da die Arbeitsstätte 50 km von der Wohnung entfernt und mit öffentlichen Verkehrsmitteln nicht zu erreichen ist. Das Auto musste vor 1 Jahr gekauft werden, da das vorherige 13 Jahre alte Auto nicht mehr fahrtüchtig war. Das neue Auto hat 25.000,00 € gekostet. Der Kredit musste aufgenommen werden, da die Familie nicht in der Lage war, das Fahrzeug bar zu bezahlen.

Prüfen Sie, ob dem Antrag stattgegeben werden muss!

Fall 13: „Härte des Kostenbeitrags" (zu § 93 Abs. 4 S. 4 SGB VIII)[3]:

Ein Beitragspflichtiger hat keine weiteren unterhaltsberechtigten Personen und auch keine besonderen Verpflichtungen. Sein durchschnittliches Monatseinkommen im Jahr 2020 betrug 2000,00 €. Er teilt am 1.7.2021 mit, dass er nur noch Leistungen nach dem SGB II erhält.

13.1

Berechnen Sie den Kostenbeitrag für das Jahr 2021

13.2

Ist er teilweise zu erstatten, wenn er zu hoch festgesetzt worden ist?
Benutzen Sie zu den Fällen 11–13 das folgende Prüfschema.

---

2 Seit 1.1.2021 für das erste und zweite Kind je 219, für das dritte 225 Euro.
3 Der Fall ist dem Kommentar von *Jans/Happe/Saurbier /Degener* zum KJHG bei § 93 Rn. 31 entnommen und aktualisiert worden.

Prüfschema für einen Kostenbeitragsbescheid nach §§ 91–94 SGB VIII

I. **Materielle** Rechtmäßigkeit
  1. **Rechtsgrundlage**
     a. §§ 91 – 94 SGB VIII i. V. m. KostenbeitragsVO
     b. *Tatbestandsvoraussetzungen*
        aa. Hilfe nach § 91 SGB VIII rechtmäßig gewährt
        bb. „Aufgeklärte Information" nach § 92 Abs. 3 SGB VIII
     c. *Rechtsfolge*
        aa. Adressat
           – Kostenpflichtiger nach § 92 Abs. 1 SGB VIII
           – Elternteile getrennt nach § 92 Abs. 2 Hs. 2 SGB VIII
        bb. Beginn und Umfang
           aaa. Beginn
              Ab Zeitpunkt der „aufgeklärten Information" (s.o. b.bb.)
           bbb. Umfang
              „Angemessener Umfang" nach § 94 Abs. 1 SGB VIII
              (1) Einkommen nach § 93 Abs. 1 SGB VIII
                  – Absetzungen nach Abs. 2
                  – Weitere Absetzungen nach Abs. 3
              (2) Pauschbetrag nach § 94 Abs. 5 SGB VIII i. V. m. VO („Tabellenbeitrag")
              (3) Kindergeld
                  – unabhängig von Kostenbeitrag (§ 93 Abs. 1 S. 4 SGB VIII)
                  – bei vollstationärer Leistung (§ 94 Abs. 3 S. 1 SGB VIII i.V.m. § 7 VO)
        cc. Ermessen
           aaa. Grundsätzlich Pflicht zur Heranziehung nach § 92 Abs. 1 SGB VIII
           bbb. Ausnahmen nach § 92 Abs. 5 SGB VIII
              – keine Heranziehung b. Leistungsgefährdung od. bes. Härte (S. 1)
              – Heranziehung im Ermessen bei unangemessenem Verwaltungsaufwand (S. 2)
     d. Ergebnis
  2. **Bestimmtheit** (§ 33 Abs. 1 SGB X)
     (Kostenpflichtiger, Höhe, Beginn)
II. **Formelle** Rechtmäßigkeit
  1. Zuständigkeit
     Für Leistung nach §§ 86–86 b oder Inobhutnahme nach § 87 zuständiges Jugendamt
  2. Verfahren
     Anhörung nach § 24 Abs. 1 SGB X

     Beachte Ausnahme nach Abs. 2 Nr. 3

Kunkel

3. Form
   a. Heranziehung durch Leistungsbescheid nach § 92 Abs. 2 SGB VIII (= *VA* nach § 31 SGB X)
   b. Begründung nach § 35 SGB X
4. Rechtsbehelfsbelehrung
   nach § 36 SGB X
5. Bekanntgabe
   nach § 37 SGB X an Kostenpflichtigen.

Lösungen zu Übungsblatt 15

1.

Die Angebote der Jugendhilfe, für die Teilnahmebeiträge und Kostenbeiträge festgesetzt werden können, benennt § 90 Abs. 1 S. 1 SGB VIII wie folgt: Angebote der Jugendarbeit (§ 11 SGB VIII), bestimmte Angebote der allgemeinen Förderung der Erziehung in der Familie (§ 16 SGB VIII) sowie solche der Förderung von Kindern in Tageseinrichtungen und Kindertagespflege (§§ 22 ff. SGB VIII). Von Teilnahmebeiträgen wird bei zivilrechtlicher, von Kostenbeitrag bei öffentlich-rechtlicher Ausgestaltung des Benutzungsverhältnisses zwischen Einrichtung und Eltern/ Kind gesprochen.

2.

Leistungen und Maßnahmen, bei denen eine Heranziehung zu den Kosten erfolgen kann, werden in § 91 Abs. 1 und Abs. 2 SGB VIII benannt. Die Höhe des Kostenbeitrags ist von der Art der Leistung – vollstationäre Leistungen und vollstationäre vorläufige Maßnahmen wie die Inobhutnahme einerseits, teilstationäre Leistungen andererseits – und der Höhe des Einkommens des Beitragspflichtigen abhängig (vgl. §§ 1 ff. KostenbeitragsV).

3.

Nach § 16 Abs. 2 Nr. 2 SGB VIII umfasst die allgemeine Förderung in der Erziehung in der Familie auch Angebote der Beratung in allgemeinen Fragen der Erziehung und Entwicklung junger Menschen. Dieses auf einen konkreten Anlass bezogene Beratungsangebot in erzieherischen Fragen dient in besonderem Maße der Prävention von Fehlentwicklungen. Ein niedrigschwelliger Zugang zu dieser Leistung wird durch das Fehlen einer Kostenbeteiligung gefördert.

4.

Hilfe zur Erziehung in Form der Sozialpädagogischen Familienhilfe (§§ 27, 31 SGB VIII) ist kostenfrei. Die Kostenfreiheit bezweckt einen niedrigschwelligen Zugang zu dieser Hilfe, die in vielen Fällen stärker in familiäre Strukturen eingreifende – insbesondere die Unterbringung in einer Einrichtung oder einer Pflegefamilie – und für den Träger der öffentlichen Jugendhilfe zudem kostenintensivere Hilfearten vermeiden hilft.

Kunkel

5.

Gem. § 90 Abs. 1 S. 2 SGB VIII kann Landesrecht eine Staffelung der Teilnahmebeiträge und Kostenbeiträge, die für die Inanspruchnahme der Tageseinrichtungen für Kinder zu entrichten sind, nach Einkommensgruppen und Kinderzahl oder der Zahl der Familienangehörigen vorschreiben oder selbst entsprechend gestaffelte Beträge festsetzen. Der Landesgesetzgeber ist in seiner Entscheidung frei. Er kann gänzlich von einer Staffelung absehen oder eine Staffelung nach einem oder mehreren der genannten Kriterien vorsehen. Derzeit finden sich in allen Kindertagesstättengesetzen der Länder Staffelungen. In der öffentlichen Diskussion dominiert die Frage, ob überhaupt bzw. in welchem Umfang »ein Nulltarif« – also eine allgemeine Kostenbeitragsfreiheit – rechtlich zulässig und sozialpolitisch sinnvoll ist. Mit der Änderung des § 90 Abs. 4 durch das „Gute Kita Gesetz" in Art. 2 Nr. 2 vom 19.12.2018 können Eltern, die Leistungen zum Lebensunterhalt nach SGB II oder SGB XIII beziehen, nicht mehr zu einem Kostenbeitrag herangezogen werden.

6.

Eine Beitragssatzung kann nicht so gestaffelt werden, dass einkommensstärkere Personen die Plätze der einkommensschwächeren Personen mitfinanzieren, da dies eine verdeckte Steuer darstellen würde. Obergrenze einer Kostenbeteiligung sind die Kosten, die beim Träger der öffentlichen Jugendhilfe für die Leistung entstehen.

7.

Insoweit ist die allgemeine und die auf den Einzelfall bezogene Festsetzung der Kostenbeiträge zu unterscheiden. Für die Festsetzung der Kostenbeiträge von Eltern, Ehegatten und Lebenspartnern junger Menschen werden nach Einkommensgruppen gestaffelte Pauschalbeträge durch Rechtsverordnung des zuständigen Bundesministeriums mit Zustimmung des Bundesrats bestimmt. Die Beiträge sind von diesem alle zwei Jahre der Entwicklung des durchschnittlich verfügbaren Arbeitseinkommens anzupassen (vgl. § 94 Abs. 5 SGB VIII). Die Festsetzung des individuellen, auf den Einzelfall bezogenen Kostenbeitrags von Kindern, Jugendlichen, jungen Volljährigen, ihren Eltern, Ehegatten und Lebenspartnern erfolgt durch Erhebung eines Kostenbeitrags, der durch Leistungsbescheid festgesetzt wird (vgl. § 92 Abs. 2 SGB VIII). Die erforderlichen Feststellungen zum Einkommen (vgl. § 93 SGB VIII) bzw. bei jungen Volljährigen auch zum Vermögen (vgl. § 94 Abs. 6 SGB VIII) sowie die Festsetzung durch Leistungsbescheid erfolgen durch das zuständige Jugendamt. Intern ist für entsprechende Aufgaben die wirtschaftliche Jugendhilfe zuständig.

8.

Eltern müssen für vollstationäre Maßnahmen zumindest einen Beitrag in Höhe des Kindergelds leisten (§ 94 Abs. 3 S. 1 SGB VIII, § 7 Abs. 1 KostenbeitragsV).

Kunkel

9.

Verwaltungskosten sind diejenigen Kosten, die nicht Teil der Hilfe selbst sind, sondern aus Anlass der Hilfe bei der Verwaltung entstehen, insb. Kosten für Auslagen, Kopien, Telefon, Amtshilfe etc.

10. Fall: „Tagespflege"

Es kann (Ermessen) für die Tagespflege ein Kostenbeitrag (Elternbeitrag) nach § 90 Abs. 1 Nr. 3 i. V. m. § 23 SGB VIII festgesetzt werden, hier in Höhe von 350 Euro. Der Kostenbeitrag ist auf Antrag dann zu erlassen (kein Ermessen), wenn er unzumutbar hoch ist. Ob er das ist, ist nach SGB XII zu berechnen (§ 90 Abs. 4 SGB VIII i. V. m. §§ 82 bis 85, 87, 88, 92 SGB XII; § 92a ist mit dem Gute Kita Gesetz seit 1.1.2020 entfallen). Da Patrick kein eigenes Einkommen hat, ist das seiner Eltern einzusetzen, soweit dies zumutbar ist (§ 90 Abs. 3 SGB VIII). Das Bruttoeinkommen beträgt 2.503-Euro (gem. § 82 SGB XII ist auch das Kindergeld Einkommen; anders als nach § 93 Abs. 1 S. 4 SGB VIII). Davon sind zunächst Steuern und Sozialversicherung abzusetzen (§ 82 Abs. 2 SGB XII), also verbleiben 2.020 Euro Nettoeinkommen. Davon ist die Privathaftpflichtversicherung abzusetzen (§ 82 Abs. 2 Nr. 3 SGB XII), somit verbleiben zunächst 2.018 Euro. Für die Fahrt zum Arbeitsplatz sind Werbungskosten abzusetzen, die auch die Kfz-Haftpflichtversicherung abgelten, (§ 82 Abs. 2 Nr. 4 SGB XII i.V.m. § 3 Abs. 4 Nr. 2 VO zu § 82) in Höhe von monatlich 5,20 Euro pro Entfernungskilometer, das sind hier 52 Euro. Außerdem kann ein Pauschbetrag für Arbeitsmittel in Höhe von 5,20 abgesetzt werden (§ 3 Abs. 5 VO zu § 82 SGB XII). Also bleibt ein berücksichtigungsfähiges Einkommen in Höhe von 1960.-Euro übrig.

Beachte: Das Mittagessen ist nicht Teil des Elternbeitrages, sondern wird im Rahmen des Bildungs- und Teilhabepakets (§ 34 Abs. 6 SGB XII) übernommen, das vorrangig vor der Jugendhilfe ist (§ 10 Abs. 4 S. 2 SGB VIII). Als Leistung der Sozialhilfe zählt es nicht als Einkommen (§ 82 Abs. 1 SGB XII).

Die Berechnung der Einkommensgrenze setzt sich zusammen aus einem Grundbetrag von 892 Euro (§ 85 Abs. 1 Nr. 1 SGB XII). Hinzu kommen die Kosten der Kaltmiete (gem. § 85 Abs. 1 Nr. 2 SGB XII wären die Kosten für Heizung nicht zu übernehmen, aber Nebenkosten wären zu berücksichtigen), also hier 280 Euro. Außerdem kommt gem. § 85 Abs. 1 Nr. 3 SGB XII ein Familienzuschlag von 313 Euro für den Ehegatten und ein weiterer in derselben Höhe für das Kind hinzu. Somit ergibt sich eine Einkommensgrenze von 1798 Euro.

Hinweis: Der Regelsatz ergibt sich aus der Anlage zu § 28 SGB XII. Er beträgt seit 1.1.2021 für Paare in einer Bedarfsgemeinschaft 401 Euro pro Partner, für Kinder bis 6. J. 283 Euro, für ältere 309 Euro, für Jugendliche 373 Euro.

Aus dem die Einkommensgrenze übersteigenden Betrag, also hier 162 Euro wird gem. § 87 SGB XII i.V.m. Sozialhilferichtlinien ein Anteil von 50 % also hier 81.- Euro berücksichtigt. Außerdem kann (Ermessen) – zusätzlich – ein Betrag auch aus dem Teil des Einkommens, das unter der Einkommensgrenze liegt, berücksichtigt werden (§ 88 SGB XII). Nach Abs. 1 Satz 1 Nr. 1 würde dies auf das Mittagessen im Rahmen des Teilhabepakets zutreffen. Dafür war § 92a SGB XII die speziellere Regelung. Die Tagespflege ist allerdings keine Leistung in einer Einrichtung, sondern (lediglich) eine teilstationäre Leistung. § 92a SGB XIII war bisher gem. § 90 Abs. 4 SGB VIII nur *entsprechend* anwendbar. Seit 1.1.2020 ist § 92 a aber weggefallen. Seit August 2019 ist das Mittagessen kostenlos. Insgesamt beträgt die zumutbare Belastung also 81 Euro.

Ergebnis: Die Eltern werden durch einen Beitragsbescheid mit 81 Euro zu den Kosten der Tagespflege herangezogen.

Fall 11: „Vollzeitpflege"

Der Leistungsbescheid ist rechtmäßig, wenn er keine materiellen oder formellen Fehler enthält.

Für formelle Fehler gibt es keinen Anhaltspunkt im Sachverhalt.

Materiell rechtmäßig ist der Bescheid, wenn er eine Ermächtigungsgrundlage hat. Sie könnte sich aus den §§ 91 bis 94 SGB VIII ergeben.

1. Anwendungsbereich

Nach § 91 Abs. 1 Nr. 6 SGB VIII können Kostenbeiträge für die stationär gewährte Eingliederungshilfe verlangt werden.

2. Kostenpflichtige Personen

Gem. § 92 Abs. 2 SGB VIII werden Elternteile getrennt zum Kostenbeitrag herangezogen.

3. Zeitpunkt

Gem. § 92 Abs. 3 S. 1 SGB VIII kann ein Kostenbeitrag bei Eltern ab dem Zeitpunkt erhoben werden, ab welchem dem Pflichtigen die Gewährung der Leistung mitgeteilt und er über die Folgen für seine Unterhaltspflicht gegenüber dem Hilfeempfänger aufgeklärt worden ist („informierter Kostenbeitrag"). Die Mitteilung dient zum einen dem Zweck, die kostenbeitragspflichtige Person über die Heranziehung zum Kostenbeitrag in Kenntnis zu setzen und damit den Anspruch des Trägers der öffentlichen Jugendhilfe auf die Erhebung des Kostenbeitrags zu sichern. Zum anderen soll die kostenbeitrags- und zugleich unterhaltspflichtige Person davor geschützt worden, sowohl unterhaltsrechtlich als auch öffentlich-rechtlich in Anspruch genommen zu werden. Die Mitteilung vom 4.10.2017 entspricht diesen Anforderungen.

4. Höhe des Kostenbeitrages

Die Höhe des Kostenbeitrags bemisst sich nach § 94 Abs. 1 SGB VIII. Danach sind kostenbeitragspflichtige Elternteile aus ihrem jeweiligen Einkommen in angemessenem Umfang zu den Kosten heranzuziehen. Die Kostenbeiträge dürfen die tatsächlichen Aufwendungen nicht überschreiten. Eine Heranziehung aus dem Vermögen findet nicht statt.

5. Berechnung des Einkommens

Die Berechnung des Einkommens erfolgt nach § 93 SGB VIII, die des angemessenen Kostenbeitrags nach § 94 SGB VIII i.V.m. der Kostenbeitragsverordnung. Bei einem maßgeblichen Einkommen von 1.101 Euro bis 1.200,99 Euro beträgt der Kostenbeitrag in Beitragsstufe 1 monatlich 50 Euro (§ 1 Abs. 1 i.V.m. der Anlage zu § 1 Kostenbeitragsverordnung).

a. Nettoeinkommen

Bei der Berechnung des Einkommens sind Steuern und Pflichtbeiträge zur Sozialversicherung abzuziehen (§ 93 Abs. 2 Nr. 1 + 2 SGB VIII). Da Vater S. kein Kindergeld bezieht, wurde solches auch nicht angerechnet.

b. Belastungen

Nach § 93 Abs. 3 S. 1 SGB VIII sind vom Nettoeinkommen Belastungen der kostenbeitragspflichtigen Person abzuziehen. Hier kommen Beiträge zu Versicherungen und mit der Erzielung des Einkommens verbundene notwendige Ausgaben und Schuldverpflichtungen (§ 93 Abs. 3 S. 4 Nr. 1, 2 und 3 SGB VIII) in Betracht. Der Abzug erfolgt entweder pauschaliert in Höhe von 25 % des Nettoeinkommens (Abs. 3 S. 2) oder in tatsächlicher Höhe. Sind die Belastungen höher als der vorgenannte pauschale Abzug, können sie abgezogen werden, wenn sie nach Grund und Höhe angemessen sind und die Grundsätze einer wirtschaftlichen Lebensführung nicht verletzen (§ 93 Abs. 3 S. 3 SGB VIII). Wenn Angemessenheit und wirtschaftliche Lebensführung bejaht werden, besteht demnach Ermessen der Behörde, die Belastungen abzuziehen. Hier wurde zu Recht der Pauschalbetrag angesetzt, da die nachgewiesenen berücksichtigungsfähigen Belastungen diesen Betrag nicht überschreiten.

aa.

Die abziehbaren Versicherungsbeiträge (Nr. 1) betragen bei Berücksichtigung der Rechtschutzversicherung 70,37 Euro (im Einzelnen: Unfallversicherung 11,79 Euro und 27,38 Euro monatlich, Rechtschutzversicherung 19,44 Euro monatlich, Hausrat 10,44 Euro monatlich und Reisekrankenversicherung 1,42 Euro monatlich).

Die Lebensversicherungen dienen der Kapitalansammlung und sind daher nicht absetzbare Vermögensbildung.

bb.

Nach § 93 Abs. 3 S. 2 Nr. 2 SGB VIII zählen zu den abzuziehenden Belastungen auch die mit der Erzielung des Einkommens verbundenen notwendigen Ausgaben (sog. Werbungskosten) von 93,60 Euro. Diese umfassen den Pauschalbetrag für Arbeitsmittel von 5,20 Euro und die Fahrtkosten. Für Arbeitsmittel und Fahrtkosten sind § 3 Abs. 5 und 6 der Verordnung zu § 82 SGB XII entsprechend anwendbar, weil eine vergleichbare Interessenlage besteht, und § 93 Abs. 3 SGB VIII keine Einzelheiten zur Ermittlung der Werbungskosten regelt.

Kunkel

cc.

Als Schuldverpflichtung nach § 93 Abs. 3 S. 2 Nr. 3 SGB VIII kommt die Autokreditrate in Betracht. Solche Schuldverpflichtungen müssen dem Grunde nach angemessen sein. Dies ist i.d.R. nicht der Fall, wenn sie für den Erwerb von Luxusgütern oder zur Deckung der Kosten für die allgemeine Lebensführung dienen. Ob dies hier der Fall ist, kann dahingestellt bleiben, weil die Summe der Belastungen den o.g. Pauschalansatz von 25 % des Nettoeinkommens nicht überschreitet.

Die Zahnbehandlungskosten stellen keine abziehbaren Belastungen i.S.v. § 93 Abs. 3 SGB VIII dar, da hierfür keine Schuldverpflichtung besteht. Gleiches gilt für die Kosten der kieferorthopädischen Behandlung von Sabine S. und die Rechtsanwaltskosten.

Der Vereinsbeitrag für Sabine S. kann nicht berücksichtigt werden, weil er zu den Kosten der allgemeinen Lebensführung zählt.

dd.

Der unterhaltsrechtliche Selbstbehalt von Vater S nach der Düsseldorfer Tabelle. ist hinreichend berücksichtigt.

6. Minderung des Kostenbeitrags

Eine Minderung des Kostenbeitrags käme nach § 92 Abs. 5 SGB VIII in Betracht. Dessen Absatz 1 bestimmt, dass von der Erhebung abgesehen werden soll, wenn sich aus der Heranziehung eine besondere Härte ergäbe. Damit sind allerdings nicht jegliche Härten und ein für den Pflichtigen unbilliges Ergebnis gemeint. Der Begriff der besonderen Härte ist ein unbestimmter Rechtsbegriff, welcher der vollen verwaltungsgerichtlichen Überprüfung ohne Beurteilungsspielraum unterliegt. Er setzt voraus, dass eine atypische Situation des Kostenschuldners nicht ausreichend im Rahmen der Ermittlung des Kostenbeitrags berücksichtigt werden kann. Maßgebend sind dabei die Umstände des Einzelfalls, wenn sie zu einem Ergebnis führen, das den Leitvorstellungen der §§ 91 bis 94 SGB VIII nicht entspricht. Eine solche besondere Härte liegt hier nicht vor.

7. Rechtmäßigkeit der Hilfegewährung

Voraussetzung der Erhebung eines Kostenbeitrags ist, dass die Gewährung der Eingliederungshilfe rechtmäßig erfolgt ist.

Rechtmäßig erfolgt ist sie, wenn sie geeignet und notwendig war. Die Entscheidung über die im Einzelfall angezeigte Hilfeart wurde im Zusammenwirken mit den Fachkräften des Jugendamts auf der Grundlage eines Hilfeplans nach § 36 Abs. 2 S. 2 SGB VIII erfolgt. Bei der Entscheidung über die Notwendigkeit und Geeignetheit der Hilfe handelt es sich um das Ergebnis eines kooperativen pädagogischen Entscheidungsprozesses. Die verwaltungsgerichtliche Überprüfung beschränkt sich darauf, ob allgemeingültige fachliche Maßstäbe beachtet worden und keine sachfremden Erwägungen eingeflossen sind, und ob die Adressaten in umfassender Weise beteiligt worden sind. Diese Anforderungen sind hier erfüllt. Die Hilfe wurde also rechtmäßig gewährt.

Kunkel

Ergebnis:

Der Leistungsbescheid war rechtmäßig.

Fall 12: „Erlass des Kostenbeitrags"[4]

(gerechnet mit der seit 1.1.2021 anzuwendenden Regelbedarfsstufe 1)

Die Beiträge für die diversen privaten Versicherungen werden anerkannt[5], da die Gesamtsumme niedriger als 3 % des Nettoeinkommens ist.

Die Beiträge zur privaten Altersvorsorge sind angemessen [6]und daher anzuerkennen.

Das Auto wird nachweislich für die Fahrt zur Arbeit benötigt. Deshalb sind je Entfernungskilometer 5, 20 € anzuerkennen[7], allerdings nur für 40 km.

Der Kredit für das Auto ist als besondere Belastung anzuerkennen[8], da es angeschafft werden musste und der Kaufpreis darauf schließen lässt, dass es sich nicht um ein Luxusauto handelt.

Die Miete einschl. Nebenkosten ohne Heizung in Höhe von mtl. 700,00 € ist für einen Haushalt mit 5 Personen angemessen[9].

Da die Eltern zusammenleben und die Geschwister des betreuten Kindes von den Eltern unterhalten werden, sind bei der Ermittlung der Einkommensgrenze Familienzuschläge für die Mutter und die Geschwister einzusetzen[10].

---

4 Die Lösung ist dem Kommentar von *Jans/Happe/Saurbier/Degener* zum KJHG bei § 90 Rn. 10–26entnommen und überarbeitet worden.
5 Gem. § 82 Abs. 2 Nr. 3 SGB XII i. V. m. Empfehlungen der kommunalen Landesverbände.
6 Gem. § 82 Abs. 2 Nr. 3 SGB XII.
7 Gem.§ 3 Abs. 6 Nr. 2 VO zu § 82 SGB XII.
8 Gem. § 87 Abs. 1 S. 2 SGB XII.
9 Gem.§ 85 Abs. 2 Nr. 2 i.V.m. § 35 SGB XII.
10 Gem. § 85 Abs. 2 SGB XII.

Kunkel

	Vater	Mutter	Gesamt
1. Ermittlung der Einkünfte (§ 82 Abs. 1 SGB XII):			
Gehalt	3.500,00 €	1.700,00 €	5.662,00 €
Kindergeld[11]		663,00 €	
2. Ermittlung des Nettoeinkommens (§ 82 Abs. 2 Nr. 1 und 2 SGB XII):			
Lohnsteuer	409,50 €	441,66 €	
Solidaritätszuschlag	22,52 €	24,29 €	
Kirchensteuer	36,86 €	39,75 €	
Kranken- und Pflegeversicherung	280,00 €	136,00 €	
Rentenversicherung	339,50 €	164,90 €	
Arbeitslosenversicherung	113,75 €	55,25 €	
abzusetzende Beträge:	1.202,13 €	861,85 €	− 2.063,98 €
Familiennettoeinkommen			**3.598.-€**
3. Bereinigung des Einkommens (§ 82 Abs. 2 Nr. 3 und 4 SGB XII)			
private Versicherungen	87,50 €		
private Altersvorsorge	65,00 €	35,00 €	
Fahrtkosten	208,00 €	85,00 €	
Gewerkschaftsbeitrag	35,00 €	17,00 €	
Arbeitsmittel	44,00 €	5,20 €	− 581,70 €
bereinigtes Familieneinkommen			**3.016.-€**
4. Ermittlung der Einkommensgrenze (§ 85 Abs. 2 SGB XII)			
Grundfreibetrag (2 × 446,- €) für Vater	892,00 €		
Kosten der Unterkunft	700,00 €		
Familienzuschlag (70 % v. 446,-) für Mutter	312,20,00 €		
Familienzuschlag für das betreute Kind	312,20,00 €		
Familienzuschlag für 2 Geschwister	624,40,00 €		
Einkommensgrenze			**2840.- €**
5. Einsatz des Einkommens über der Einkommensgrenze (§ 87 SGB XII)			
bereinigtes Einkommen über der Einkommensgrenze			176 €
anzuerkennender Kredit			− 300,00 €
somit verbleibendes Einkommen über der Einkommensgrenze			00 €
Kostenbeitrag			00 €

6. Einsatz des Einkommens unter der Einkommensgrenze
Da das Kind von montags bis freitags jeweils von 9—16 Uhr in der Tagespflegestelle betreut wird, entstehen häusliche Ersparnisse. Somit konnte gem. § 92 a ein Beitrag vom Einkommen unter der Einkommensgrenze gefordert werden. § 92 ist aber seit 1.1.2020 weggefallen. Als häusliche Ersparnis darf kein höherer Betrag als die Kosten für das Mittagessen im Rahmen des Bildungs- und Teilhabepakets angesetzt werden. Dieses ist seit August 2019 kostenfrei. :

€

7. Zumutbare Belastung			
Beitrag von Einkommen über der Einkommensgrenze			00 €
Beitrag vom Einkommen unter der Einkommensgrenze			00 €
zumutbare Belastung			**00 €**

---

[11] Seit 1.1.2021: für das erste und zweite Kind je 219 Euro, für das dritte 225 Euro. Nach § 93 Abs. 1 S. 4 SGB VIII ist das Kindergeld nicht als Einkommen anzurechnen.

Kunkel

Ergebnis:

Ein Kostenbeitrag kann nicht erhoben werden.

Fall 13: „Härte bei Kostenbeitrag"[12]

Es ergibt sich für das Jahr 2020 folgende Kostenbeitragsberechnung:

zugrunde zu legendes Einkommen:	2.000,00 €
abzgl. 25 % [13]	500,00 €
maßgebliches Einkommen	1.500,00 €

Das maßgebliche Einkommen entspricht der Einkommensgruppe 5 in der Kostenbeitragstabelle (Anlage zur Kostenbeitragsverordnung) , danach ist ein mtl. Beitrag in Höhe von 259,00 € zu zahlen.

Wenn der Beitragspflichtige mitteilt, dass er ab dem 1.7.2020 nur noch Leistungen nach dem SGB II erhält, liegt eine besondere Härte nach § 93 Abs. 4 S. 4 SGB VIII vor. Der Beitrag ist dann ab dem 1.7.2020 **vorläufig** auf 0,00 € festzusetzen. Ende des Jahres ist der endgültige Beitrag mit dem monatlichen Durchschnittseinkommen des Jahres 2020 festzusetzen, er errechnet sich wie folgt:

Einkommen v. 1.1. — 30.6. = 6 × 2.000,00 €	=	12.000,00 €
v. 1.7. — 31.12. = 6 × 1.000,00 €	=	6.000,00 €[14]
Jahreseinkommen 2020	=	18.000,00 €
durchschnittliches Monatseinkommen	=	1.500,00 €
maßgebliches Einkommen (abzgl. 25 %)	=	1.125,00 €

Das maßgebliche Einkommen entspricht insoweit der Einkommensgruppe 2. Laut Kostenbeitragstabelle ist für 2020 ein **endgültiger** mtl. Beitrag von 50,00 € zu zahlen.

Da der Beitragspflichtige bis zum 30.6.2020 seiner Verpflichtung regelmäßig nachgekommen ist, ergibt sich für das Jahr 2020 folgende Abrechnung:

gezahlt wurden	6 × 259,00 €	=	1.554,00 €
zu zahlen waren	12 × 50,00 €	=	600,00 €
Überzahlung		=	954,00 € .

Dieser Betrag ist dem Pflichtigen zu erstatten.[15]

Auch wenn bekannt ist, dass der Beitragspflichtige Anfang 2021 weiterhin Leistungen nach dem SGB II bezieht und leistungsunfähig ist, ist der Kostenbeitrag für 2021

---

12 Die Lösung ist dem Kommentar von *Jans/Happe/Saurbier/Degener* zum KJHG bei § 93 Rn. 31 entnommen und überarbeitet worden.
13 Gem. Empfehlungen der kommunalen Landesverbände.
14 ALG II-Leistung (willkürlich gegriffener Betrag).
15 § 50 SGB X analog.

Kunkel

an Hand des obigen Durchschnittseinkommens des Jahres 2020 auf mtl. 50,00 € festzusetzen. Der Zahlungspflichtige kann dann wegen der besonderen Härte erneut beantragen, den Beitrag **vorläufig** auf 0,00 € festzusetzen.

Diese Vorgehensweise gibt die Möglichkeit, zu reagieren, wenn im Laufe des Jahres wieder Arbeitseinkommen erzielt wird.

Wird Anfang des Jahres fälschlicherweise nicht aufgrund des Durchschnittseinkommens 2020 ein mtl. Beitrag von 50,00 €, sondern in Kenntnis der Arbeitslosigkeit der Beitrag von mtl. 0,00 € festgesetzt, beraubt sich der Jugendhilfeträger der Möglichkeit, bei Arbeitsaufnahme auf höheres Einkommen zu reagieren. Im Laufe des Jahres kann höheres Einkommen nur berücksichtigt werden, wenn innerhalb des Jahres aufgrund eines Antrages der Pflichtigen ein vorläufiger Bescheid erlassen wurde, durch den eine Herabsetzung des Beitrages erfolgte.

Ergebnis:

Der Kostenbeitrag 2020 hätte nur mit 600,00 Euro festgesetzt werden dürfen. Die Überzahlung von 954,00 Euro ist zu erstatten.

Kunkel

C. Allgemeines Prüfschema

Prüfschema für VA im Jugendhilferecht

I. Rechtsgrundlage

Für jeden VA ist eine Rechtsgrundlage notwendig (Vorbehalt des Gesetzes; § 31 SGB I).

II. Materielle Rechtmäßigkeit

1. Tatbestandsvoraussetzungen
   a. Bei Ausländern zunächst Eröffnung des Geltungsbereichs prüfen, § 6 Abs. 2 S. 1 oder 2 SGB VIII
   b. Tatbestandsvoraussetzungen in drei Schritten prüfen
      – Schritt 1: Tatbestandsvoraussetzung benennen
      – Schritt 2: Tatbestandsvoraussetzung näher bestimmen durch Legaldefinition, gesetzliches Regelbeispiel oder Auslegung
      – Schritt 3: Subsumtion.

Beachte: Beurteilungsspielraum bzgl. Geeignetheit und Notwendigkeit von Hilfen nach §§ 27, 35 a, 41 SGB VIII

2. Rechtsfolge
   a). (Regelungs-)Adressat: Leistungsberechtigter bzw. Handlungspflichtiger, z.B. bei Kostenbeteiligung oder Herausgabe des Kindes
   b) Gebundene Entscheidung; Soll-Bestimmung (im Regelfall: gebundene Entscheidung, im Ausnahmefall: Ermessen); Ermessen: Ermessen gem. § 39 SGB I (analog, wenn keine Sozialleistung) ausüben. Insbesondere gesetzliche Grenzen (Grundsatz der Verhältnismäßigkeit und Grundrechte) einhalten.
   c) Inhalt, Art und Umfang der Leistung (bzw. der Pflicht) festlegen (evtl. m. NB nach § 32 SGB X oder lex specialis z.B. § 45 Abs. 4 S. 1 SGB VIII). *Beachte:* Wunsch- und Wahlrecht (§ 5 SGB VIII) bezieht sich nur auf Wahl eines Trägers.
   d) Ergebnis formulieren.

3. Grundsatz der Bestimmtheit

Jeder VA muss inhaltlich (also im Tenor) bestimmt sein (§ 33 Abs. 1 SGB X).

III. Formelle Rechtmäßigkeit

1. Zuständigkeit

a) Sachliche Zuständigkeit

Örtlicher Träger ist grundsätzlich zuständig (§ 85 Abs. 1 SGB VIII); überörtlicher Träger nur dann, wenn einer der Fälle des § 85 Abs. 2 SGB VIII vorliegt.

b) Örtliche Zuständigkeit

Die örtliche Zuständigkeit des sachlich zuständigen örtlichen oder überörtlichen Trägers richtet sich

aa.
- bei Leistungen i.S.d. § 2 Abs. 2 SGB VIII zunächst nach dem gewöhnlichen Aufenthalt (g.A.) der Eltern (§ 86 Abs. 1 S. 1 SGB VIII), ersatzweise nach dem Personensorgerecht (Abs. 2 u. 3) oder dem g.A. des Kindes (Abs. 4);
- bei Veränderungen nach Beginn der Leistung gilt § 86 Abs. 5 SGB VIII;
- bei Dauerpflege gilt § 86 Abs. 6 SGB VIII;
- für Asylsuchende (§ 86 Abs. 7 SGB VIII; bei UMA aber § 88 a SGB VIII)
- für besondere Leistungen gelten § 86 a oder § 86 b SGB VIII;
- § 86 c SGB VIII verlängert die Zuständigkeit;
- § 86 d SGB VIII gilt bei Streit über die örtliche Zuständigkeit;

bb.
- bei anderen Aufgaben i.S.d. § 2 Abs. 3 SGB VIII nach den §§ 87 bis 87 e SGB VIII.

Beachte:

(1) Der Vorrang eines anderen Leistungsträgers nach § 10 SGB VIII berührt nicht die sachliche Zuständigkeit des nachrangigen Trägers, sondern führt nur zu einer Kostenerstattungspflicht des vorrangigen Trägers nach § 104 SGB X.

(2) Davon zu unterscheiden ist der Nachrang des öffentlichen Trägers gegenüber dem freien Träger (Subsidiarität nach § 4 Abs. 2 SGB VIII).

2. Verfahren

Beachte: Das LVwVfG ist nicht anwendbar (§ 2 Abs. 2 Nr. 3 LVwVfG). SGB I und SGB X sowie SGB VIII sind anzuwenden. Prüfe insbesondere:
a) Beteiligungsrechte des Kindes (§ 8 SGB VIII)
b) Keine Mitwirkung ausgeschlossener (§ 16 SGB X) o. befangener (§ 17 SGB X) Personen
c) Antragstellung (§ 18 SGB X i.V.m. § 36 SGB I)
d) Anhörung bei belastendem VA (§ 24 SGB X)
e) Sozialdatenschutz (§§ 61 - 68 SGB VIII i.V.m. § 35 SGB I u. §§ 67-76 SGB X und EU-DSGVO)
f) Hilfeplanungsverfahren (§ 36 SGB VIII), evtl. aber Selbstbeschaffung zulässig (§ 36 a Abs. 3 SGB VIII)
g) Hinweispflicht auf Wunsch- und Wahlrecht (§ 5 Abs. 1 S. 2 SGB VIII).

3. Form

a) grds. formfrei gem. § 33 Abs. 2 S. 1 SGB X. Ausnahme: lex specialis bestimmt etwas anderes z.B. § 95 Abs. 3 SGB VIII
b) Begründung eines schriftlichen VA ist vorgeschrieben durch § 35 SGB X. Auf den Hilfeplan nach § 36 Abs. 2 SGB VIII kann dabei verwiesen werden.

4. Rechtsbehelfsbelehrung

S. hierzu § 36 SGB X, § 58 VwGO.

5. Bekanntgabe

Jeder VA ist den Beteiligten (§ 12 SGB X) bekanntzugeben (§ 37 SGB X). Für einfache Bekanntgabe durch die Post gilt § 37 Abs. 2 SGB X, für förmliche Bekanntgabe durch Zustellung gilt das Landesverwaltungszustellungsgesetz.

Beachte: An Minderjährige erfolgt die Bekanntgabe, wenn sie als Handlungsfähige (§ 36 SGB I) eine Leistung beantragt haben.

Unterscheide Regelungsadressat (s. oben II.2.a) von Bekanntgabeadressat.

IV. Folge eines Fehlers

Wurde eine der o.g. Bestimmungen nicht beachtet, ist der VA schlicht rechtswidrig, nur unter den Voraussetzungen des § 40 SGB X nichtig. Ist der VA infolge von Verfahrens- und Formfehlern schlicht rechtswidrig, kann der Fehler nach § 41 SGB X geheilt werden oder nach § 42 SGB X unbeachtlich sein. Fehlt die nach § 36 SGB X vorgeschriebene Rechtsbehelfsbelehrung, gilt die besondere Fehlerfolge nach §§ 58, 70 VwGO (Jahresfrist für Widerspruch oder Klage).

Der Adressat eines rechtswidrigen VA kann innerhalb eines Monats Widerspruch einlegen (§ 62 SGB X i.V.m. § 68 VwGO). Über den Widerspruch entscheidet das Jugendamt selbst (durch Abhilfebescheid nach § 72 VwGO bzw. durch Widerspruchsbescheid nach § 73 Abs. 1 S. 2 Nr. 3 VwGO).

Der Rechtsweg zum Verwaltungsgericht wird durch § 40 VwGO eröffnet. Die abdrängende Sonderzuweisung des § 51 SGG greift nicht.